3
A2/1

ČEŠTINA EXPRES

Lída Holá
Pavla Bořilová

AKROPOLIS

ČEŠTINA EXPRES 3 (A2/1)
Lída Holá – Pavla Bořilová

Recenzovaly: Friderike Komárek a Dana Hánková
Gramatickou přílohu lektorovali Kateřina Šichová a Jiří Pešička (též spolupráce na překladu slovníčků)
Pilotáž: Ladislava Holubová (Technische Universität Braunschweig) a Lukáš Holčák
Redakce: Lukáš Holčák, Hana Suchánková, Anna Vladimírovna Slabá
Překlady jazykových verzí: Catherine Bowden (anglická verze); Christine Antoňová (německá verze); Veronika Novoselová (ruská verze)

Při přípravě této učebnice byla využita jazyková data z projektu LINDAT-Clarin a software vytvořený v Ústavu formální a aplikované lingvistiky Matematicko-fyzikální fakulty Univerzity Karlovy v Praze.

Grafická úprava, ilustrace a sazba: Olga Fischerová

© Text Lída Holá, 2014
© Text Pavla Bořilová, 2014
© Illustrations, Graphic Design & Layout Olga Fischerová, 2014
© Post-production & Mastering CD Tomáš Karásek, 2014
© Photography Jiří Pírko (s. 41, 42, 98), Ondřej Fučík (s. 68), 2014
© Photography istockphoto.com; shutterstock.com;
   Ostatní fotografie jsou z archivu autorek a nakladatelství.
©, ℗ Filip Tomáš – Akropolis, 2014

Bezplatná CD příloha byla nahrána ve studiu Professional sound – Petr Sýs.
Na CD účinkují: Petra Bulejčíková, Marta Hrachovinová, Ivo Kubečka, Petr Srna, Jiří Sýkora, Martin Vondráček, Johana Vondráčková a Kateřina Ženková.

Vydal Filip Tomáš – Akropolis
5. května 1338/43, 140 00 Praha 4
www.akropolis.info
v roce 2014 jako svoji 253.–255. publikaci

Dotisk 1. vydání (2019), 112 stran učebnice + 100 stran přílohy

Tisk: Těšínské papírny, s. r. o., Bezručova 212/17, 737 01 Český Těšín

Bližší informace: www.czechstepbystep.cz

ISBN 978-80-7470-032-3 (anglická verze/English version)
ISBN 978-80-7470-033-0 (německá verze/deutsche Version)
ISBN 978-80-7470-034-7 (ruská verze/русская версия)

Obsah

Komunikace ve škole

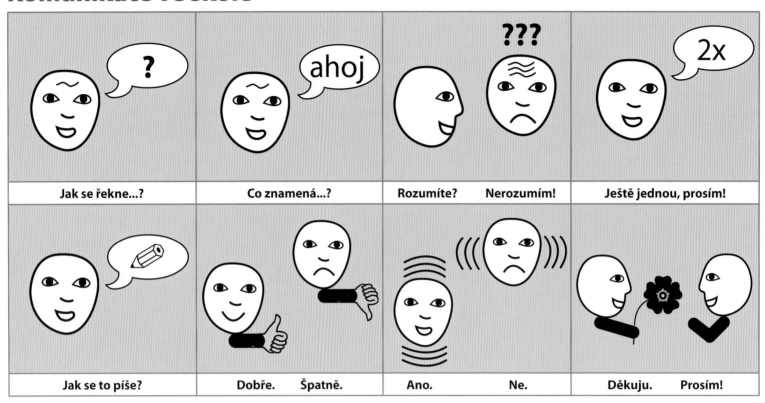

| Jak se řekne...? | Co znamená...? | Rozumíte?   Nerozumím! | Ještě jednou, prosím! |
| Jak se to píše? | Dobře.   Špatně. | Ano.   Ne. | Děkuju.   Prosím! |

Základní pokyny

Čtěte!/Přečtěte!	
Pište!/Napište!	
Poslouchejte!	
Řekněte!	
Doplňte!	*d* *abc* → *e*
Opakujte!	*2x*
Označte!	(*abcde*
Pamatujte si!	*abc*
Pozor!	

Symboly

Jazyk pod lupou	
Poslech CD	

POZOR:
>*Příloha ČE3, strana 2*

Webové stránky

www.czechstepbystep.cz

Lekce 1

- Seznamujeme se
- Země, národnosti, jazyky
- Kolik jazyků umíš, tolikrát jsi člověkem
- Komiks: Pája se učí anglicky

A | Seznamujeme se

1. Monica pracuje v České republice, v Brně. Její přítel Pavel je Čech. Pavel a Monica jsou v restauraci s jeho kamarády. Na co se kamarádi ptají? Doplňte otázky.

▲ Co děláš? ▲ Odkud jsi? ▲ Kde pracuješ? ▲ Kde bydlíš? ▲ Jak dlouho se už učíš česky?
▲ A jak se ti tady líbí? ▲ Proč se učíš česky? ▲ Jak se jmenuješ?

1. _____ – Monica Brown.
2. _____ – Z Velké Británie.
3. _____ – Jsem manažerka.
4. _____ – Ve firmě Comex.
5. _____ – Bydlím tady v Brně, v centru.
6. _____ – Líbí, je to tady fajn.
7. _____ – 8 měsíců.
8. _____ – Protože můj přítel je Čech.

2. Řekněte všechny otázky ze cvičení 1 jako formální.

3. Jak se jmenuje vaše učitelka a vaši spolužáci?
   Budete jim tykat nebo vykat? Jak je budete oslovovat?

POZOR:
Při oslovování používáme vokativ.
Porovnejte nominativ × vokativ,
například: **Monica** × **Monico!**
> *Příloha ČE3, bod 1. 1*

4. Ptejte se navzájem na otázky ze cvičení 1. Pak představte spolužáka nebo spolužačku ostatním.

5. Monica píše e-mail české kamarádce Janě. Odpovězte na otázky.

Jak mluví Monica v práci? Kde mluví česky? Co hledá? Co už jedla? Co plánuje v létě?

	Komu...	jana_dvorackova@gmail.com
Odeslat	Předmět	ahoj

Ahoj Jano,
zdravím tě z České republiky, z Brna. Jsem tady už měsíc a **líbí se mi tady**. Pracuju jako marketingová manažerka v jedné anglické firmě. V práci mluvím většinou anglicky, ale doma s přítelem mluvíme anglicky i česky. Chci se naučit líp česky, tak teď hledám nějakou dobrou jazykovou školu nebo soukromé lekce.
Už jsem jedla ty vaše slavné knedlíky – ovocné, houskové i bramborové. **Houskové knedlíky mi nechutnají**, ale ovocné knedlíky jsou skvělé. **Chutná mi** taky **české pivo**, i když normálně **mám ráda** spíš **víno**.
A jak se máš ty a **jak se ti líbí v Praze**? Nechceš někdy v létě přijet na návštěvu? Brno má krásné okolí, jsou tady lesy a voda. Vím, že **ráda plaveš**, tak se můžeme jít koupat.
Měj se moc hezky, těším se, že přijedeš!

Monica

 Jazyk pod lupou: *Všimněte si označených výrazů v textu. Doplňte tabulku a porovnejte význam.*

Mám rád/a + *akuzativ (=objekt)*	**Mám rád/a** _____	❤
Rád/a + *sloveso (=aktivita)*	**Vím, že rád/a** _____	❤
Líbí se mi + *adverbium/nominativ/lokál*	**Líbí se mi** _____ **Líbí se mi Brno/v Brně.** **Jak se ti líbí** _____	👀
Chutná mi + *nominativ*	**Chutná mi** _____ _____ **mi nechutnají.**	😁

`Pracovní sešit cv. 2–9 ▶`

6. Napište 4 věty. Co máte rádi? Co rádi děláte? Jak se vám líbí tam, kde žijete? Co vám nechutná?

7. Monica se chce naučit líp česky a hledá jazykovou školu. Dívá se na inzeráty. Odpovězte na otázky.

1. Jaké jazyky je možné studovat v jazykové škole Terno?
2. Má jazyková škola kurzy specializované na jazykové zkoušky?
3. Je možné si v Ternu zaplatit individuální kurz?
4. Jaký kurz si vyberete, když chcete později studovat na univerzitě?
5. Jaký kurz si vyberete, když chcete něco vědět o české kultuře?
6. Jaký kurz je v létě?
7. Jak často jsou skupinové lekce?
8. Jaké kurzy jsou každý den?
9. Jaký kurz trvá celý měsíc?
10. Jaký kurz trvá celý rok?

TERNO

Jazyková škola TERNO nabízí kurzy:

ČEŠTINA JAKO CIZÍ JAZYK

Individuální lekce:
Respektujeme vaše přání a tempo.

Skupinové lekce:
Maximálně 8 lidí ve skupině. 2x týdně 2 hodiny (Po, St), 17.30-19.00.

Letní kurzy:
Měsíční kurz zaměřený nejen na jazyk, ale také na českou kulturu a umění.
Vždy v srpnu, denně 9.00-12.15.

Příprava na zkoušku A1:
Třítýdenní kurz zaměřený na formát zkoušky pro trvalý pobyt.
3x týdně (Po, St, Pá), 15.00-17.15.

Roční intenzivní kurz:
Pro studenty, kteří chtějí dosáhnout úrovně B2 a pokračovat ve studiu na vysoké škole.
5x týdně (Po-Pá) 5 hodin.

Máte otázky? Kontaktujte nás!
Internetové stránky: www.terno.cz, telefon +420 777 890 531,
e-mail: info@terno.com, adresa: Kulaté náměstí 2, 615 00 Brno.

JŠ TERNO nabízí také další jazyky: angličtinu, němčinu, španělštinu a francouzštinu.
Nabízíme kurzy pro začátečníky, mírně pokročilé, středně pokročilé i pokročilé.
Ukázkové lekce zdarma!
Bezplatné wi-fi připojení pro studenty v naší knihovně.

 CD: 01

8. Monica se jde přihlásit do kurzu češtiny do jazykové školy TERNO. Mluví s paní v zápisové kanceláři. Poslouchejte a označte, co je správně.

1. Monica chce chodit na
   a) letní kurz
   b) roční intenzivní kurz
   c) skupinové lekce dvakrát týdně

2. Kurz je
   a) v pondělí a ve středu
   b) v úterý a ve středu
   c) v pondělí a v pátek

3. Kurz stojí
   a) 9 350 korun na půl roku
   b) 8 650 korun na půl roku
   c) 10 430 korun na půl roku

4. Monica bude platit
   a) hotově
   b) kartou
   c) bankovním převodem

POZOR:
Zopakujte si, jak nadiktovat vaše jméno a údaje.
>Příloha ČE3, bod 1. 3

9. Monica musí vyplnit formulář. Co kam napíše?

JAZYKOVÁ ŠKOLA TERNO		
Jméno a příjmení		
Datum narození		
Státní občanství		
Bydliště v ČR	Ulice, číslo:	
	Obec:	PSČ:
Telefon, e-mail		

monica.brown@hotmail.com
Velká Británie
Husova 571/6
602 00
Brno
15. 8. 1984
Monica Brown
608 724 031

10. Monica má ve škole nové spolužáky. Na první lekci se seznamují a každý mluví o sobě. Čtěte texty. Kdo říká tyto informace – Son, Alexej, Halina nebo Laura?

1. Mám moc rád české hory. – _____
2. Moc mi chutná české jídlo. – _____
3. Líbí se mi v Brně. – _____
4. Líbí se mi české písničky. – _____

Nguyen Van Son

Jsem z Vietnamu. Je mi 38 let. Pracuju jako podnikatel – mám velkou firmu, která dováží a prodává oblečení a další zboží, například asijské potraviny. Učím se česky jeden rok. Potřebuju mluvit česky, protože můj obchodní partner je Čech. Bydlím v Brně a moc se mi tady líbí. Je to hezké město, mám tam českou přítelkyni a kamarády, kolem je krásná příroda... Prostě pohoda!

Alexej Končalovskij

Jsem z Ukrajiny a je mi 29 let. Žiju tady teprve osm měsíců, ale už umím docela dobře česky. Doma jsem pracoval jako učitel, ale pak jsem si našel práci v České republice, zařídil jsem si vízum a pracovní povolení a teď pracuju jako programátor v softwarové firmě. Mám moc rád české hory, hlavně Beskydy. Až bude sníh, těším se, že tam pojedu lyžovat.

Halina Trebinska

Jsem z Polska, je mi 23 let, bydlím ve Varšavě. Jsem studentka, studuju na univerzitě dějiny umění a literaturu. Teď jsem v Brně na programu Erasmus. Před půl rokem jsem se seznámila s Lukášem. Lukáš je Čech, a proto jsem se začala učit česky. Líbí se mi ale taky české písničky, hlavně Jarek Nohavica, a mám ráda české filmy.

Laura Mussant

Jsem z Francie a je mi 65 let. Pracovala jsem jako manažerka ve velké mezinárodní firmě, ale teď jsem v důchodu. Žiju v Paříži a do České republiky jezdím jenom v létě. Učím se česky, protože moje babička byla Češka. Učím se už rok a čtvrt. Moc mi chutná české jídlo, hlavně bramborové knedlíky. Vždycky, když přijedu z Česka domů, musím držet dietu!

11. Čtěte texty ještě jednou. Co je/není pravda?

1. Alexej Končalovskij je z Ruska.	ANO/NE
2. Laura Mussant je z Francie.	ANO/NE
3. Nguyen Van Son je z Vietnamu.	ANO/NE
4. Halina Trebinska je z Ukrajiny.	ANO/NE
5. Nguyen Son je podnikatel.	ANO/NE
6. Alexej Končalovskij nemá práci.	ANO/NE
7. Halina Trebinska je ekonomka.	ANO/NE
8. Laura Mussant už nepracuje.	ANO/NE
9. Alexej Končalovskij už nepracuje jako učitel.	ANO/NE
10. Nguyen Van Son se učí česky dva roky.	ANO/NE
11. Laura Mussant měla českou babičku.	ANO/NE
12. Halina Trebinska nezná české filmy.	ANO/NE

 CD: 02

12. Poslouchejte a opakujte. Pozor na přízvuk na první slabice! Pečlivě vyslovujte délky.

dováží a prodává oblečení, zařídil jsem si pracovní povolení, líbí se mi české písničky, učím se česky

13. Zjistěte informace o spolužákovi/spolužačce nebo učiteli/učitelce a napište podobný krátký text (asi 50 slov). Používejte následující začátky vět.

Můj spolužák/moje spolužačka se jmenuje... Je z...
Bydlí... Pracuje/studuje...
Učí se česky/anglicky/německy/rusky... už...
Učí se česky/anglicky/německy/rusky..., protože...
Líbí se mu/jí... Chutná mu/jí... Rád/a... Má rád/a...

PAMATUJTE SI:

Učí se česky už **1 (jeden) měsíc/rok**
2 (dva), 3, 4 měsíce/roky
5, 6, 7... měsíců/let

>Příloha ČE3, bod 1. 4

B | Země, národnosti, jazyky

1. Alexej Končalovskij je z Ukrajiny. Je Ukrajinec. Mluví ukrajinsky. A co vy?

Odkud jste? – Jsem z _____

Jakou máte národnost? – Jsem _____

Jakým jazykem mluvíte? – Mluvím _____

PAMATUJTE SI:
Mluvím / umím / učím se **česky**.
×
Studuju **češtinu**.

Jazyk pod lupou: Země, národnost, jazyk
Země nebo stát: **Česká republika / Česko**
Národnost: Čech, **Češka**, *pl.* Češi, **Češky**
Adjektivum: **český**
Umím, mluvím, učím se... **česky**
Jazyk: **čeština**
Všimněte si, kde píšeme velké a kde malé písmeno!
> *Příloha ČE3, bod 1. 5* `Pracovní sešit cv. 19–22`

2. Doplňte.

▲ Čech ▲ český (2x) ▲ česká ▲ česky (3x) ▲ čeština ▲ češtinu ▲ Češka

1. Jaromír Nohavica je _____ zpěvák. Je _____

2. Učím se _____ jeden rok.

3. Lucie Bílá je _____ zpěvačka. Je _____

4. Jaký _____ výrobek znáte?

5. Umím rusky, francouzsky a _____

6. Jak dlouho se učíš _____?

7. Studuju _____ na univerzitě.

8. Myslíš, že _____ je těžký jazyk?

3. Jaké evropské země znáte? Ukažte je na mapě Evropy.

4. Odkud jsou a jak mluví?

Například: Angličan a Angličanka jsou z Anglie. Mluví anglicky.

národnost (muž, žena)	země	mluví
Angličan, Angličanka	Francie	anglicky
Němec, Němka	Anglie	maďarsky
Francouz, Francouzka	Rakousko	polsky
Maďar, Maďarka	Německo	rusky
Polák, Polka	Rusko	slovensky
Rakušan, Rakušanka	USA	ukrajinsky
Rus, Ruska	Polsko	španělsky
Slovák, Slovenka	Maďarsko	německy
Španěl, Španělka	Španělsko	francouzsky
Američan, Američanka	Ukrajina	vietnamsky
Ukrajinec, Ukrajinka	Slovensko	
Vietnamec, Vietnamka	Vietnam	

Pamatujete si z Češtiny expres 1, že po prepozici z/ze následuje genitiv?
Například:
z Vietnamu
z Kanady
z Itálie
z Německa

5. Jak kdo mluví? Jaký je to jazyk? Doplňte velké nebo malé písmeno.

Například: Rus a Ruska mluví rusky. Jejich jazyk je ruština.

▲ U – u ▲ S – s ▲ Č – č ▲ P – p ▲ F – f ▲ A – a ▲ R – r – n ▲ Š – š ▲ N – n

1. ____ech a ____eška mluví ____esky. Jejich jazyk je ____eština.

2. ____lovák a ____lovenka mluví ____lovensky. Jejich jazyk je ____lovenština.

3. ____olák a ____olka mluví ____olsky. Jejich jazyk je ____olština.

4. ____rancouz a ____rancouzka mluví ____rancouzsky. Jejich jazyk je ____rancouzština.

5. ____paněl a ____panělka mluví ____panělsky. Jejich jazyk je ____panělština.

6. ____meričan a ____meričanka mluví ____nglicky. Jejich jazyk je ____ngličtina.

7. ____krajinec a ____krajinka mluví ____krajinsky. Jejich jazyk je ____krajinština.

8. ____ěmec a ____ěmka mluví ____ěmecky. Jejich jazyk je ____ěmčina.

9. ____akušan a ____akušanka mluví taky ____ěmecky. Jejich jazyk je taky ____ěmčina.

C | Kolik jazyků umíš, tolikrát jsi člověkem

1. Co znamená přísloví *Kolik jazyků umíš, tolikrát jsi člověkem?*

2. Přečtěte si text *Kolik jazyků umíš, tolikrát jsi člověkem.* Co je/není pravda?

1. Polyglot je člověk, který umí dva jazyky.	ANO/ NE
2. Zykmund Broniarek se naučil sedm jazyků.	ANO/ NE
3. Heinrich Schliemann měl velký talent na jazyky.	ANO/ NE
4. Kató Lomb říkala, že nemusíte umět jazyk perfektně.	ANO/ NE
5. Důležité je nedělat chyby.	ANO/NE
6. Lingvisté říkají, že 80 % úspěchu ve studiu ovlivňuje učitel.	ANO/NE

> **POZOR:**
> **Kató Lomb**
> *nebo*
> **Kató Lombová**
> >Příloha CE3, bod 1.6

Kolik jazyků umíš, tolikrát jsi člověkem

Říká se, že kolik jazyků umíte, tolikrát jste člověkem. Lidé, kteří umí hodně jazyků, se nazývají polygloti. Toto slovo je z řečtiny. Řecké „polys" znamená „mnoho" a „glotta" znamená „jazyk". Známý polyglot, archeolog Heinrich Schliemann, který uměl dvacet jazyků, říkal, že nemá žádný speciální talent na jazyky, ale za jeho úspěchy je jenom nadšení a tvrdá práce. Polský novinář Zykmund Broniarek, který ve třiceti letech umí sedm jazyků, říká, že každý průměrně inteligentní člověk se může cizí jazyk naučit za půl roku.

Když se Zykmund Broniarek učí nový jazyk, studuje 15 až 18 hodin týdně. Denně má hodinu s učitelem, pracuje s jazykem doma a opakuje si nebo používá to, co se naučil. Kató Lomb, maďarská tlumočnice a překladatelka, která uměla šestnáct jazyků, ráda četla bez slovníku knihy v jazyku, který studovala. Říkala: „Nevadí, že nerozumíte všemu a mluvíte s chybami. Jazyk je to jediné, co se vyplatí umět i špatně."

Velmi důležité je mít motivaci a dělat to, co je pro vás zajímavé – poslouchat písničky, dívat se na filmy, číst knihy atd. Studium, které vás nebaví, je těžké! Další důležitá věc je nebát se dělat chyby a nechtít hned umět jazyk perfektně. Když člověk začíná studovat, jeho cíl je třeba jenom domluvit se v obchodě a na ulici, umět si objednat jídlo a pití v restauraci a říct nějaké informace o sobě. Později se cíle mění: člověk chce rozumět, co říká moderátor v televizi, o čem mluví kamarádi v hospodě, o čem je článek v novinách... Lingvisté říkají, že 80 % úspěchu ve studiu ovlivňuje student a jen 20 % učitel a učebnice. Jaký student nebo studentka jste vy? Můžete si udělat test.

3. Test: Jaký jste student/studentka?

1. Mám motivaci.	ANO/ NE
2. Pravidelně chodím na lekce.	ANO/ NE
3. Mám aspoň dvě lekce dvakrát týdně.	ANO/ NE
4. Učím se doma každý den aspoň 15 minut.	ANO/ NE
5. Vždycky dělám domácí úkoly.	ANO/ NE
6. Nebojím se mluvit a psát, i když dělám chyby.	ANO/ NE

> **POZOR:**
> **lidé, kteří...**
> novinář, **který...**
> **překladatelka, která...**
> studium, **které...**
> >Příloha ČE3, bod 1. 7

4. Kolik máte bodů? Počítejte ANO=1, NE=0. Pak si přečtěte výsledek.

6 – 5 bodů: Výborně! Jste dobrý student/dobrá studentka!

4 – 3 body: Fajn, ale můžete být lepší!

2 – 0 bodů: Hm... Opravdu chcete mluvit dobře česky?

CD: 03
5. Poslouchejte, jak se polyglot Viktor Škromach učí jazyky. Jaké jazyky umí?

CD: 03
6. Poslouchejte ještě jednou.

1. Jaký jazyk se teď učí?
2. Je samouk (= učí se sám)?
3. Jak se učí nová slova?
4. Kolik slov se učí každý den?
5. Co ještě mu pomáhá?

7. Jaké jazyky umíte? Co vám ve studiu pomáhá a co vás baví?

Například: Umím česky, rusky, anglicky, německy...

Když studuju češtinu, pomáhá mi dívat se na filmy, číst komiksy, učit se celé výrazy a věty...

Když studuju češtinu, baví mě číst reklamy, dívat se na filmy, dívat se na televizní seriály...

D | Komiks 1: Pája se učí anglicky

E | Co už umím česky

Seznamujeme se	Jak se jmenujete/jmenuješ?
	Co děláte/děláš?
	Odkud jste/jsi?
	Kde pracujete/pracuješ?
	Kde bydlíte/bydlíš?
	Jak se vám/ti tady líbí?
	Jak dlouho se už učíte/učíš česky?
	Proč se učíte/učíš česky?
	Jakým jazykem mluvíte/mluvíš?

Přihláška do jazykové školy a platba	Jméno a příjmení
	Datum narození
	Státní občanství
	Bydliště v ČR (ulice, číslo, obec, PSČ)
	Telefon, e-mail
	Platit kartou/hotově/bankovním převodem

Gramatika	**Mám rád/a** + *akuzativ (=objekt), například:* **Mám rád/a víno.**
	Rád/a + *sloveso (=aktivita), například:* **Vím, že rád/a plaveš.**
	Líbí se mi + *adverbium/nominativ/lokál, například:* **A jak se ti tady líbí? Líbí se mi tady.**
	A jak se ti líbí v Praze?
	Chutná mi + *nominativ, například:* **Chutná mi pivo. Nechutnají mi knedlíky.**

Slovní zásoba	*země*	*národnost (muž, žena)*	*mluví*	*jazyk*
	Anglie	Angličan, Angličanka	anglicky	angličtina
	Česká republika	Čech, Češka	česky	čeština
	Francie	Francouz, Francouzka	francouzsky	francouzština
	Německo	Němec, Němka	německy	němčina
	Polsko	Polák, Polka	polsky	polština
	Rakousko	Rakušan, Rakušanka	německy	němčina
	Rusko	Rus, Ruska	rusky	ruština
	Španělsko	Španěl, Španělka	španělsky	španělština
	Ukrajina	Ukrajinec, Ukrajinka	ukrajinsky	ukrajinština
	Vietnam	Vietnamec, Vietnamka	vietnamsky	vietnamština
Vaše údaje:	*země*	*národnost*	*mluvím*	*můj jazyk je*
	_____	_____	_____	_____

 CD: 05

Výslovnost

Procvičujte výslovnost -ou

hledám nějak**ou** dobr**ou** jazykov**ou** školu, **sou**kromé lekce, h**ou**skové knedlíky, jít se k**ou**pat, jazykové zk**ou**šky, platit kart**ou**, mám velk**ou** firmu, mám česk**ou** přítelkyni, na shledan**ou**

Pravopis

Názvy států a národností píšeme s velkým písmenem, například:

Anglie, **Č**eská republika, **F**rancie, **N**ěmecko, **R**usko...

Angličan, **A**ngličanka, **Č**ech, **Č**eška, **F**rancouz, **F**rancouzka, **N**ěmec, **N**ěmka, **R**us, **R**uska...

Názvy jazyků píšeme s malým písmenem, například:

angličtina, **č**eština, **f**rancouzština, **n**ěmčina, **r**uština...

Mluvím **a**nglicky, **č**esky, **f**rancouzsky, **n**ěmecky, **r**usky...

Lekce 2

- Co vám chutná nebo nechutná?
- V restauraci
- České a moravské speciality
- Komiks: Ta restaurace je špatná

A | Co vám chutná nebo nechutná?

1. Povídejte si.
1. Jaké je vaše oblíbené jídlo?
2. Kolikrát za den jíte? Co obvykle jíte na snídani, na oběd a na večeři?

PAMATUJTE SI:
najíst se
> Příloha ČE3, bod 2. 1

2. Víte, kde se v Česku můžete najíst? Jaké jídlo a pití si můžete dát v restauraci, v hospodě, v kavárně, v cukrárně, v bufetu, v jídelně, v baru, v čajovně nebo u stánku?

3. Co je to? Přiřaďte jídlo a pití k fotografiím.

A. grilovaný losos   B. gulášová polévka   C. zelený čaj   D. černé pivo   E. vanilková zmrzlina   F. zeleninový salát
G. smažený kapr   H. pečený pstruh   I. vepřové maso   J. pečené kuře   K. tvarohový dort   L. dušená rýže

 1. ___
 2. ___
 3. ___
 4. ___
 5. ___
 6. ___
 7. ___
 8. ___
 9. ___
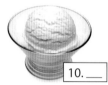 10. ___
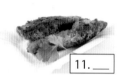 11. ___
 12. ___

Jazyk pod lupou: Nominativ singuláru

Co je maskulinum animatum (=ten, kdo je nebo byl živý), maskulinum inanimatum (=neživý), femininum a neutrum? Doplňte další výrazy ze cvičení 3 do tabulky. Pak doplňte koncovky. Všimněte si deklinačních vzorů.

sloveso	rod (deklinační vzory)	nominativ singuláru	koncovky
To je Chutná mi	Ma (dobrý student)	grilovaný losos,	-ý konsonant
	Mi (dobrý banán, čaj)	zelený čaj,	....
	F (dobrá káva, restaurace)	gulášová polévka,	....
	N (dobré auto, kuře)	černé pivo,	....

POZOR: To je dušená rýže. To je pečené kuře.

> Příloha ČE3, bod 2. 2. V Příloze na straně 47 najdete tabulku nominativu sg.

Pracovní sešit cv. 6, 8

4. Co řeknete, když vám nějaké jídlo chutná? Používejte výrazy ze cvičení 3 podle modelu.
Například: Ten grilovaný losos je dobrý. = Ten grilovaný losos mi chutná.

5. Jaké jídlo nebo pití je vařené, pečené, dušené...?
Například: vařené brambory, pečený pstruh, dušená rýže...

1. vařené   3. smažené   5. slané   7. ostré   9. tučné   11. studené   13. teplé
2. pečené   4. dušené   6. sladké   8. kyselé   10. mastné   12. dietní   14. horké

6. Jaké názvy jídla se často používají v plurálu?
Například: knedlík – knedlíky

7. Jaké jídlo nebo pití vám chutná/nechutná? Proč?
Například: Nechutná mi citron, protože je moc kyselý.
           Chutnají mi palačinky, protože jsou sladké.

B | V restauraci

1. Podívejte se na obrázek a přečtěte si text. Kdo je kdo v restauraci? Doplňte jména.

1. *Martin*
2. _____
3. _____
4. _____
5. _____
6. _____

A. Eva mluví s číšníkem a něco si objednává.

B. Pavel mluví se servírkou. Zlobí se a na něco si stěžuje.

C. Zdeněk sedí vedle Aleny.

D. Martin pije kávu a čte si noviny.

E. Alena drží jídelní lístek a mluví se Zdeňkem.

F. Jana chce zaplatit a odejít.

CD: 06, 07, 08

2. Poslouchejte 3 dialogy. Co si objednávají Pavel a Eva? Co říká Zdeněk Aleně?

POZOR:
Kapr, pstruh, losos *jsou maskulinum animatum (Ma).*

1. Pavel říká:
a) Dám si česnekovou polévku a zeleninový salát.
b) Dám si jenom cibulovou polévku a černé pivo.
c) Dám si bramborovou polévku a okurkový salát.

2. Zdeněk říká:
a) Máš ráda smaženého kapra?
b) Máš ráda pečeného pstruha?
c) Máš ráda grilovaného lososa?

3. Eva říká:
a) Chtěla bych bílé víno a perlivou vodu.
b) Chtěla bych zelený čaj a čokoládový dort.
c) Chtěla bych červené víno a neperlivou vodu.

Jazyk pod lupou: Akuzativ singuláru

Jak už víte, po slovesech mít rád, chtít, dát si, jíst, pít... *používáme akuzativ. Přečtěte si tabulku a řekněte další příklady z předchozího cvičení. Pak doplňte koncovky akuzativu singuláru. Všimněte si deklinačních vzorů.*

sloveso	rod (deklinační vzory)	akuzativ singuláru	koncovky nominativ > akuzativ
Mám rád/a Chci Chtěl/a bych Dám si Jím Piju	*Ma* (dobrý student > dobrého studenta)	grilovan**ého** losos**a**	-ý > -**ého** konsonant + *a*
	Mi (dobrý banán, čaj = dobrý banán, čaj)	zelen**ý** čaj	- - -
	F (dobrá káva, restaurace > dobrou kávu, restauraci)	gulášov**ou** polévk**u** dušen**ou** rýž**i**	-á > .... -a > .... -á > .... -e > ....
	N (dobré auto, kuře = dobré auto, kuře)	čern**é** piv**o** pečen**é** kuř**e**	- - -

Pozor: To je dušená rýže. – Dám si dušenou rýži. × To je pečené kuře. – Dám si pečené kuře.

V Příloze na straně 56 najdete tabulku akuzativu singuláru.

> Příloha ČE3, bod 2.3

Pracovní sešit cv. 11 ▶

3. Co si dáte/co chcete/co máte rádi? Doplňte formy akuzativu singuláru.

Například: Dám si (grilovaný losos) – Dám si grilovaného lososa.

1. Dáme si _____ (smažený kapr).
2. Dáte si _____ (grilovaný pstruh)?
3. Dáme si _____ (pečený losos).
4. Chtěla bych _____ (vanilková zmrzlina).
5. Mám ráda _____ (gulášová polévka).
6. Nechci _____ (tatarská omáčka).

CD: 09, 10, 11

4. Pavel, Zdeněk a Eva už dostali jídlo. Co říkají? <u>Označte</u>, co slyšíte.

1. Pavel říká: Prosím vás, ta polévka není dost *studená/teplá/slaná* a to pivo je moc *slané/teplé/studené*.
2. Zdeněk říká: Už *nemůžu/nechci/nemám chuť*.
3. Eva říká: Mám ještě chuť na něco *ostrého/studeného/slaného/sladkého*.

 CD: 09, 10, 11

5. Poslouchejte dialogy ještě jednou. Doplňte, co slyšíte.

1. *Servírka:* Tak, tady je ta polévka a to pivo.
   Pavel: Díky.
   Servírka: 1._____.
   Pavel: Prosím vás!
   Servírka: Ano?
   Pavel: Ta polévka není dost 2._____ a to pivo je moc 3._____.
   Servírka: Aha, promiňte, omlouvám se. Tady je sůl a hned přinesu jiné pivo.

2. *Zdeněk:* Ten grilovaný losos byl výborný.
   Alena: Taky mi moc chutnal. Dáš si ještě něco?
   Zdeněk: Uf, asi ne. 4._____. A ty?
   Alena: Taky už mám dost. Dám si ještě víno, ale jenom trochu.

3. *Číšník:* Tak, tady je ten zeleninový salát. Ještě jednou tu vodu?
   Eva: Ne, děkuju, ale ještě mám chuť na něco 5._____.
   Číšník: Prosím, tady je jídelní lístek.
   Eva: Tak já si dám ty 6._____ s ovocem a se šlehačkou.

PAMATUJTE SI:
něco + *adjektivum v genitivu sg.*
Mám chuť na **něco sladkého**.
> *Příloha ČE3, bod 2. 4*

ⓙazyk pod lupou: Stěžujeme si

To jídlo/pití není dost.../je málo...
To jídlo/pití je moc.../je málo...

6. Představte si, že jste v restauraci. Připravte si a pak prezentujte dialogy v těchto situacích:

a) Stěžujete si číšníkovi nebo servírce, že vám jídlo nebo pití nechutná. Používejte tyto výrazy:
Prosím vás... Promiňte, ale... To jídlo/pití je moc... To jídlo/pití není dost...
b) Mluvíte s kamarádem nebo s kamarádkou. Máte hlad/žízeň/na něco chuť. Používejte tyto výrazy:
Mám hlad. Mám žízeň. Mám chuť na něco dobrého/sladkého/slaného/kyselého/ostrého/jiného...

ⓙazyk pod lupou: Běžně mluvená čeština

V restauraci se také můžete setkat s běžně mluvenou (kolokviální) češtinou a deminutivy. Porovnejte:
Ta polévka není dost slaná. – Ta polívka není dost slaná.
To pivo je moc teplé. – To pivo je moc teplý.
Ten grilovaný losos byl výborný. – Ten grilovanej losos byl výbornej.
Mám ještě chuť na něco sladkého. – Mám ještě chuť na něco sladkýho.
> *Příloha ČE3, bod 2. 5*

pivo – **pivečko**
káva – **kávička**
bramboráky – **bramboráčky**
knedlíky – **knedlíčky**
> *Příloha ČE3, bod 2. 6*

POZOR:
trochu, kousek + *genitiv*
> *Příloha ČE3, bod 2. 7*

7. Dáte si *trochu* nebo *kousek*? Doplňte k fotografiím.

    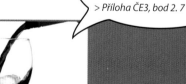

_____ dortu   _____ polévky   _____ pizzy   _____ vína

8. *Trochu* nebo *kousek*? <u>Označte</u>, co je správně.

Například: Dáš si ještě dort? – Ano, děkuju, ale jenom *kousek/trochu*.
1. Chceš ještě omáčku? – Tak dobře, vezmu si ještě *kousek/trochu*.
2. Dáš si maso? – Tak jenom *kousek/trochu*, ano? Už skoro nemůžu.
3. Dáte si pizzu? – Ano, rád, ale vezmu si jenom *kousek/trochu*.
4. Dáte si víno? – Ano, děkuju, ale opravdu jenom *kousek/trochu*.

C | České a moravské speciality

1. Povídejte si o jídle a pití.

1. Jaké typické české jídlo nebo pití znáte?
2. Jaké typické české jídlo nebo pití vám chutná/nechutná?
3. Jaké jídlo nebo pití je typické pro zemi nebo kraj, odkud pocházíte?

2. Najděte na mapě České republiky následující lokality.

jižní Čechy, Krkonoše, jižní Morava, Valašsko, Pardubice, Karlovy Vary, Domažlice, Olomouc, Plzeň

3. Čtěte text. Jaké speciality jsou typické pro tato města nebo kraje?

1. Na jižní Moravě se pěstuje _____.
2. Blízko Olomouce se vyrábí _____.
3. V Krkonoších se vaří _____.
4. V Pardubicích se dělá _____
5. Na Valašsku se jí _____ a pije _____.
6. V Domažlicích a okolí se dělají _____.
7. V jižních Čechách se vaří _____
8. V Karlových Varech se prodávají _____ a _____.

> **PAMATUJTE SI:**
> *Reflexivní pasivum:*
> **se pěstuje..., se vyrábí...,**
> **se vaří..., se dělá...,**
> **se dělají...,se prodávají...**
> > *Příloha ČE3, bod 2.8*

1

Karlovy Vary – to nejsou jen léčivé minerální vody, ale prodávají se tady také karlovarské oplatky a likér Becherovka. Becherovka se vyrábí od roku 1807 a recept je tajný.

Krkonoše jsou nejvyšší české hory. V minulosti to byl chudý kraj. Vaří se tady polévka kyselo.

3

4

Olomoucké syrečky neboli „tvarůžky" jsou výborné na chleba s máslem i smažené. Ale pozor: nejezte je předtím, než půjdete na rande – smrdí!

9

Když se řekne Plzeň, každého Čecha napadne „pivo". Ale když se řekne Pardubice, každého napadne „pardubický perník".

6

Když přijedete na návštěvu na Valašsko, dostanete nejspíš slivovici a halušky se slaninou a se zelím.

5

Tyto koláče jsou s mákem a tvarohem. Říká se jim „domažlické" podle města Domažlice, které je v západních Čechách.

7

Říká se, že jižní Čechy jsou kraj rybníků. Odtud pochází asi každý kapr, který se jí na Vánoce na Štědrý den. Ale vaří se tady taky jihočeská polévka kulajda.

8

Jižní Morava je kraj, kde se tradičně pěstuje víno. Můžete ho pít ve sklípku (to je speciální sklep na víno) a poslouchat přitom moravské lidové písničky.

CD: 12

4. Opakujte. Dávejte pozor na přízvuk na první slabice a pečlivě vyslovujte délky.

léčivé minerální vody, olomoucké syrečky, karlovarské oplatky, domažlické koláče, nejvyšší české hory

5. Co víte o českých specialitách? Odpovězte na otázky.

1. Je becherovka víno?
2. Co dostanete k jídlu na Valašsku?
3. Odkdy se vyrábí becherovka?
4. Proč se říká „domažlické" koláče?
5. Co je to moravský sklípek?
6. Kde jsou Domažlice?
7. Co se tradičně pěstuje na jižní Moravě?
8. Co napadne každého Čecha, když se řekne „Pardubice"?
9. Jak se jmenuje polévka, která se vaří v Krkonoších?
10. Jaká ryba se jí na Vánoce na Štědrý den?
11. Co napadne každého Čecha, když se řekne „Plzeň"?
12. Proč se nedoporučuje jíst syrečky předtím, než máte rande?

6. Doplňte podle textu.

1. recept, který nesmí nikdo znát: _____ recept
2. nejvyšší hory v České republice: _____
3. kraj, kde lidé nemají peníze: _____ kraj
4. vody s minerály, které musí pít nemocní lidé: _____ vody
5. písničky, které tradičně zpívají lidé na Moravě: _____ písničky

7. Co jste už jedli a pili (✓) nebo ještě nikdy nejedli a nepili (×)? Jak vám to chutnalo?

Například: Už jsem jedl halušky se slaninou. Chutnaly mi. Ještě nikdy jsem nepil becherovku.

☐ becherovka ☐ perník ☐ koláče s mákem a tvarohem
☐ kulajda ☐ slivovice ☐ karlovarské oplatky
☐ kyselo ☐ olomoucké syrečky ☐ halušky se slaninou a zelím

POZOR:
s × se
s kečupem
×
se sýrem, se zelím
> *Příloha ČE3, bod 2. 9*

8. Co často jíte/pijete? Co nikdy nejíte/nepijete?

Například: Často jím koláče s mákem a tvarohem. Nikdy nejím vajíčka se šlehačkou.

koláče vajíčka chleba banán káva
čaj palačinky zmrzlina halušky
špagety dort brambory whisky

s kečupem se zmrzlinou s mákem s tvarohem s lososem s citronem se salámem
s čokoládou se slaninou s mlékem s vínem se šunkou se sýrem s masem
se šlehačkou s máslem s ledem s karamelem s ovocem

Jazyk pod lupou: Instrumentál singuláru

Po prepozici s/se používáme instrumentál. Přečtěte si tabulku a doplňte další příklady z předchozího cvičení.
Pak doplňte nejčastější koncovky instrumentálu singuláru.

prepozice	rod (deklinační vzory)	instrumentál singuláru	koncovky nominativ > instrumentál
s/se	Ma (student > studentem)	losos**em**	**konsonant + -em**
	Mi (banán > banánem)	kečup**em**	**konsonant + ...**
	F (káva > kávou)	zmrzlin**ou**	-a >..........
	N (auto > autem)	mlék**em**	-o >..........

> *Příloha ČE3, lekce 2, bod 2. 9*

Pracovní sešit cv. 22, 24, 25 ▶

9. Jaká kombinace jídla a pití vám chutná nebo nechutná?

Například: Chutná mi chleba s máslem. Nechutná mi...

10. Víte, co se pěstuje, vyrábí, jí, pije... v těchto zemích? Spojte.

Ve Francii se pěstuje   paella.
V Holandsku se vyrábí   černý čaj.
V Itálii se jí   špagety s parmazánem.
Ve Španělsku se jí   víno.
V Anglii a v Rusku se hodně pije   různé sýry.

PAMATUJTE SI:
u nás × u vás
>*Příloha ČE3, bod 2. 10*

11. Co se pěstuje, vyrábí, jí a pije u vás ve vaší zemi?

Například: U nás se pěstuje...

D | Komiks 2: Ta restaurace je špatná

CD: 13

E | Co už umím česky

V restauraci	Dám si... Chtěl/a bych... Chutná mi... Mám hlad a žízeň. Mám chuť na něco sladkého/slaného/ostrého/kyselého...
Stěžujeme si	Prosím vás,... Promiňte, ale... To jídlo/pití je moc... To jídlo/pití není dost...
Gramatika	*1. Akuzativ singuláru, například:* Dám si gulášov**ou** polév**ku**, grilovan**ého** losos**a**, zelený čaj a černé pivo. *Více o akuzativu sg. a pl. najdete v Příloze na straně 55 a v tabulce na straně 56 a 57.* *2. Instrumentál singuláru, například:* Dáme si špagety s kečup**em**, čaj s citron**em** a kávu se šlehač**kou**. *Více o instrumentálu sg. a pl. najdete v Příloze na straně 64 a v tabulce na straně 65 a 66.* *3. Reflexivní pasivum, například:* Víno **se pěstuje** na Moravě. Syrečky **se vyrábí** blízko Olomouce. Polévka kyselo **se vaří** v Krkonoších. V Pardubicích **se dělá** perník. Koláče **se dělají** v jižních Čechách. V Karlových Varech **se prodávají** karlovarské oplatky a likér Becherovka.
Slovní zásoba	*Jídlo a pití může být:* vařené, pečené, smažené, teplé, studené, kyselé, slané, sladké, tučné, mastné, dietní *České a moravské speciality:* karlovarské oplatky, Becherovka, domažlické koláče s mákem a tvarohem, kulajda, kyselo, perník, olomoucké syrečky, halušky se slaninou a se zelím, slivovice, moravské víno

 CD: 14

Výslovnost	č × š × ž **č**eský, **č**okoládový, **č**ervený, **č**erný, **č**ekat, **č**as, kolá**č**e, syre**č**ky, tu**č**ný, pe**č**ený **š**lehačka, **š**pagety, **š**unka, **Š**tědrý den, **Š**panělsko, **š**panělsky, **š**patný, halu**š**ky **ž**ízeň, **ž**ivý, **ž**e, ji**ž**ní, sma**ž**ený, Doma**ž**lice, doma**ž**lické koláče
Pravopis	*Kdy píšeme i, í a kdy píšeme y, ý?* *Po ž, š, č, ř píšeme vždycky i nebo í. Například:* dám si rý**ži**, vš**i**mněte si, pala**či**nky, na veče**ři** *Po h, ch, k, r, píšeme v českých slovech vždycky y nebo ý. Například:* jižní Če**chy**, hranol**ky**, knedlí**ky**, palačin**ky**, brambo**ry** *Po ostatních souhláskách můžeme psát i, í nebo y, ý. Pravidla se budete učit později.*

Lekce 3

- Lidé kolem nás
- Rodinné vztahy
- Náš vztah už nemá cenu
- Komiks: Ája a kamarádka

A | Lidé kolem nás

1. Povídejte si o vaší rodině.

1. Máte velkou rodinu?
2. Máte sourozence, rodiče, prarodiče nebo děti? Jak se jmenují?
3. Kdo z vaší rodiny je svobodný, ženatý, vdaný, rozvedený?
4. Kdo má přítele nebo přítelkyni?

> **POZOR:**
> **Máte sourozence?**
> **Mám** bratra **a sestru.** (= akuzativ sg.)
> **Mám dva** bratry **a dvě sestry.** (= akuzativ pl.)
> **Mám pět, šest...** bratrů **a sester.** (= genitiv pl.)
> > Příloha ČE3, bod 3.1

2. Mluvte o vašich příbuzných detailněji.

Například: Můj bratr se jmenuje... Je mu... let. Pracuje jako... Moje sestra se jmenuje... Je jí... let. Pracuje jako...

3. Na fotografiích je Adam Havlík a jeho rodina. Kdo je kdo? Používejte také výrazy *tchán, tchyně, neteř, švagrová.*

Například: Jeho tatínek se jmenuje Karel Havlík. Jeho maminka se jmenuje...

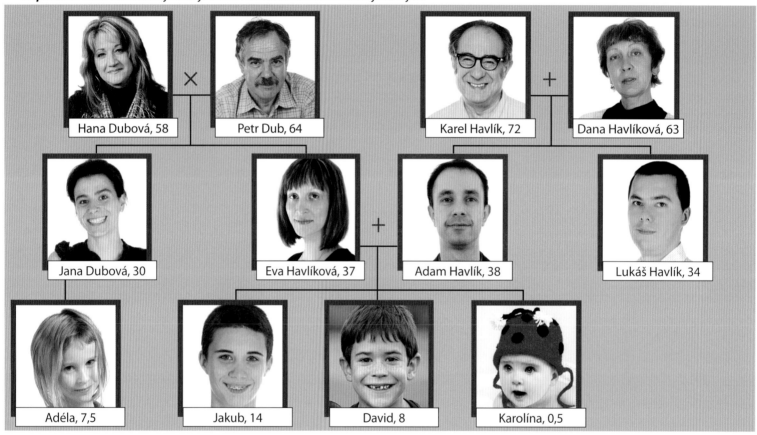

Hana Dubová, 58 × Petr Dub, 64   Karel Havlík, 72 + Dana Havlíková, 63

Jana Dubová, 30   Eva Havlíková, 37 + Adam Havlík, 38   Lukáš Havlík, 34

Adéla, 7,5   Jakub, 14   David, 8   Karolína, 0,5

4. Spojte a napište páry (muž, žena).

vnuk	sestřenice
strýc	tchyně
bratranec	švagrová
synovec	neteř
tchán	vnučka
zeť	teta
švagr	snacha

vnuk a *vnučka*
_____ a _____
_____ a _____
_____ a _____
_____ a _____
_____ a _____
_____ a _____

🔍 Jazyk pod lupou: Posesivní adjektiva

Můžete také říct: **Adamův** tatínek, **Adamova** maminka. *Označené formy jsou posesivní adjektiva. Odpovídají na otázku* **čí?**
Používají se obvykle jenom pro lidi a domácí zvířata (psy, kočky...) a mají tyto koncovky:

jméno		M	F	N	plurál (zjednodušeně)
Adam 🧍	>	**Adamův** tatínek	**Adamova** maminka	**Adamovo** auto	**Adamovi** rodiče
Eva 🧍		**Evin** tatínek	**Evina** maminka	**Evino** auto	**Evini** rodiče

> Příloha ČE3, bod 3.2 Pracovní sešit cv. 4 a), b), 7

5. Jaké příbuzné má Adam Havlík? Tvořte otázky podle modelu.

Například: Jak se jmenuje Adamův bratr? Jak se jmenuje Adamova švagrová?

6. Kdo z Adamovy rodiny to je?

Například: Je ještě malý. Je mu 8 let. – David.

1. Je to miminko. Je jí půl roku. – _____

2. Je ještě mladá. Je jí 30 let. – _____

3. Je v pubertě. Je mu 14 let. – _____

4. Je už dospělá. Je jí 30 let. – _____

5. Je to už starší pán. Je mu 72 let. – _____

6. Je to už starší paní. Je jí 63 let. – _____

🎵 Jazyk pod lupou: Kolik mu/jí je?

K vyjádření věku používáme dativ. Všimněte si substantiv a osobních zájmen v dativu.

Adamovi je 38 let. = Je mu 38 let.

Evě je 37 let. = Je jí 37 let.

> *Příloha ČE3, bod 3. 3*

Pracovní sešit cv. 4 e), 5

7. Řekněte, kolik let je lidem z Adamovy rodiny. Používejte dativ sg.

Například: Karlovi je 72 let. Daně je 63 let.

8. Jaké výrazy jsou velmi formální? Jaké se používají v rodině?

1. matka, maminka, máma, mamka
2. otec, tatínek, táta, taťka
3. sestra, ségra
4. bratr, brácha
5. dědeček, děda
6. babička, babi/bábi
7. strýc, strejda
8. teta, tetička

POZOR:

Rodinné výrazy, vlastní jména:

máma, táta, Kuba, Kájinka, Hanka...

> *Příloha ČE3, bod 3. 4*

👂 CD: 15

9. Poslouchejte a označte, co říká Adamův syn David.

Jmenuju se David Havlík, je mi 8 let a bydlím v Kolíně. Mám velkou rodinu. Moje *matka/maminka/máma* je moc hodná, jenom je někdy nervózní a křičí – to když je moc unavená a my s bratrem zlobíme a nechceme uklízet. *Maminku/mámu* mám asi radši než *tatínka/tátu*, protože *tatínek/táta* je docela přísný. Když je doma, musím se učit a pomáhat. Naštěstí je skoro pořád v práci.

Můj *bratr/brácha* se jmenuje Jakub, ale říkáme mu Kuba. *Maminka/máma* někdy říká, že je strašný a že je typický puberťák. Moje *sestra/ségra* se jmenuje Karolína, ale říkáme jí Kájinka. Je ještě miminko, pořád jenom spí, jí nebo brečí.

Mám dva dědečky a tři babičky. *Dědeček/děda* Karel a *babička/babi* Dana bydlí na vesnici. Jezdíme tam někdy na návštěvu.

Dědeček/děda Petr bydlí daleko, ale *babička/babi* Hanka bydlí u nás. Jsou rozvedení. *Dědeček/děda* Petr má novou manželku, to je moje nevlastní *babička/babi*. Jmenuje se Věra.

Mám taky *tetu/tetičku* a *strýce/strejdu*. *Teta/tetička* Jana je mámina *sestra/ségra*. Žije sama a má jednu dceru. To je moje sestřenice Adéla. Adéla je skoro stejně stará jako já, je jí 7 a půl. *Strýc/strejda* Lukáš je tátův *bratr/brácha*. Je moc fajn – má vždycky dobrou náladu a je s ním legrace. *Strýc/strejda* Lukáš není ženatý, ale má přítelkyni Elišku. Budou mít brzo svatbu a slíbili mi, že budu mít nového bratrance nebo sestřenici.

Mám rád celou naši rodinu, dokonce i Jakuba, i když se někdy hádáme. Nejradši mám ale našeho psa Fíka. Je velký a chlupatý, má mě rád a poslouchá mě.

10. Odpovězte na otázky.

1. Jaká je Davidova maminka?
2. Jaký je Davidův tatínek?
3. Jak se jmenuje Davidův bratr? Jak mu říkají doma?
4. Jak se jmenuje Davidova sestra? Jak jí říkají doma?
5. Proč má David tři babičky?
6. Jak se jmenují Davidův strýc a Davidova teta?
7. Jak se jmenuje Davidova sestřenice? Kolik jí je?
8. Jaký je Davidův pes?

PAMATUJTE SI:

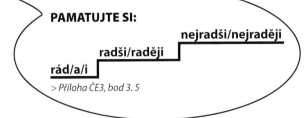

nejradši/nejraději

radši/raději

rád/a/i

> *Příloha ČE3, bod 3. 5*

11. Napište text o vás a vaší rodině (kolik vám je let, jaké máte příbuzné, jak se kdo jmenuje, kolik mu/jí je, jaký/jaká je...)

B | Rodinné vztahy

1. Alena Musilová se sešla s kamarádkou Jitkou Jarošovou. Už dlouho se neviděly a teď mluví o lidech, které znají. Podívejte se na fotografie. Hádejte, kdo jsou ti lidé. Jsou to její příbuzní?

Například: Podle mě je Ondřej Alenin manžel. Martina je určitě Alenina sestra.

 CD: 16

2. Poslouchejte.

1. Kdo je Alenin přítel, bratr a synovec?
2. Kdo je Alenina sestra, švagrová a kamarádka?

> **PAMATUJTE SI:**
> Myslím, že...
> Podle mě... × ...je určitě...
> Je možné, že... ...musí být...
> >*Příloha ČE3, bod 3. 6*

3. Podívejte se na fotografie. Kdo je *moc zvědavý, strašně roztomilý, trochu bláznivý, rozmazlený a drzý, dost líný a nepořádný, moc hodný.* Pak zkontrolujte poslechem.

Ondřej · Barbora · Roman · Martina · Nikola · Šimon

4. Jaké vztahy má Alena s lidmi kolem sebe?

1. Chtěla se rozejít
2. Žije
3. Miluje
4. Často se teď hádá
5. Občas nesnáší
6. Má výborný vztah
7. Když má nějaké problémy, volá
8. Nemá ráda
9. Nejradši má
10. Obdivuje

A. **kamarádku**, i když je trochu bláznivá.
B. **přítele**, i když je líný a nepořádný.
C. **švagrovou**, protože je moc zvědavá.
D. **synovce**. Je strašně roztomilý.
E. se **sestrou**, protože nechce uklízet.
F. s **přítelem** už tři roky.
G. **sestru**, protože je rozmazlená a drzá.
H. **bratrovi**, protože jí vždycky pomůže.
I. s **přítelem**, ale nerozešli se.
J. s **bratrem**, protože je moc hodný.

> *Všimněte si výrazů* pří**tel**, synov**ec**, *které se deklinují jako vzor* muž.
> > *Přehled deklinace v Příloze na str. 96–97*

 CD: 16

5. Poslouchejte, co Alena říká. Ověřte si předpoklady ze cvičení 4.

🔍 Jazyk pod lupou: Slovesa a prepozice + akuzativ, dativ a instrumentál

Všimněte si, jaký pád následuje po těchto slovesech a prepozicích. Najděte příklady ve cvičení 4.

mít rád/radši/nejradši, milovat, nesnášet, obdivovat	akuzativ	
volat (= telefonovat) +	dativ	
mít výborný vztah s, hádat se s, žít s, rozejít se s	instrumentál	

Koncovky pádů si procvičíte v pracovním sešitě. Používejte také souhrnnou tabulku pádů v Příloze na straně 96.

Pracovní sešit cv. 17 ▶

6. Mluvte o vašich příbuzných a kamarádech. Jaké s nimi máte vztahy? Používejte tyto výrazy.

Nejradši mám..., protože... Miluju... Nesnáším... Obdivuju...
Když mám nějaké problémy, telefonuju...
Mám výborný vztah s... Někdy se hádám s...

C | Náš vztah už nemá cenu

1. Budete číst detektivku *Náš vztah už nemá cenu*. Najdete tam tyto výrazy. Přiřaďte je k obrázkům.

A. prášky na spaní   B. sklenička   C. hodinky   D. klíč   E. pero   F. tmavé závěsy na okně

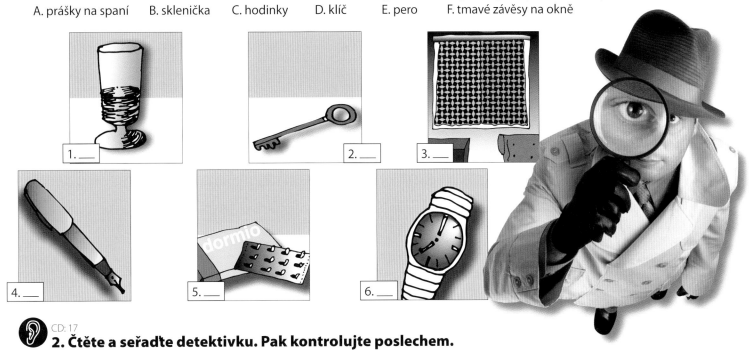

1. ___   2. ___   3. ___   4. ___   5. ___   6. ___

CD: 17

2. Čtěte a seřaďte detektivku. Pak kontrolujte poslechem.

Náš vztah už nemá cenu

☐ „Dobrý den, tady Jana Bednářová. Prosím vás, můžete sem přijet? Můj manžel je zavřený v pracovně a neodpovídá mi. Mám strach, že se mu něco stalo." – „A kde bydlíte, paní Bednářová?" – „Karlovo náměstí 7."

☐ V místnosti byla úplná tma, protože na okně byly tmavé závěsy. Když inspektor rozsvítil, uviděl muže, který seděl u stolu. Byl mrtvý. Na stole stála sklenička se zbytkem nějakého pití. Vedle ležely prášky na spaní. Všechny tablety byly pryč. Muž měl v ruce pero a před ním ležel nějaký papír.

☐ Ale inspektor Holmík řekl: „Nezdá se mi, že to byla sebevražda, paní Bednářová! To ještě uvidíme…"

☐ (1) Inspektor Holmík se probudil a podíval se na hodinky. Bylo sedm hodin ráno a venku byla ještě tma. Najednou zazvonil telefon. Inspektor řekl: „Holmík, prosím?"

☐ Inspektor vzal papír do ruky a četl: *Jano, náš vztah už nemá cenu. Už nemůžu dál. Rozhodl jsem se, že to vyřeším odchodem. Sboh…* Poslední slovo nebylo dopsané. Paní Bednářová se rozplakala: „Proč jsi to udělal, Martine! Proč jsi spáchal sebevraždu?"

☐ Za dvacet minut byli inspektor Holmík s detektivem Vacíkem na místě. Zazvonili a paní Bednářová přišla otevřít. „Rychle, prosím vás! Tady je manželova pracovna." Inspektor se zeptal: „Vy nemáte klíč?"

☐ „Ne, klíč má jenom manžel. V pracovně se vždycky zamyká." – „To je divné, ne?" – „No, on je dost nervózní a chce mít klid. Navíc jsme se včera večer hádali o peníze a…" – „Aha, tak to musíme udělat jinak." Inspektor vyrazil dveře.

3. Odpovězte na otázky k textu.

1. Kdo je Holmík?
2. Co udělal, když se probudil?
3. V kolik hodin zazvonil telefon?
4. O kom mluvila Jana Bednářová v telefonu?
5. Kde bydlí paní Bednářová?
6. S kým jel inspektor k paní Bednářové?
7. Koho uviděl Holmík, když vyrazil dveře do pracovny?
8. Co měl Martin Bednář v ruce?
9. Komu psal Martin Bednář dopis?
10. Co bylo v dopise?

4. Vysvětlete tyto výrazy nebo je předveďte pantomimou.

úplná tma, zbytek nějakého pití, zamykat se v pracovně, vyrazit dveře, rozsvítit, rozplakat se

Jazyk pod lupou: Deklinace kdo, co

Doplňte do tabulky formy zájmen kdo, co ze cvičení 3 na straně 25.

nominativ	kdo	
genitiv	koho	čeho
dativ		čemu
akuzativ		
lokál		čem
instrumentál		čím

> Příloha ČE3, bod 3. 7

Pracovní sešit cv. 20–21

POZOR:
Doporučujeme vám naučit se deklinaci zájmen **kdo** *a* **co** *nazpaměť.*

5. Inspektor Holmík mluví s detektivem Vacíkem. Myslí, že to nebyla sebevražda. Detektiv Vacík musí paní Bednářovou sledovat. Co musí zjistit? Doplňte.

▲ o čem ▲ do čeho ▲ s kým (2x) ▲ o kom ▲ ~~co~~ ▲ koho ▲ do koho ▲ komu

1. **Co** dělala paní Bednářová ten večer, kdy její manžel umřel?
2. _____ se schází?
3. _____ často telefonuje?
4. _____ si často povídá?
5. _____ nebo _____ mluví?
6. _____ je zamilovaná?
7. _____ zve do domu?
8. _____ investuje peníze?

Jazyk pod lupou: Deklinace někdo, něco

nominativ	někdo	něco
genitiv	někoho	něčeho
dativ	někomu	něčemu
akuzativ	někoho	něco
lokál	někom	něčem
instrumentál	někým	něčím

Pracovní sešit cv. 22

Jazyk pod lupou: Deklinace nikdo, nic

nominativ	nikdo	nic
genitiv	nikoho	ničeho
dativ	nikomu	ničemu
akuzativ	nikoho	nic
lokál	nikom	ničem
instrumentál	nikým	ničím

Pracovní sešit cv. 23

6. Inspektor Holmík se ptá detektiva Vacíka, co zjistil. Na co se Holmík ptá?

Například: Mluví Jana Bednářová s někým (někdo)?

1. Sešla se s _____ (někdo)?
2. Telefonuje _____ (někdo)?
3. Mluví o _____ (něco) nebo o _____ (někdo)?
4. Obdivuje _____ (někdo) nebo dokonce _____ (někdo) miluje?
5. Zve _____ (někdo) domů?
6. Jezdí k _____ (někdo) na návštěvu?

7. Detektiv Vacík o Janě Bednářové nic nezjistil. Co Vacík říká?

Například: S (nikdo) nikým nemluví.

1. S _____ (nikdo) se nesešla.
2. _____ (nikdo) netelefonuje.
3. O _____ (nikdo) a o _____ (nic) nemluví.
4. _____ (nikdo) neobdivuje ani nemiluje.
5. _____ (nikdo) nezve domů.
6. K _____ (nikdo) nejezdí na návštěvu.

8. Inspektor Holmík nemá žádný důkaz. Najednou si ale vzpomene na jeden důležitý detail. Byla to vražda. Víte, jaký detail to byl?

D | Komiks 3: Ája a kamarádka

E | Co už umím česky

Rodina	Mám velkou/malou rodinu. Jsem ženatý, vdaná, svobodný/á, rozvedený/á. Mám rodiče, prarodiče, sourozence. Mám příbuzné: tetu, strýce, bratrance, sestřenici, tchána, tchyni, vnuka, vnučku...
Rodinné vztahy	*Výrazy s akuzativem:* mít rád/radši/nejradši, milovat, nesnášet, obdivovat *Výrazy s dativem:* volat (= telefonovat), jezdit na návštěvu k *Výrazy s instrumentálem:* mít dobrý vztah s, hádat se s, žít s, rozejít se s

Gramatika	*1. Slovesa mají vazbu s určitým pádem, například:*

   – *s akuzativem:* Mám raději bratra než sestru. Miluju přítele. Nesnáším sousedku.

   – *s dativem:* Často telefonuju bratrovi. Někdy jezdím na návštěvu k babičce.

   – *s instrumentálem:* Mám dobrý vztah s bratrem. Hádám se se sestrou. Žiju s přítelem. Rozešel jsem se s přítelkyní.

Více o těchto pádech najdete v Příloze v tabulkách deklinace.

2. Deklinace zájmen kdo, co, někdo, něco a nikdo, nic.

nominativ	**kdo**	**co**	**někdo**	**něco**	**nikdo**	**nic**
genitiv	koho	čeho	někoho	něčeho	nikoho	ničeho
dativ	komu	čemu	někomu	něčemu	nikomu	ničemu
akuzativ	koho	co	někoho	něco	nikoho	nic
lokál	kom	čem	někom	něčem	nikom	ničem
instrumentál	kým	čím	někým	něčím	nikým	ničím

Pozor na dvě a více negací: **Ni**kdo tady není. **Ni**kde **ni**kdo **ne**ní.

Slovní zásoba	matka, maminka, máma, mamka otec, tatínek, táta, taťka sestra, ségra bratr, brácha dědeček, děda babička, babi/bábi strýc, strejda teta, tetička

 CD: 19

Výslovnost	**ti, tí** v místnos**ti** byla tma, inspektor rozsví**til**, se zbytkem nějakého pi**tí** **ni, ní** skle**ni**čka, zazvo**ni**li, prášky na spa**ní**, je dost nervóz**ní** **di, dí** Holmík se probu**dil**, po**dí**val se na ho**di**nky, ale to ještě uvi**dí**me

Pozor na cizí slova:
grama**ti**ka [grama**ty**ka]
te**ni**s [te**ny**s]
diktát [**dy**ktát]

Pravopis	**ú** *a* **ů** ú s čárkou *většinou píšeme na začátku slov, například* domácí **ú**kol, otevřete **ú**sta, **ú**čet, **ú**řad, **ú**ředník, **ú**řednice ů s kroužkem *většinou píšeme uprostřed slova:* d**ů**m, st**ů**l, r**ů**že *Pozor: Když má slovo s ú prefix, píšeme také ú, například:* účet – vyúčtovat.

Lekce 4

A | Místo, kde bydlím

PAMATUJTE SI:
dům, *pl.* domy
Běžně mluvená čeština:
barák, baráky

1. Co vidíte na fotografiích? Například: Na fotografii číslo 1 je náměstí,...

▲ náměstí ▲ louka ▲ les ▲ kostel ▲ hrad ▲ silnice ▲ rybník ▲ věž ▲ kašna ▲ zahrada ▲ kopec ▲ trh ▲ dům

2. Popište fotografie. Co je *vpravo, vlevo, nahoře, dole, vzadu, vpředu, uprostřed...*?

3. Linda, Dalibor a Radim studují v Praze na vysoké škole. Povídají si o tom, odkud jsou. Přečtěte si rychle text a zjistěte, jak se místa na fotografiích jmenují.

Linda Maříková říká: Naše rodina bydlí na Šumavě v malé vesnici, která se jmenuje Hodkov. Je to jen pár domů. Do města je to daleko, a tak jsme zvyklí do školy, do práce i na nákup dojíždět autem nebo vlakem. Naštěstí máme nádraží dvacet minut pěšky od domu. Horší je to v zimě, když je sníh. Někdy ani nejde vyjet autem z garáže. Ale jinak je to skvělé bydlení, protože přímo před domem máme velký rybník a kolem domu jsou louky, lesy a cyklostezky.

Dalibor Bouzar říká: Bydlím pod hradem Karlštejn v obci Karlštejn. Náš dům stojí mezi základní školou a obecním úřadem. Když jsem chodil do školy, cesta mi trvala minutu! Před naším domem je silnice, ale vzadu za domem máme zahradu. Nad zahradou je kopec a les, kam v létě chodíme na houby. Jediné, co mi vadí, je, že během letní sezóny je tady moc turistů. Jinak se mi tu líbí a jsem tady spokojený.

Radim Bartošík říká: Bydlím od narození v Brně přímo v centru ve starém domě na Zelném trhu. Výhoda je, že to máme blízko na nákup, protože před naším domem je trh a vedle domu je velké obchodní centrum. Za naším domem je kostel, kde měli rodiče svatbu. Bydlet v centru je moc fajn, jediná nevýhoda je, že platíme dost vysoký nájem.

4. Přečtěte si text ještě jednou a odpovězte na otázky.

1. Kdo má za domem zahradu?
2. Kdo má před domem rybník?
3. Kdo bydlí v centru?
4. Čí bydlení je dost drahé?
5. Kdo musí dojíždět na nákup?
6. Komu vadí moc turistů?

POZOR:
moc turistů
pár domů
> *Příloha ČE3, bod 4. 1*

CD: 20
5. Poslouchejte a opakujte. Pozor na přízvuk na první slabice! Pečlivě vyslovujte délky.

jsme zvyklí dojíždět, přímo před domem, bydlím pod hradem Karlštejn, mezi základní školou a obecním úřadem, vzadu za domem, nad zahradou, ve starém domě, před naším domem, za naším domem

6. Chtěli byste bydlet jako Radim, Linda nebo Dalibor?

7. Jste spokojený/á tam, kde bydlíte? Jaké má vaše bydlení výhody a nevýhody?

Jsem spokojený/á, protože... Jsem spokojený/á, i když...
Výhoda je, že... Nevýhoda je, že...
Jediné, co mi vadí, je... Naštěstí máme blízko...

ⓙazyk pod lupou: *Statická slovesa + prepozice* nad, pod, před, za *a* mezi + *instrumentál*

Z lekce 2 už znáte formy instrumentálu singuláru a víte, že se používají po prepozici s/se. V této lekci se naučíte další prepozice, po kterých se používá instrumentál. Všimněte si v textu:

<u>Nad</u> **zahradou** je kopec a les, kam v létě chodíme na houby. Bydlím <u>pod</u> **hradem** Karlštejn v obci Karlštejn.
<u>Před</u> **naším domem** je silnice, ale vzadu <u>za</u> **domem** máme zahradu. Náš dům stojí <u>mezi</u> **základní školou** a **obecním úřadem**.

Pozor: Po statických slovesech být, stát, bydlet, pracovat, sejít se, čekat... se prepozice nad, pod, před, za, mezi používají s instrumentálem. Po dynamických slovesech jít, jet, letět... se ale tyto prepozice používají s akuzativem. Více viz strana 33 v této lekci.

> *Příloha ČE3, bod 4. 2*
Pracovní sešit cv. 4 e) ▶

8. Telefonujete kamarádovi a říkáte mu, kde jste nebo kde co je. Doplňte instrumentál sg.

Například: Jsem před _____ (škola). Jsem před školou.

1. Jsem za _____ (divadlo).
2. Stojím před _____ (kavárna).
3. Čekám pod _____ (most).
4. Pošta je za _____ (supermarket).
5. Taxík je před _____ (hotel).
6. Klub je mezi _____ (kino a banka).

9. Kde je to? Porovnejte prepozice.

A. v domě   B. u domu   C. nad domem   D. mezi hospodou a domem   E. na domě   F. před domem   G. za domem   H. pod domem

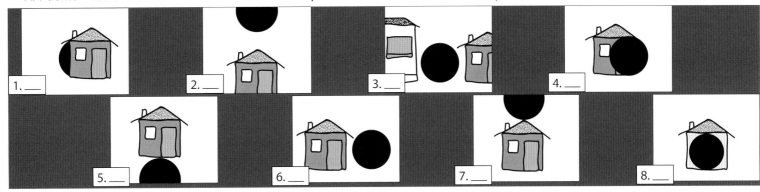

ⓙazyk pod lupou: *Vyjádření lokace (= že někde něco je)*

Otázka: **Kde?**
Statická slovesa **být, stát, bydlet, čekat, pracovat, sejít se...**

v ⬤		+ *lokál*
na ⬤▢ + *akce a aktivity*		+ *lokál*
u ⬤▢👤		+ *genitiv*
nad ⬤▢ pod ▢⬤ před ⬤▢ za ▢◖ mezi ▢⬤▢		+ *instrumentál*

Existují i další prepozice, které vyjadřují lokaci, například: blízko, daleko do/od, kolem, vedle, uprostřed...

> *Příloha ČE3, bod 4. 2* **Pracovní sešit cv. 4**

10. Kde teď jste/pracujete/bydlíte...? <u>Označte</u> správnou prepozici.

Například: Bydlím *na/v/<u>pod</u>* hradem.

1. Jsem teď *na/v/u* doktora.
2. Pracuju *na/v/za* supermarketu.
3. Bydlím *za/v/u* divadlem.
4. Sejdeme se *mezi/v/před* kinem.
5. Čekám *v/na/mezi* nádraží.
6. Stojím *u/nad/v* školy.
7. Bydlíš *v/mezi/za* řekou?
8. Náš dům je *pod/na/u* hradem.
9. Jsem *za/v/na* koncertě.

11. Napište text o místě, kde bydlíte. Odpovězte na otázky.

Bydlíte ve městě nebo ve vesnici? Co je před a za vaším domem? Co je u domu nebo vedle domu?

B | Jak se tam dostanu?

 CD: 21
1. Poslouchejte. Kdo chce koho navštívit?

> Prosím vás/prosím tě...
> Kde je...?
> Jak se jde do/na/k...?
> Jak se dostanu do/na/k...?

 CD: 21
2. Je pátek odpoledne. Radim a Linda jsou v knihovně. Poslouchejte a <u>označte</u>, co slyšíte.

1. Linda *už byla/ ještě nikdy nebyla* na Karlštejně.
2. Ze Smíchovského nádraží pojede *autem/vlakem/autobusem*.
3. Když se jde od nádraží, hrad *je daleko/je blízko/není ani daleko, ani blízko*.
4. Když Linda vyjde z nádraží, musí jít *doleva/doprava/rovně*.
5. Pak musí zahnout *doleva/doprava* a přejít most.
6. Za mostem musí jít kousek doprava a pak *doleva dolů/doleva nahoru* na kopec.
7. Když bude Linda sedět ve vlaku *napravo/nalevo* ve směru jízdy, uvidí hrad z vlaku.

> Musíte/musíš jít...
> Půjdete/půjdeš...
> Jděte/jdi...
> Jeďte/jeď...

Jazyk pod lupou: Kde *nebo* kam? Statická a dynamická adverbia
Porovnejte statická a dynamická adverbia. Doplňte je k obrázkům.

doleva   dole   doprava   nahoře   dolů   vlevo/nalevo   nahoru   vpravo/napravo

•	↑		↓	•	←	•	⌐→
nahoře							

> *Příloha ČE3, bod 4. 2*
Pracovní sešit cv. 6–8 ▶

3. Co si říká Linda, když se dívá na mapu?
▲ doprava (2x) ▲ zase doleva ▲ vlevo dole
▲ nahoru ▲ doleva

1. Nádraží je _____
2. Když vyjdu z nádraží, musím jít _____
3. Před mostem musím zahnout _____
4. Za mostem musím zahnout _____
5. Pak musím jít _____
6. Nakonec musím jít _____ na kopec.

4. Podívejte se na mapu. Jak Linda půjde z nádraží na Karlštejn? Popište její cestu.
Například: Linda vystoupí na nádraží Karlštejn a půjde doprava. Pak...

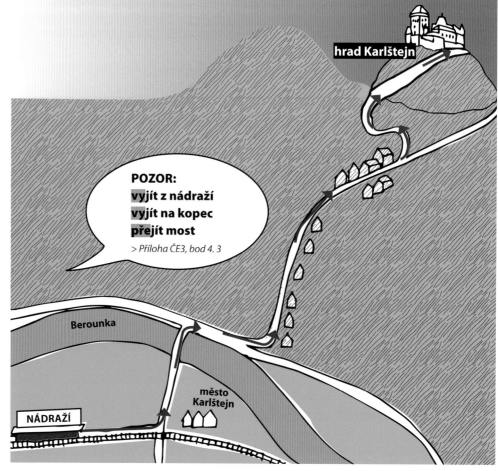

hrad Karlštejn

POZOR:
vyjít z nádraží
vyjít na kopec
přejít most
> *Příloha ČE3, bod 4. 3*

Berounka

město Karlštejn

NÁDRAŽÍ

5. Kam můžete jít, jet nebo letět? Porovnejte prepozice.

A. pod dům   B. za dům   C. do domu   D. před dům   E. na dům   F. nad dům   G. k domu   H. mezi hospodu a dům

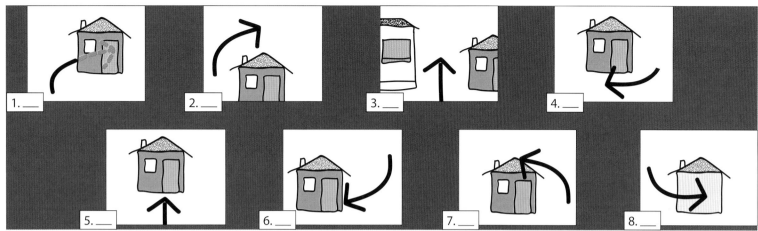

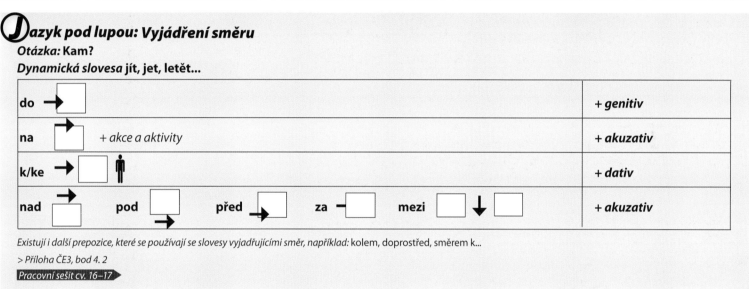

🔍 Jazyk pod lupou: Vyjádření směru

Otázka: Kam?

Dynamická slovesa jít, jet, letět...

do ➡️ ☐		+ *genitiv*
na ☐ + *akce a aktivity*		+ *akuzativ*
k/ke ➡️ ☐ 👤		+ *dativ*
nad ☐ ➡️ pod ☐ před ➡️ ☐ za ☐ mezi ☐ ⬇️ ☐		+ *akuzativ*

Existují i další prepozice, které se používají se slovesy vyjadřujícími směr, například: kolem, doprostřed, směrem k...

> *Příloha ČE3, bod 4. 2*

Pracovní sešit cv. 16–17 ▶

6. Kam jdete, jedete...? Označte správnou prepozici.

1. Jdu *za/do/před* divadla.
2. Jedu *mezi/do/před* obchod.
3. Jdu teď *na/do/k* doktorovi.
4. Jedu *ke/do/na* kina.
5. Jdeme *do/na/mezi* poštu.
6. Jdu *před/nad/mezi* školu.
7. Jedeme *do/mezi/k* řece.
8. Jdeme *do/za/na* supermarketu.
9. Jdu *do/pod/na* koncert.

7. Pozvěte spolužáka/spolužačku na návštěvu. Popište cestu z jejich domu do místa, kde bydlíte.

Nechceš někdy přijít na návštěvu?

Děkuju, rád/a přijdu. Kdy se ti to hodí?

Co třeba _____? Hodí se ti to?

Ano, hodí. A kde bydlíš?

_____

Jak se tam jde/jede?/Jak se tam dostanu?

Odkud pojedeš?

_____.

Aha. Tak musíš jít/jet... Přestoupíš... Vystoupíš na stanici...

Pak půjdeš... Přejdeš... Vpravo/vlevo je...

Dobře, to najdu. Těším se.

Já taky.

8. Váš kamarád/kamarádka chce navštívit nějaké zajímavé místo (například hrad, zámek, galerii, muzeum, dobrou restauraci) v místě, kde teď bydlíte. Poraďte mu/jí, jak se tam dostane.

C | Výlet na hrad

1. Linda chce navštívit hrad Karlštejn.
Označte ✓, co podle vás potřebuje vědět.

1. Kdy je na hradě otevřeno?
2. Kdy začínají prohlídky?
3. Jak dlouho trvá prohlídka?
4. Jak vysoká je hlavní věž?
5. Straší na hradě bílá paní?
6. Kolik stojí vstupné?
7. Jaké tam můžu koupit suvenýry?
8. Můžu si tam dát kávu s mlékem?
9. Musím si vstupenku rezervovat předem?
10. Je na hradě průvodce?
11. Můžu jít na prohlídku bez průvodce?
12. Kdy je na hradě zavřeno?

2. Linda na internetu zjistila, že na hradě jsou tři prohlídkové trasy pro turisty. Vybrala si trasu číslo 2.
Přečtěte si text. Na které otázky ze cvičení 1 můžete odpovědět?

http://www.hradkarlstejn.cz/home/

HRAD KARLŠTEJN

Gotický hrad založený v roce 1348. Hrad nechal postavit český král a římský císař Karel IV. jako místo, kde měly být uložené královské poklady, především korunovační klenoty. Ty jsou dnes v Praze v katedrále svatého Víta.

PROHLÍDKOVÁ TRASA Č. 2

Trasa zahrnuje tyto objekty: císařský palác (východní část), Mariánská věž (horní patro), Velká věž. V těchto objektech je možné navštívit galerii se sbírkou grafiky, kostel Panny Marie, kapli svaté Kateřiny, hradní knihovnu a kapli svatého Kříže.

INFORMACE PRO NÁVŠTĚVNÍKY

V letní sezóně bude prohlídková trasa č. 2 otevřená pro veřejnost od 1. 5. do 4. 11. Každý návštěvník musí mít rezervaci předem! Rezervace na tel.: 274 008 154-6 nebo na rezervace-karlstejn@stc.npu.cz. Prohlídka trasy je možná pouze s průvodcem (v češtině, angličtině, němčině). Délka prohlídky je cca 100 min., max. 16 osob. Prohlídka začíná každou celou hodinu.

VSTUPNÉ NA PROHLÍDKOVOU TRASU Č. 2:

Dospělí: 300 Kč
Děti od 6 let, studenti, důchodci, invalidé: 200 Kč
Děti do 6 let zdarma, rezervace nutná!

3. Přečtěte nahlas označené údaje v textu.

4. Co se na hradě nesmí dělat?

Například: Nesmí se tam chodit se psem, nesmí se tam pít alkohol...

POZOR:
Číslovky a výrazy s čísly
> *Příloha CE3, bod 4. 4*

D | Komiks 4: Ája a Pája v Budapešti

E | Co už umím česky

Místo, kde bydlím	Bydlím blízko.../daleko od.../v centru... Naše rodina bydlí... Před domem je... Za domem je... U domu/vedle domu je... Jsem zvyklý/á dojíždět do školy, do práce.
Orientace	Kde je... Jak se tam dostanu? Jak se dostanu do/na/k...? Musíš jít doprava, doleva, dolů, nahoru, rovně...
Návštěva hradu	Kdy je otevřeno? Kdy je zavřeno? Kdy/V kolik hodin začíná prohlídka? Je na hradě průvodce? Jak dlouho trvá prohlídka? Kolik stojí vstupenka? Musím si vstupenku rezervovat předem?
Gramatika	*1. Prepozice* nad, pod, před, za *a* mezi + instrumentál *odpovídají na otázku* kde? *a vyjadřují lokaci (že někde něco je).* *Například:* To je před domem, za domem, nad domem, pod domem, mezi domem a školou. *2. Prepozice* nad, pod, před, za *a* mezi + akuzativ *odpovídají na otázku* kam? *a vyjadřují směr.* *Například:* Jedu před dům, za dům, nad dům, pod dům, mezi dům a školu. *3. Adverbia* nahoře, dole, vpravo/napravo, vlevo/nalevo *odpovídají na otázku* kde? *a vyjadřují lokaci* *(= že někde něco je).* *Adverbia* nahoru, dolů, doprava, doleva *odpovídají na otázku* kam? *a vyjadřují směr.*
Slovní zásoba	*Místo, kde bydlím:* louka, les, kostel, hrad, silnice, náměstí, rybník, věž, kašna, zahrada, trh, dům *Na hradě:* je otevřeno, je zavřeno, rezervovat si vstupenky předem, děti, dospělí, průvodce, prohlídka, prohlídková trasa
 CD: 23 **Výslovnost**	**bě, pě, vě, mě/mně, dě, tě, ně** jít na o**bě**d, jít **pě**šky, **vě**ž, ná**mě**stí, **mě**sto, vši**mně**te si, **dě**ti, dojíž**dě**t, v obcho**dě**, **dě**lat, cht**ě**la bych jet na výlet, jet **ně**kam na výlet
Pravopis a výslovnost	**k, s, v, z** × **ke, se, ve, ze** *Rozšířenou formu prepozic* ke, se, ve, ze *používáme:* *a) když slovo začíná na stejný konsonant, například:* ke kamarádce, se synem, ve vodě, ze zahrady *b) když slovo začíná na dva a více konsonantů, například:* ke škole, se školou, ve škole, ze školy *c) v těchto kombinacích:* k + g (ke galerii), v + f (ve Finsku), s + z (se zahradou), z + s (ze supermarketu)

Lekce 5

- Jak vypadáme?
- Nakupujeme oblečení
- Proměna
- Komiks: Ája nemá co na sebe

A | Jak vypadáme?

1. Jaký vztah asi mají dívky na fotografiích? Jsou příbuzné?

2. Podívejte se na fotografie. Kdo má...? Dívka číslo 1, 2 nebo 3?

1. Kdo má světlé rovné vlasy a modré oči?
2. Kdo má černé kudrnaté vlasy?
3. Kdo se hodně maluje?

3. Přečtěte si, co říká jedna dívka. Pak hádejte, kdo je Ema, Julie a Denisa.

Je mi 19 let a mám dvě mladší sestry. Jedna se jmenuje Ema a je jí 17 let a druhá se jmenuje Julie a je jí 15 let. Ema vypadá podobně jako já, ale Julie ne. Já a Ema máme černé kudrnaté vlasy a hnědé oči, ale Julie má světlé rovné vlasy a modré oči. Já jsem dost malá a hubená a Ema taky. Julie je naopak vysoká a v poslední době dost ztloustla. Není tlustá, ale štíhlá taky ne.

Lidé někdy nevěří, že Julie je naše sestra. Naopak si často myslí, že já a Ema jsme dvojčata. Já ale nechápu proč. Mám určitě lepší postavu než Ema. A Ema má teď navíc fakt divné vlasy a strašně moc se maluje.

2. _____

1. _____

3. _____

4. Máte nějaké sourozence (= bratry a sestry)? Vypadají podobně jako vy?

5. Podívejte se na fotografie. O kom to můžeme říct?

1. Má štíhlou postavu.
2. Má krátké šedé vlasy.
3. Má tmavé kudrnaté vlasy.
4. Má dlouhé šedé vousy.
5. Má pleš.
6. Má tetování.
7. Má tmavé brýle.
8. Má dlouhé rovné vlasy.
9. Není hubený.
10. Není mladá.

Dušan

Robert

Růžena

Radim

Helena

Natálie

6. K výrazům ve cvičení doplňte adjektiva s opačným významem ve správné formě.

Například: kudrnaté vlasy × rovné vlasy

▲ hubený, štíhlý   ▲ malý   ▲ krátký   ▲ ~~rovný~~   ▲ tmavý   ▲ mladý   ▲ hezký, krásný

1. vysoký muž × _____
2. ošklivý pes × _____
3. dlouhé vousy × _____
4. světlé vlasy × _____
5. starý člověk × _____
6. tlusté dítě × _____

7. Škrtněte, co neříkáme.

1. oči: malé – velké – ~~dlouhé~~ – tmavé – světlé – kudrnaté – vysoké – mladé – tlusté – štíhlé – krásné
2. vlasy: krátké – malé – rovné – dlouhé – kudrnaté – slabé – hubené – silné – hezké – tlusté – husté
3. postava: vysoká – silná – malá – krátká – hezká – štíhlá – tmavá – hubená – mladá – rovná – stará

POZOR:
~~starý~~ – starší
~~tlustý~~ – silný, silnější

8. Jak vypadáte? Jak vypadají vaši kamarádi nebo příbuzní?

Jsem vysoký...
Mám černé vlasy...

Jazyk pod lupou: Nominativ a akuzativ plurálu Mi, F, N

Ve cvičení 2, 3 a 5 na předchozí straně najděte výrazy v plurálu a vypište je. Označte koncovky.

*mladší sestry, černé kudrnaté vlasy,*_____

_____

1. Adjektiva

Porovnejte vypsané výrazy v plurálu. Jaké koncovky mají adjektiva v nominativu a akuzativu plurálu?

a) -ý adjektiva mají v nominativu a akuzativu plurálu koncovku **-é** (Mi a F, například černé kudrnaté vlasy) nebo koncovku **-á** (N, například velká auta)

Pozor: Říkáme hně**d**é oči, vel**k**é uši, ma**l**é děti. Tato substantiva jsou v singuláru neutra, ale v plurálu feminina. To je výjimka.

Všimněte si také, že v běžně mluvené (kolokviální) češtině mají všechna -ý adjektiva v nominativu a akuzativu plurálu jenom koncovku -ý: čern**ý** vlasy, mlad**ý** sestry, velk**ý** auta...

b) -í adjektiva mají v nominativu a akuzativu plurálu koncovku **-í** (Mi, F, N, například mladší sestry)

2. Substantiva (opakování)

a) nepravidelné formy plurálu: oko – **oči**, ucho – **uši**, ruka – **ruce**, dítě – **děti**, člověk – **lidé**, **lidi** (N. pl.), **lidi** (A. pl.)...

b) pravidelné formy plurálu: vlas – vlas**y**, vous – vous**y**, noha – noh**y**, ale také restaurac**e** – restaurac**e**, aut**o** – aut**a**...

V Příloze na straně 48 najdete tabulku nominativu plurálu a na straně 57 tabulku akuzativu plurálu.

> Příloha ČE3, bod 5. 1

Pracovní sešit cv. 14–19 ▶

9. Tvořte formy plurálu. Pozor na nepravidelné formy!

Například: hnědé oko – hnědé oči

1. dlouhá noha – _____
2. dlouhý vlas – _____
3. šedý vous – _____
4. štíhlá postava – _____
5. modré oko – _____

6. krátká ruka – _____
7. velké ucho – _____
8. hubené dítě – _____
9. starší sestra – _____
10. mladší sestra – _____

10. Popište lidi na fotografiích.

Běla

Karla

Marie

Dušan

Libor

PAMATUJTE SI:
Líbí se mi...
Je mi sympatický/á...

11. Kdo se vám líbí/nelíbí nebo vám je/není sympatický? Proč?

Například: Líbí se mi Karla, protože má krásnou postavu.
Je mi sympatický Dušan, protože vypadá jako můj tatínek.

B | Nakupujeme oblečení

1. Povídejte si.
1. Je pro vás móda důležitá?
2. Jak často a jak rádi si kupujete oblečení?
3. Kupujete si značkové oblečení? Jaké značky znáte?
4. Víte, jaké velikosti oblečení a bot se prodávají v České republice?

PAMATUJTE SI:
Velikosti
S *(čteme:* **es, esko***)*
M *(čteme:* **em, emko***)*
L *(čteme:* **el, elko***)*
XL *(čteme:* **iks el, iks elko***)*

2. Co je to?
▲ šála ▲ sako ▲ ponožky ▲ košile ▲ tričko ▲ kalhoty ▲ svetr ▲ kravata ▲ kabát ▲ bunda ▲ ~~sukně~~ ▲ mikina

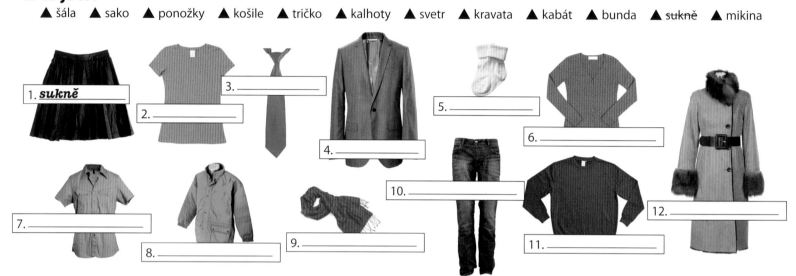

1. *sukně*
2. _____
3. _____
4. _____
5. _____
6. _____
7. _____
8. _____
9. _____
10. _____
11. _____
12. _____

3. Doplňte barvy. Pozor na M, F, N a plurál.
Například: Ta sukně je černá. Ty ponožky jsou žluté.

4. Jaké oblečení a boty máte právě teď na sobě?
Například: Mám na sobě červené tričko, černé kalhoty...

5. Povídejte si. Jaké oblečení a boty často nosíte?
Například: Často nosím... Nikdy nenosím...

 CD: 24
6. Eva a Martin Jarošovi jsou doma. Poslouchejte, co říkají.
1. Kam chtějí večer jít?   2. Jaké oblečení si vezme Eva?   3. Co si musí koupit Martin?

7. Eva a Martin jsou v obchodě. Vybírají si oblečení. Podívejte se na fotografie vpravo a řekněte, o čem asi mluví.

CD: 25
8. Poslouchejte, o čem Eva a Martin mluví. Označte, co je/není pravda.

1. Martin neví, jestli si má vzít černé nebo červené sako.	ANO/NE
2. Eva myslí, že Martinovi víc sluší šedé sako.	ANO/NE
3. Eva má dojem, že v tmavém saku Martin vypadá mladší.	ANO/NE
4. Martin si nechce zkusit tmavé sako.	ANO/NE
5. Martinovi se líbí zelená barva.	ANO/NE
6. Martin chce žlutou košili a kravatu.	ANO/NE

9. Představte si, že nakupujete oblečení s manželem, manželkou, synem, dcerou... Napište podobný dialog. Používejte tyto výrazy:
Mám si vzít... nebo...?   Líbí se mi...   Sluší mi to? – Sluší ti to.   Zkus si to!   A co třeba...?

C | Proměna

1. Povídejte si.

1. Znáte někoho, kdo se v poslední době fyzicky změnil a vypadá jinak – například zhubl, ztloustl, nechal si ostříhat nebo obarvit vlasy?
2. Chtěli byste se taky nějak změnit?
3. Viděli jste někdy v televizi nebo na internetu pořad, který se jmenuje Proměna?

2. Na fotografii je Milena Svojsíková. Je jí 55 let a pracuje jako vedoucí ve velké knihovně. Podívejte se na fotografii a popište, jak Milena vypadá a co má na sobě.

 CD: 26

3. Milena má náročnou práci. Nemá čas nakupovat oblečení a někdy dokonce nestihne jít k holiči. Teď mluví s kamarádkou Simonou. Co si Simona myslí o tom, jak Milena vypadá?

CD: 26

4. Přečtěte si věty. Pak poslouchejte a <u>označte</u>, co Simona Mileně říká.

1. Měla bys mít *kratší/delší/světlejší/tmavší* vlasy.
2. Měla bys mít *lepší/horší/výraznější/zajímavější* make-up.
3. Měla bys nosit *zajímavější/modernější/dražší/levnější* oblečení.
4. Měla bys nosit *hezčí/elegantnější/světlejší/tmavší* barvy.
5. Měla by sis koupit *modernější/hezčí/elegantnější/dražší* boty.

🔍 Jazyk pod lupou: Modální sloveso mít

*Sloveso mít má také modální význam. Používáme ho v kondicionálu pro vyjádření rady nebo doporučení, například: **Měla bys** mít kratší vlasy.*

> Příloha ČE3, bod 5. 2 | Pracovní sešit cv. 32 |

5. Pracujte v páru. Souhlasíte s tím, co říká Simona o Mileně?

Například: Měla by mít kratší vlasy. – Taky myslím./Já myslím, že ne.

🔍 Jazyk pod lupou: Komparace (stupňování)

Doplňte komparativy ze cvičení 4. Doplňte superlativy podle modelu.

Pravidelné formy

	komparativ (-ejší/-ější, -ší, -čí)	superlativ (nej + -ejší/-ější, -ší, -čí)
elegantní	elegantnější	nejelegantnější
levný		
moderní		
výrazný		
zajímavý		
světlý		
krátký	kratší	nejkratší
tmavý		
drahý		
hezký	hezčí	nejhezčí

Pozor na nepravidelné formy! Doplňte superlativy.

Nepravidelné formy

	komparativ (změna ve kmeni)	superlativ
dlouhý	delší	nejdelší
dobrý	lepší	
malý	menší	
vysoký	vyšší	
špatný	horší	

> Příloha ČE3, bod 5. 3 | Pracovní sešit cv. 25–27, 29–31 |

POROVNEJTE:

Milena má krátké vlasy.

Milena má kratší vlasy.

Milena má nejkratší vlasy.

6. Milena nakonec opravdu šla k holiči a na kosmetiku a koupila si nové oblečení. Napište 3 věty o tom, jak se Milena změnila.

Například: Milena má... Milena je... Milena vypadá líp/hůř než předtím.

7. Porovnejte v páru, co jste napsali. Máte stejný názor?

 CD: 27

8. Co na proměnu říká Milena? Je spokojená?

1. Milena se proměny nebála.	ANO / NE
2. Milena ráda utrácí peníze za oblečení.	ANO / NE
3. Milena je ráda, že si nechala ostříhat vlasy.	ANO / NE
4. Milena neví, jestli si zvykne na výrazné barvy.	ANO / NE

9. Čtěte, co říkají Milenin manžel a dcera. Odpovězte na otázky.

1. Je Vojtěch rád? Proč?
2. Jaké vlasy by měla Milena nosit pořád?
3. Na co není u Mileny zvyklý?
4. Jaký problém má Vojtěch teď?
5. Jak reagovala Linda, když Milenu uviděla?
6. Na co není Linda zvyklá?
7. Proč se Lindě nelíbí červená rtěnka?
8. Jaká byla podle Lindy máma dřív?

PAMATUJTE SI:
nechat si ostříhat vlasy
>*Příloha ČE3, bod 5. 4*

Vojtěch Svojsík říká: No, tak já jsem opravdu nadšený! Milena vypadá mnohem mladší, skoro jsem ji nepoznal a myslel jsem, že přišla nějaká jiná paní. Ale vážně – opravdu jí to moc sluší. Myslím, že ty kratší vlasy by měla nosit pořád. To barevnější oblečení mě překvapilo. Takové barvy obvykle nenosí, na to nejsem zvyklý, ale určitě je to hezčí a modernější než to, co nosila předtím... No jo, ale jak teď manželka vydrží s takovým starým chlapem, jako jsem já? Prosím vás, neděláte nějakou proměnu i pro pány?

Linda Svojsíková říká: Když jsem ji po proměně uviděla, byl to docela šok. Vůbec nejsem zvyklá, že se maluje a barví si vlasy. No, určitě teď vypadá mladší a elegantnější, ale myslím, že ten make-up je moc výrazný, hlavně ta červená rtěnka. Podle mě by měla mít nějakou jemnější nebo světlejší barvu. Taky ty tmavší vlasy se mi moc nelíbí. Prostě myslím, že dřív byla máma taková přirozenější.

10. Najděte ve cvičení 9 komparativy adjektiv a vypište je. Doplňte základní tvar a superlativ.

1. *mladý*	*mladší*	*nejmladší*	6. ___ ___ ___
2. ___ ___ ___			7. ___ ___ ___
3. ___ ___ ___			8. ___ ___ ___
4. ___ ___ ___			9. ___ ___ ___
5. ___ ___ ___			10. ___ ___ ___

Jazyk pod lupou: Krátká osobní zájmena v akuzativu a dativu

Ve cvičení 9 vidíte: Skoro jsem **ji** nepoznal. To barevnější oblečení **mě** překvapilo. Ale vážně – opravdu **jí** to moc sluší.
Ty tmavší vlasy se **mi** moc nelíbí.

	já	*ty*	*on*	*ona*	*to/ono*	*my*	*vy*	*oni*
dativ	mi	ti	mu	jí	mu	nám	vám	jim
akuzativ	mě	tě	ho	ji	ho	nás	vás	je

> *Příloha ČE3, bod 5. 5*
Pracovní sešit cv. 33–35

11. Porovnejte, jak jste vypadali, když vám bylo 15 let, a jak vypadáte dneska.

Když mi bylo 15, byl/a jsem... Měl/a jsem... Nosil/a jsem... Byl/a jsem zvyklý/á...

D | Komiks 5: Ája nemá co na sebe

CD: 28

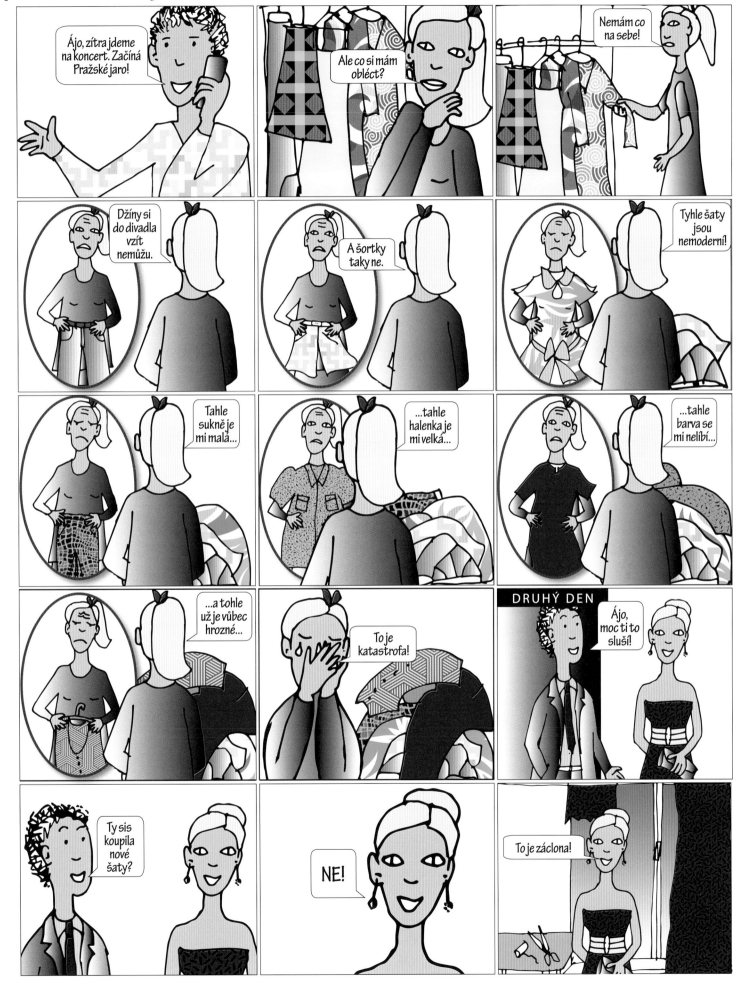

E | Co už umím česky

Jak kdo vypadá?	Má modré oči. Má štíhlou postavu. Má tmavé kudrnaté vlasy. Má dlouhé šedé vousy. Má dlouhé rovné vlasy. Má brýle. Má pleš. Je vysoký/á. Je hubený/á.

Gramatika

1. Adjektiva a substantiva Mi, F a N v nominativu a akuzativu plurálu, například:

mlad**ší** sestr**y**, čern**é** kudrnat**é** vlas**y**, dlouh**é** vous**y**, modr**é** oč**i**...

Přehled těchto pádů najdete v Příloze v tabulce na straně 48 a 57.

2. Komparace adjektiv

a) Pravidelné formy, například:	elegantní, elegantnější, nejelegantnější
b) Nepravidelné formy, například:	dobrý, lepší, nejlepší
	špatný, horší, nejhorší

3. Krátká osobní zájmena v akuzativu a dativu

	já	*ty*	*on*	*ona*	*to/ono*	*my*	*vy*	*oni*
dativ	mi	ti	mu	jí	mu	nám	vám	jim
akuzativ	mě	tě	ho	ji	ho	nás	vás	je

Pozor na podobná slova s jiným významem:

To **je** káva. × Vidím **je**.

Eva **jí** dort. × Telefonuju **jí**.

Slovní zásoba

Postava: vysoká, malá, tlustá, hubená, štíhlá

Oči: malé, velké, hezké, modré, zelené, tmavé, černé

Vlasy: dlouhé, krátké, světlé, tmavé, kudrnaté, rovné

 CD: 29, 30

Výslovnost

b × p

brýle, **b**ratr, **b**arvy, **b**oty, **b**arevnější o**b**lečení, **b**arvit si vlasy

postava, **p**říbuzný, **p**odobný, **p**leš, **p**roměna, **p**rodávat, **p**oužívat, **p**řekvapit

v × f

vypadat, **v**ýrazný, **v**lasy, **v**elký, **v**elikost, **v**ybírat si, **V**ojtěch, **v**ážně, **v**ousy

fotografie, **f**akt, **f**orma, **f**yzicky

> **POZOR:**
> *V běžně mluvené (kolokviální) češtině říkáme* vousy *i* fousy.

Psaní

ji × jí

Kdo je to? To je tvoje přítelkyně? – Ano, to je **ona** (= *nominativ*).

Miluju **ji** (= *akuzativ*).

Telefonuju **jí** (= *dativ*) každý den.

Lekce 6

- To byl trapas!
- Plánuju velký úklid
- Bez práce nejsou koláče
- Komiks: Pája a jeho pracovní kariéra

A | To byl trapas!

1. Povídejte si.

O čem si asi povídají lidé na fotografii? Víte, co znamená slovo „trapas"?

2. Milan Kovář si povídá s kamarády. Vypráví příhodu, kterou zažil minulý týden. Podívejte se na fotografie v textu cvičení 3. Co se asi stalo?

3. Přečtěte si rychle text a odpovězte.

1. Koho pozvali Kovářovi na návštěvu?
2. Kam dala maminka husu?
3. Co udělal pes?

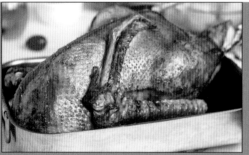

Minulý týden jsem zažil pěkný trapas! Moje sestra Iveta už skoro rok chodí se sympatickým klukem, jmenuje se Jakub. Minulý týden jsme pozvali jeho rodiče poprvé na návštěvu. Měli přijít v sobotu na oběd. Ráno začaly velké přípravy. Táta nakoupil jídlo a pití, sestra uklidila celý dům a máma uvařila knedlíky a upekla velkou husu. Když byla husa hotová, máma ji chtěla někam dát, ale v kuchyni nebylo místo. Tak ji dala do koupelny do vany a šla udělat zelí.

Mezitím Iveta vytřela podlahu na chodbě. Měla strach, že ji náš pes Baryk zašpiní, a tak dostala nápad. Zavřela Baryka do koupelny. Pak šla do kuchyně umýt nádobí. Přišel tam taky táta. „Kams dala husu?" zeptal se. „Do koupelny," řekla máma. „Aha. A kde je Baryk?" „V koupelně," řekla sestra. Chvíli bylo ticho, pak všichni vykřikli a běželi do koupelny. Ve vaně tam seděl mastný Baryk a vypadal moc spokojeně. Skoro celou husu snědl!

„Ven, ty mizero!" zařval táta. Baryk vyletěl z koupelny a my všichni za ním. Chtěli jsme ho vyhodit ven, ale jak jsme ho honili po domě, bylo za chvíli mastné všechno. Naštěstí jsme stihli trochu uklidit a nakonec všechno dobře dopadlo. Naši hosté se ale asi trochu divili, že u nás voní husa a my jdeme na oběd do restaurace.

> **POZOR:**
> *V mluveném jazyce můžeme slyšet („ty-formu"):*
> **Kams dala husu? = Kam jsi dala husu?**

4. Označte, co je/není pravda.

1. Milanova sestra se jmenuje Iveta.	ANO / NE
2. Ivetin přítel se jmenuje Baryk.	ANO / NE
3. Kovářovi pozvali Jakubovy rodiče na večeři.	ANO / NE
4. Milanův táta nakoupil jídlo a pití.	ANO / NE
5. Iveta zavřela Baryka do obýváku.	ANO / NE
6. Baryk snědl skoro celou husu.	ANO / NE
7. Všichni šli na večeři do restaurace.	ANO / NE

5. Přečtěte si znovu text. Pak pracujte v páru. Ptejte se a odpovídejte.

1. Jak dlouho chodí Iveta s Jakubem?
2. Koho pozvali Kovářovi na návštěvu?
3. Co paní Kovářová uvařila a upekla?
4. Proč dala husu do koupelny?
5. Co mezitím udělala Iveta?
6. Proč zavřela Iveta Baryka do koupelny?
7. Proč byl Baryk mastný?
8. Proč všichni honili Baryka?
9. Proč se hosté asi trochu divili?
10. Kam šli nakonec všichni na oběd?

6. Povídejte si. Líbí se vám Milanova příhoda? Zažili jste někdy něco podobného?

🎧 CD: 31

7. Poslouchejte a opakujte. Pozor na přízvuk na první slabice! Pečlivě vyslovujte délky.

pozvali jsme jeho rodiče poprvé na návštěvu, měli přijít na oběd, nakoupil jídlo a pití, uklidila celý dům, uvařila knedlíky, upekla velkou husu, vytřela podlahu na chodbě, dostala nápad, šla umýt nádobí, skoro celou husu snědl

8. Vyprávějte příběh znovu. Co se stalo nejdřív, pak, potom, nakonec?

9. Co museli Kovářovi udělat předtím, než přišla návštěva? Co chtěl udělat Baryk?

▲ udělat zelí   ▲ nakoupit jídlo a pití   ▲ uvařit knedlíky   ▲ vytřít podlahu na chodbě   ▲ uklidit celý dům   ▲ upéct husu
▲ sníst husu

Milanův táta musel _____

Milanova máma musela _____ , _____ a _____

Milanova sestra musela _____ a _____

Baryk chtěl _____

Jazyk pod lupou: Imperfektivní/perfektivní vid

Slovesa udělat, nakoupit, uvařit… *jsou perfektivní, ale mají také imperfektivní formy. Co „imperfektivní" a „perfektivní" znamená?*

Imperfektivní formy *(například* dělat, nakupovat, vařit…*) vyjadřují* **nelimitovaný nebo opakovaný proces**.

Perfektivní formy *(například* udělat, nakoupit, uvařit…*) vyjadřují* **výsledek (= rezultát) děje** *nebo* **děj v určitém okamžiku**.

POZOR: Některá slovesa mají jenom imperfektivní formy, například být, mít, muset, moct, chtít, pracovat…

> *Příloha ČE3, bod 6. 1*

Pracovní sešit cv. 4–9 ▶

10. Spojte imperfektivní a perfektivní slovesa. Pak je zapište v pořadí imperfektivní/perfektivní.

dělat — vytřít   ***dělat/udělat***
nakupovat — udělat
vařit   nakoupit   _____ / _____
vytírat   upéct   _____ / _____
uklízet   uvařit   _____ / _____
péct   sníst   _____ / _____
jíst   uklidit   _____ / _____

11. Doplňte výrazy k obrázkům podle toho, jestli vyjadřují proces nebo rezultát.

▲ uklízet pokoj   ▲ péct husu   ▲ sníst husu   ▲ nakupovat jídlo a pití   ▲ upéct husu   ▲ vařit knedlíky   ▲ vytírat podlahu
▲ uklidit pokoj   ▲ vytřít podlahu   ▲ jíst husu   ▲ nakoupit jídlo a pití   ▲ uvařit knedlíky

1. _____   2. _____   3. _____   4. _____

5. _____   6. _____   7. _____   8. _____

9. _____   10. _____   11. _____   12. _____

12. Co jste udělali/neudělali včera? Používejte perfektivní slovesa ze cvičení 10.

Například: Včera jsem neuklidil pokoj, ale upekl jsem pizzu a…

B | Plánuju velký úklid

1. Povídejte si. Jaké domácí práce děláte rádi/neradi?
Například: Docela rád/a myju okna. Strašně nerad/a myju nádobí.

2. Dita Masáková si povídá s kamarádem Kamilem. Podívejte se na fotografii. O čem asi mluví?

 CD: 32
3. Poslouchejte a odpovězte na otázky.
1. Kam zve Kamil Ditu?
2. Proč musí Dita uklízet? Proč neuklízela dřív?

 CD: 32
4. Co Dita plánuje, že udělá o víkendu? Označte ✓.

☐ napíšu vánoční přání	☐ upeču dort
☐ umyju okna	☐ vyžehlím prádlo
☐ vytřu podlahu	☐ uklidím si oblečení ve skříni
☐ uvařím oběd	☐ vyperu prádlo
☐ utřu prach	☐ umyju nádobí
☐ nakoupím jídlo a pití	☐ zaliju kytky
☐ vyluxuju koberce	☐ opravím lampu

5. Myslíte, že Dita stihne udělat všechno, co si naplánovala?

ⓙ *azyk pod lupou: Vyjádření času u imperfektivních a perfektivních sloves*

Jak už víte, imperfektivní slovesa mají minulý, přítomný a budoucí čas: Perfektivní slovesa mají jenom minulý a budoucí čas. Jejich formy, které vypadají jako prézentní, vyjadřují budoucnost. Porovnejte:

	minulý čas	přítomný čas	budoucí čas
imperfektivní verba	**dělal/a jsem**	**dělám**	**budu dělat**
perfektivní verba	**udělal/a jsem**	---	**udělám**

> Příloha ČE3, bod 6. 1

Pracovní sešit cv. 10–22 ▶

 CD: 33
6. Dita telefonuje Kamilovi. Poslouchejte a označte ✗, co neudělala. Pak řekněte podle modelu.
Například: Dita utřela prach, ale...

7. Naplánujte si velký úklid. Co uděláte nejdřív, pak, potom a nakonec? Stihnete všechno udělat?
Například: Nejdřív umyju okna, pak...

C | Bez práce nejsou koláče

1. Povídejte si.

Co znamená české přísloví „Bez práce nejsou koláče"?

2. Jaké profese znáte? Doplňte je k fotografiím.

▲ prodavačka ▲ truhlář ▲ hasič ▲ uklízeč ▲ veterinářka ▲ úřednice ▲ instalatér
▲ vědkyně (vědecká pracovnice) ▲ malíř ▲ elektrikář ▲ automechanik ▲ ~~farmář~~
▲ doktorka (= lékařka) ▲ zdravotní sestra ▲ pošťačka (= poštovní doručovatelka) ▲ zedník

> **POZOR:.**
> prodavač, **prodavačka**
> ×
> **úředník, úřednice**
> **vědec, vědkyně**
> *> Příloha ČE3, bod 6. 3*

1. *farmář*

2. _____

3. _____

4. _____

5. _____

6. _____

7. _____

8. _____

9. _____

10. _____

11. _____

12. _____

13. _____

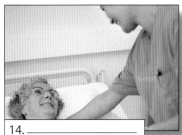

14. _____

15. _____

16. _____

3. Jaká povolání dělají většinou ženy a jaká muži? Existují k profesím uvedeným ve cvičení 2 formy opačného rodu (feminina nebo maskulina)?

4. Povídejte si.

1. Jaké povolání je podle vás nudné, zajímavé, nebezpečné nebo náročné? Proč si to myslíte?
2. Kdo hodně nebo naopak málo vydělává? Jak je to ve vaší zemi?

5. Kdo vám pomůže, když...

Například: Když neteče voda v koupelně, pomůže mi instalatér.

...vám nejezdí auto?

...chcete rozdělit jeden pokoj na dva a postavit v bytě zeď?

...potřebujete uklidit?

...potřebujete nějaký úřední dokument?

...chcete udělat nový nábytek?

...někde hoří?

...potřebujete vymalovat?

...je vám špatně?

...u vás v bytě nefunguje elektřina?

...váš pes je nemocný?

6. Povídejte si.

1. Jak jste si vybral/a práci, kterou děláte nebo chcete dělat?
2. Co jste chtěl/a dělat, když jste byl malý/byla malá?

Například: Když jsem byl malý, chtěl jsem být doktor/doktorem.

> **POZOR:**
> **Chtěl/a jsem být**
> + *nominativ/instrumentál*
> *> Příloha ČE3, bod 6. 4*

7. Když byla Iva Randáková malá, chtěla být modelkou. Přečtěte si její životopis. Dělá to, co chtěla?

8. Co znamenají tyto zkratky v životopisu? Spojte.

ZŠ	ministerstvo práce a sociálních věcí
MPSV	základní škola
MÚ	městský úřad

9. Doplňte do životopisu výrazy vpravo.

Životopis/CV

Kontakt

Iva Randáková

E-mail: iva.randakova@seznam.cz

Telefon: 773 682 902

_____ 2010 – nyní Odbor sociálních věcí, MÚ Znojmo

2008 – 2010 Městská knihovna Znojmo

_____ 2011 Školení Plánování projektů v sociální oblasti, MPVS Praha

_____ 2004 – 2008 Obchodní akademie Znojmo

1995 – 2004 ZŠ s rozšířenou výukou jazyků, Znojmo

_____ angličtina (úroveň B1), němčina (úroveň A2)

_____ MS Windows, MS Office, Internet

_____ plavání, volejbal, turistika, tanec

Práce s počítačem

Školení

Jazyky

Kontakt

Zájmy

Zaměstnání

Vzdělání

10. Přečtěte nahlas informace z životopisu.

▲ e-mail: iva.randakova@seznam.cz ▲ telefon: 773 682 902 ▲ 2008 – 2010 ▲ úroveň A2 ▲ úroveň B1

11. Iva jde na pohovor do mezinárodní firmy Mafta. Označte, na co se podle vás určitě zeptá (✓), na co se možná zeptá (?) a na co se nejspíš nezeptá (✗).

Například: Určitě se zeptá,... Možná se zeptá,... Nejspíš se nezeptá,...

☐ 1. Jaký budu mít plat?

☐ 2. Jak se jmenují kolegové a kolegyně?

☐ 3. Odkdy dokdy budu pracovat?

☐ 4. Kdy pojedu na první služební cestu?

☐ 5. Budu mít velkou kancelář?

☐ 6. Musím někdy pracovat víc než 8 hodin?

☐ 7. Kolik lidí bude v kanceláři?

☐ 8. Můžu pracovat míň než 8 hodin denně?

☐ 9. Za jak dlouho můžu odejít, když se mi práce nebude líbit?

☐ 10. Jaké oblečení mám nosit do práce?

12. Iva dostala práci a bude pracovat ve firmě Mafta. Čte si pracovní smlouvu. Co znamenají tyto výrazy?

1. hrubá mzda
2. čistá mzda
3. pracovní doba
4. pracovat na plný úvazek
5. pracovat přesčas
6. pracovat na zkrácený úvazek
7. zkušební doba
8. výpovědní lhůta

A. pracovat 8 hodin každý den
B. čas, kdy jsem v práci jen na zkoušku (maximálně 3 měsíce)
C. mzda + sociální a zdravotní pojištění + daň
D. pracovat míň než 8 hodin každý den
E. čas, odkdy dokdy jsem v práci
F. pracovat delší dobu, než mám ve smlouvě
G. čas, jak dlouho ještě musím pracovat, když dám nebo dostanu výpověď
H. mzda bez pojištění a daně

> **POZOR:**
> *> Příloha ČE3, bod 6. 5*

13. Napište krátký text o tom, kde teď pracujete nebo kde chcete pracovat. Použijte minimálně 3 výrazy ze cvičení 12.

D | Komiks 6: Pája a jeho pracovní kariéra

E | Co už umím česky

Vyprávíme příhodu	Nejdřív... Pak.../potom... Nakonec... Všechno dobře dopadlo.
Ptáme se na příhodu	A pak/potom? Co se stalo pak/potom? Jak to dopadlo?
Potřebuju pomoc v bytě nebo domě	Nejezdí auto, neteče voda, nefunguje elektřina. Potřebuju postavit v bytě zeď, udělat nový nábytek, vymalovat.
Na pohovoru	Jaký budu mít plat? = Jakou budu mít mzdu? Odkdy dokdy budu pracovat? = Jakou budu mít pracovní dobu? Musím někdy pracovat víc než 8 hodin? = Musím pracovat přesčas? Můžu pracovat míň než 8 hodin? = Můžu pracovat na zkrácený úvazek? Jak dlouho můžu pracovat na zkoušku? = Jaká je zkušební doba?
Gramatika	*a) Imperfektivní a perfektivní slovesa* *Imperfektivní slovesa vyjadřují proces, například* dělat, nakupovat, vařit... *Perfektivní slovesa vyjadřují rezultát nebo určitý moment děje, například* udělat, nakoupit, uvařit... *b) Imperfektivní slovesa mají budoucí, přítomný a minulý čas.* *Perfektivní slovesa mají jenom budoucí a minulý čas. Jejich formy, které vypadají jako prézentní, vyjadřují budoucnost.* *Například: Zítra něco udělám, nakoupím, uvařím, napíšu...*

> **POZOR:**
> Zítra něco ~~budu udělat~~ udělám.

Slovní zásoba	*Úklid:* vyluxovat, utřít prach, vytřít podlahu, uvařit oběd, umýt okna nebo nádobí, nakoupit jídlo a pití, upéct dort, vyžehlit prádlo, zalít květiny, vyprat prádlo, opravit lampu, uklidit si oblečení ve skříni, napsat vánoční přání *Profese:* prodavačka, truhlář, hasič, uklízeč, veterinářka, úřednice, vědkyně (vědecká pracovnice), malíř, instalatér, elektrikář, automechanik, farmář (= zemědělec), lékařka, zdravotní sestra, pošťačka (= poštovní doručovatelka), zedník

 CD: 35, 36

Výslovnost	**t × d** **t**áta, **t**ýden, **t**rapas, **t**elefonovat, **t**uristika, **t**anec **d**elší **d**oba, **d**omácí kne**d**líky, **d**ostat, **d**oktor, **d**aně **s × c × z** **s**estra, chodit **s**e **s**ympatickým klukem, **s**níst hu**s**u, mít **s**trach, zeptat **s**e, vypadat **s**pokojeně **c**o se stalo, uklidit **c**elý dům, sníst **c**elou husu, domácí prá**c**e, služební **c**esta **z**ažít trapas, uvařit **z**elí, **z**ařvat, **z**alít kytky, **z**avřít Baryka do koupelny
Psaní	**Psaní čárky ve větě** *Před* ale *píšeme mezi dvěma větami čárku.* *Například: Když byla husa hotová, máma ji chtěla dát do ledničky,* **ale** *husa byla moc velká.* *Chtěli jsme ho (= Baryka) vyhodit ven,* **ale** *jak jsme ho honili po domě, bylo za chvíli mastné všechno.*

Lekce 7

- Jak být zdvořilý?
- Cestování v čase
- Kdyby – chyby
- Komiks: Kdybych vyhrál v loterii

A | Jak být zdvořilý?

1. Povídejte si.
1. V jaké situaci jsme obvykle zdvořilí?
2. Jaké výrazy a fráze používáme, když chceme být zdvořilí?

2. Podívejte se na fotografie. Kde jsou ti lidé? O čem asi mluví?

 CD: 37, 38, 39

3. Poslouchejte dialogy k fotografiím. Označte, co je/není pravda.

1. Pan Sivák telefonuje manželce do práce.	ANO / NE
2. Pan Sivák si chce domluvit schůzku s ředitelem.	ANO / NE
3. Ředitel je v kanceláři, ale má mítink.	ANO / NE
4. Evina kamarádka chce podat pepř.	ANO / NE
5. Kamarádce chutná zmrzlina s ovocem.	ANO / NE
6. Eva má chuť na něco s čokoládou.	ANO / NE
7. Dana pomáhá kolegovi napsat e-mail.	ANO / NE
8. Její kolega neví, jak udělat v programu tabulku.	ANO / NE
9. Dana bude kolegovi pomáhat ještě odpoledne.	ANO / NE

CD: 37, 38, 39

4. V jakém dialogu jste to slyšeli? Doplňte čísla fotografií ze cvičení 2. Pak poslouchejte ještě jednou a kontrolujte.

- **1.** Co **byste potřeboval**?
- ☐ **Mohla bys** mi pomoct?
- ☐ **Dala bych si** něco sladkého.
- ☐ Rád **bych si** s ním **domluvil** schůzku.
- ☐ To **bys byla** moc hodná.

- ☐ **Ukázala bys** mi, jak tady udělat tabulku?
- ☐ **Mohl bych** mluvit s panem ředitelem?
- ☐ **Podala bys** mi sůl?
- ☐ **Chtěl bych** mu představit naše nové výrobky.
- ☐ **Chtěla bych** spíš něco s čokoládou.

🔍 Jazyk pod lupou: Kondicionál (například sloveso být)

Ve cvičení 4 vidíte tučně označené formy sloves v kondicionálu. Tyto formy používáme, když chceme být zdvořilí.

Přečtěte nahlas formy slovesa být v kondicionálu, které je v následující tabulce jako příklad. Pak doplňte negativní formy.

já	byl, byla, bylo **bych**	**nebyl bych**
ty	byl, byla, bylo **bys**	_____
on, ona, to	byl, byla, bylo **by**	_____
my	byli **bychom, bysme**	_____
vy	byli **byste**	_____
oni	byli **by**	_____

Všimněte si vykání: Byl **byste** tak hodný? Byla **byste** tak hodná?

> Příloha ČE3, bod 7. 1 `Pracovní sešit cv. 1–4, 8–9`

> **PAMATUJTE SI:**
> *Výrazy* bych, bys...
> *jsou ve 2. pozici.*
> **Dala bych si něco sladkého.**
> **To bys byla moc hodná.**
> > Příloha ČE3, bod 7. 1

5. Tvořte kondicionály.
Například: (já) chtít – chtěl/a bych

1. (ty) být –
2. (on) zavolat –
3. (vy) uvařit –
4. (já) potřebovat –
5. (ty) uklidit –
6. (vy) ukázat –
7. (oni) chtít –
8. (my) moct –
9. (ona) dát si –

6. Co řeknete v této situaci? Vyberte vhodný výraz a požádejte zdvořile.

Například: Vaše jídlo není vůbec slané, váš kamarád má sůl u sebe. – Podal bys mi sůl?

▲ půjčit mi auto   ▲ uvařit mi čaj   ▲ koupit mi nový mobil   ▲ ukázat mi fotky   ▲ ~~podat mi sůl~~   ▲ opravit mi počítač

1. Přišli jste ke kamarádovi. Je vám zima a máte chuť na něco teplého. – _____?
2. Váš kolega byl na zajímavé dovolené, kde hodně fotografoval. – _____?
3. Budete mít narozeniny. Váš bratr nebo sestra se ptá, jaký dárek chcete. – _____?
4. Nefunguje vám počítač, váš kamarád pracuje jako počítačový technik. – _____?
5. Chcete jet o víkendu na výlet, ale nemáte auto. Ptáte se kamaráda. – _____?

7. Představte si, že mluvíte s vaším známým, sousedem... Přepište věty jako vykání.

Například: Prosím vás, podal byste mi sůl?

8. Přečtěte si dialogy na návštěvě, v kanceláři a ve škole. Označené výrazy nahraďte zdvořilejšími.

Eva: Tak tady je ta káva.
Jana: Díky moc. A **nemáš** mléko?
Eva: Určitě. **Chceš** taky něco sladkého? Mám čokoládový dort.
Jana: Ráda, ale jenom kousek. A prosím tě, **podáš** mi ještě cukr?
Eva: Jé, promiň, nechala jsem ho v kuchyni.

Ivo: Prosím tě, **můžeš** mi pomoct?
Hana: Co **potřebuješ**?
Ivo: Nemůžu najít ten dokument na prezentaci. **Ukážeš** mi, kde je?
Hana: Já to taky nevím. Měl bys zavolat Petrovi, on ho napsal.

Petr: **Nechceš** jít do kina?
Jarka: A kdy?
Petr: **Máš** čas zítra odpoledne?
Jarka: Ne, musím jít na angličtinu. Ale večer můžu.
Petr: A **hodí se** ti to v 8?
Jarka: Ano, těším se.

A neměla bys mléko?

POZOR:
Sloveso **mít**
1) Konkrétní význam:
Neměla bys mléko?
Měl bys čas zítra odpoledne?
×
2) Modální význam:
Měl bys zavolat Petrovi.
> *Příloha ČE3, bod 7. 2*

9. Zapamatujte si zdvořilé výrazy z předchozích cvičení. Tvořte podobné dialogy.

Jazyk pod lupou: Modální slovesa v kondicionálu

Pro vyjádření zdvořilé žádosti, návrhu, přání nebo ve zdvořilé otázce často používáme modální slovesa **chtít** a **moct** v kondicionálu + infinitiv.
chtít: Chtěl/a bys jít do kina? Chtěl/a byste jít do kina?
moct: Mohl/a bys mi pomoct? Mohl/a byste mi pomoct?

Všimněte si, že můžeme použít i negativní otázku:
Nechtěl/a bys jít do kina? Nemohl/a bys mi pomoct?

10. Co řeknete, když něco navrhujete nebo když potřebujete pomoc? Doplňte *chtít* nebo *moct* v kondicionálu (ty-formu).

Například: Nevím, proč ten program nefunguje. _____ mi pomoct? – Mohl bys mi pomoct?
1. _____ jít dneska na fotbal? Mám jeden volný lístek.
2. Bohužel ve středu nebudu doma. _____ přijet ve čtvrtek?
3. Doma už není nic k jídlu. _____ dneska nakoupit? Já nemám čas.
4. _____ být doktorem? Tak se musíš dobře učit.
5. V pondělí musí být ten projekt hotový, ale už je pátek. _____ pracovat taky v sobotu?

11. Co byste chtěli dělat? Pracujte v páru podle modelu.

Například: Chtěl bys letět do vesmíru? – Ano, chtěl./Ne, nechtěl.

▲ jet na cestu kolem světa   ▲ být prezidentem/prezidentkou   ▲ hrát ve filmu   ▲ bydlet na lodi (hausbótu)
▲ mít doma nějaké exotické zvíře   ▲ být mužem/ženou   ▲ studovat nějaký jiný cizí jazyk   ▲ žít v nějaké jiné době
▲ mluvit s nějakým slavným člověkem   ▲ cestovat v čase

B | Cestování v čase

PAMATUJTE SI:
budoucnost
současnost
minulost
> Příloha ČE3, bod 7. 3

1. Povídejte si.

1. Víte, co znamená výraz „stroj času"?
2. Myslíte, že někdy bude možné cestovat do minulosti nebo do budoucnosti?

2. Časopis SVĚT dělal anketu na téma *Co byste dělali, kdybyste mohli cestovat v čase?* Jak jejich čtenáři reagovali na tuto otázku? Přečtěte si text a doplňte jména.

1. Kdo by jel na výlet do čtrnáctého století? – _____
2. Kdo by chtěl ještě jednou psát test z matematiky? – _____
3. Kdo by chtěl vidět jednu velmi populární hudební skupinu? – _____
4. Kdo by chtěl vidět dědečka? – _____
5. Kdo by chtěl vědět, jak budou žít lidé v budoucnosti? – _____
6. Kdo by cestoval do pravěku? – _____
7. Kdo by nechtěl cestovat nikam? – _____

Co byste dělali, kdybyste mohli cestovat v čase?

Honza 9 let: **Kdybych mohl** cestovat v čase, **vrátil bych se** o dva dny zpátky a **napsal bych** líp test z matematiky.

Pavel, 42 let: **Podíval bych se** do pravěku. Jako malý jsem pořád četl knihy o pravěku a dinosaurech a připadalo mi to moc dobrodružné. Možná bych potom změnil názor.

Petra, 55 let: To vím určitě! **Šla bych** na koncert Beatles. Vždycky jsem je chtěla slyšet živě.

Jana, 48 let: Asi **bych podnikla** výlet do čtrnáctého století a navštívila bych Karla IV. na Karlštejně. Jeho doba se mi moc líbí.

Veronika, 62 let: **Chtěla bych** se podívat do budoucnosti, třeba do roku 2500. Zajímalo by mě, jestli tady ještě budou žít lidé a jaké to bude.

Lukáš, 21 let: **Navštívil bych** svého dědečka, kterého jsem nikdy nepoznal, protože umřel dřív, než jsem se narodil. Prý to byl zajímavý člověk a myslím, že bychom si rozuměli.

Simona, 26 let: Nevím, asi **bych zůstala** tam, kde jsem.

3. Zeptejte se podle textu spolužáků.

Například: Šel/šla bys taky na koncert Beatles? Chtěl by ses taky podívat do budoucnosti?

Ⓙazyk pod lupou: Kondicionální „kdyby-věty"

Najděte v textu slovesa v kondicionálu a vypište je do tabulky. Všimněte si 2. pozice pomocných forem (bych, bys...).

Kdybych mohl/a cestovat v čase, *vrátil bych se* _____

_____

_____

_____

_____

_____

> Příloha ČE3, bod 7. 4

4. Co byste dělali vy, kdybyste mohli cestovat v čase?

Kdybych mohl/a cestovat v čase,   cestoval/a bych do...

podívala/a bych se do...   podnikl/a bych výlet do ... století.

vrátil/a bych se do...   navštívil/a bych...

> **PAMATUJTE SI:**
> **do čtrnáctého, patnáctého století**
> *> Příloha ČE3, bod 7. 5*

5. Co byste dělali, kdyby...? Spojte.

1. Kdybych mohl/a cestovat v čase,   A. byl/a bych multimilionář/ka.

2. Kdybych se neučil/a česky,   B. podnikl/a bych výlet do budoucnosti.

3. Kdybych uměl/a výborně anglicky,   C. nejedl/a bych maso.

4. Kdybych měl/a čas a peníze,   D. učil/a bych se italsky.

5. Kdybych byl/a vegetarián/ka,   E. jel/a bych na cestu kolem světa.

6. Kdybych vydělával/a 100 milionů ročně,   F. pracoval/a bych jako překladatel/ka.

ⓙazyk pod lupou: Struktura „kdyby-věty"

V tabulce vidíte strukturu „kdyby- vět".

	Věta 1:		**Věta 2:**	
	kondicionální pomocná forma (kdybych...)	-l forma	-l forma	kondicionální pomocná forma (bych...)
(já)	**kdybych**	-l/-la/-lo	-l/-la/-lo	**bych**
(ty)	**kdybys**	-l/-la/-lo	-l/-la/-lo	**bys**
(on/ona/to)	**kdyby**	-l/-la/-lo	-l/-la/-lo	**by**
(my)	**kdybychom/kdybysme**	-li	-li	**bychom/bysme**
(vy)	**kdybyste**	-li	-li	**byste**
(oni)	**kdyby**	-li	-li	**by**

Pozor: Kdybych, kdybys... atd. může stát na začátku věty, ale bych, bys... atd. je ve větě vždycky v druhé pozici.

> Příloha ČE3, bod 7. 4

Pracovní sešit cv. 12, 14–16 ▶

6. Analyzujte, kdo.

Například: kdybych – já

1. kdybys – _____

2. kdyby – _____

3. kdybychom – _____

4. kdybyste – _____

5. kdybych – _____

6. kdybysme – _____

7. bys – _____

8. bychom – _____

9. by – _____

10. bysme – _____

11. byste – _____

12. bych – _____

7. Co byste dělali, kdyby...? Tvořte věty podle modelu.

Například: Kdybych měl/a celý rok volno, cestoval/a bych.

Co byste dělali, kdybyste měli celý rok volno? _____

_____

...kdybyste ztratili všechny doklady? _____

_____

...kdybyste našli peněženku? _____

_____

...kdybyste měli deset dětí? _____

_____

...kdybyste museli žít bez mobilu? _____

_____

...kdybyste museli změnit zaměstnání? _____

_____

...kdyby na vaší dovolené u moře celou dobu pršelo? _____

_____

...kdyby vám někdo ukradl auto? _____

_____

...kdybyste vyhráli milion dolarů? _____

_____

C | Kdyby – chyby

1. Povídejte si. Co by vaši příbuzní a kamarádi asi řekli na otázku: Co byste dělali, kdybyste vyhráli 250 milionů korun?

Například: Můj tatínek by řekl: Koupil bych si velký dům.

2. Podívejte se na muže na fotografii.

    1. Kolik mu je asi let?

    2. Myslíte, že má nějaký problém? Jestli ano, proč?

3. Muž na fotografii se jmenuje Keith Gough (čtěte: Kíθ Gaf). Přečtěte si jeho příběh. Odpovězte na otázky.

    1. Co se stalo v roce 2005?

    2. Co začal Keith dělat, když přestal pracovat?

    3. Jak dlouho žil Keith s manželkou předtím, než se rozvedli?

    4. Co si později myslel o tom, že vyhrál v loterii?

    5. Kdy Keith zemřel?

Kdyby – chyby

Taky si někdy říkáte, co byste dělali, kdybyste vyhráli v loterii? Možná sníte o tom, že byste už nikdy nemuseli chodit do práce, koupili byste si krásný dům a auto a cestovali byste. Určitě byste také nějaké peníze rozdali příbuzným a na charitu…

Právě takový sen měl i Keith Gough z Velké Británie, který v roce 2005 společně s manželkou Louise vyhrál 9 milionů liber (to je 250 milionů korun). Peníze jim ale nepřinesly štěstí. Keith přestal pracovat a začal utrácet. Koupil si velký dům, najal šoféra a zahradníka, pořídil si luxusní auta, závodní koně a VIP (*čtěte:* ví aj pí) lóži na fotbalovém stadionu. Hrál hazardní hry a prohrával velké sumy. Hodně jeho milionů skončilo ve špatných investicích. Jeho společník, se kterým podnikal, ho podvedl, a Keith přestal věřit lidem. Začal pít a rozvedl se s manželkou, se kterou žil 27 let.

V jednom rozhovoru přiznal, že výhra v loterii bylo to nejhorší, co ho mohlo potkat. „Když jsem odešel z práce, začal jsem jen utrácet, utrácet a utrácet. Později mě to ale přestalo bavit, nudil jsem se a začal jsem pít – a přitom jsem do té doby vypil tak maximálně trochu vína k jídlu. Byl jsem populární, ale přišel jsem o všechny dobré přátele. Můžu jen všem doporučit, aby se v loterii nesnažili vyhrát," řekl.

V roce 2010 Keith zemřel. Jeho příbuzní později zjistili, že z výhry zbylo jenom 800 000 liber (20 milionů korun). Jak je vidět, peníze vždycky nemusí přinést štěstí. *Podle MF Dnes.*

> **POZOR:**
> **přestat × skončit**
> *> Příloha ČE3, bod 7. 6*

4. Proč se text jmenuje Kdyby – chyby?

5. Co by se nestalo, kdyby Keith nevyhrál?

Například: Kdyby Keith nevyhrál, nekoupil by si velký dům.

6. Řekněte podobné 3 věty o sobě.

    1. Kdybych nechodil/a do školy, …

    2. Kdybych se nezačal/a učit česky, …

    3. Kdybych…

7. Co myslíte, že Keith neměl dělat? Napište další tři věty podle modelu.

Například: Neměl začít pít.

> **PAMATUJTE SI:**
> **Keith neměl začít pít.**
> **= Bylo špatné, že začal pít.**
> *> Příloha ČE3, bod 7. 7*

D | Komiks 7: Kdybych vyhrál v loterii

CD: 40

E | Co už umím česky

Jak být zdvořilý	Co byste potřeboval?
	Mohl bych mluvit s panem ředitelem?
	Podala bys mi sůl?
	Mohla bys mi pomoct?
	Ukázala bys mi, jak tady udělat tabulku?
	To bys byla moc hodná.

Vyjádření návrhu, žádosti, přání nebo zdvořilé otázky	Chtěl/a bys jít do kina? Chtěl/a byste jít do kina?
	Mohl/a bys mi pomoct? Mohl/a byste mi pomoct?
	Chtěl/a bych jet na cestu kolem světa.

Gramatika

a) Kondicionál

(já)	byl, **byla bych**	(my)	**byli bychom/bysme**
(ty)	byl, **byla bys**	(vy)	**byli, byste**
(on, ona, to)	byl, **byla**, bylo **by**	(oni)	**byli by**

b) Kondicionální „kdyby-věty"

Věta 1:		Věta 2:	
kondicionální pomocná forma (kdybych...)	-l forma	-l forma	kondicionální pomocná forma (bych...)
(já)	**kdybych**	-l/-la/-lo	-l/-la/-lo	**bych**
(ty)	**kdybys**	-l/-la/-lo	-l/-la/-lo	**bys**
(on/ona/to)	**kdyby**	-l/-la/-lo	-l/-la/-lo	**by**
(my)	**kdybychom/kdybysme**	-li	-li	**bychom/bysme**
(vy)	**kdybyste**	-li	-li	**byste**
(oni)	**kdyby**	-li	-li	**by**

c) Výrazy měl/a × neměl/a. *Například:* Keith neměl začít pít.

CD: 41, 42
Výslovnost

Prepozice v a z + *znělý nebo nepárový konsonant*	*Prepozice* v a z + *neznělý konsonant*
- - -	v > f , z > s
v matematice [**vm**atematice]	**v k**anceláři [**fk**anceláři]
v nějaké jiné době [**vn**ějaké...]	**v č**ase [**fč**ase]
v loterii [**vl**oterii]	**v k**uchyni [**fk**uchyni]
z matematiky [**zm**atematiky]	**z k**anceláře [**sk**anceláře]
z Velké Británie [**zv**elké...]	**z p**ráce [**sp**ráce]

Psaní

„Kdyby-věty" jsou vždycky oddělené čárkou, například:
Kdybych mohl cestovat v čase, vrátil bych se o dva dny zpátky a napsal bych líp test z matematiky.
Kdybych měla čas a peníze, jela bych na cestu kolem světa.
Co byste dělali, **kdybyste našli peněženku?**

Pracovní sešit

1. Doplňte informace o sobě.

1. Jak se jmenujete? – _____
2. Odkud jste? – _____
3. Co děláte? – _____
4. Kde pracujete nebo studujete? – _____

5. Kde bydlíte? – _____
6. Proč se učíte česky? – _____
7. Jak dlouho se učíte česky? – _____

2. Doplňte *mám rád/a* nebo *rád/a*.

Například: Mám rád volejbal. Rád hraju volejbal.

1. _____ kávu.
2. _____ sportuju.
3. _____ českou hudbu.
4. _____ tenis.
5. _____ se dívám na televizi.
6. _____ operu.

7. _____ lyžuju.
8. _____ hraju squash.
9. _____ Brada Pitta.
10. _____ čtu.
11. _____ hory.
12. _____ jezdím vlakem.

3. Doplňte *líbí se mi* nebo *chutná mi/chutnají mi*.

Například: Líbí se mi červená barva. Chutná mi čokoláda. Chutnají mi palačinky.

1. _____ v Praze.
2. _____ moderní nábytek.
3. _____ černé pivo.
4. _____ oranžová barva.
5. _____ zelenina.
6. _____ hranolky.

7. _____ staré kostely.
8. _____ ovocný čaj.
9. _____ tady.
10. _____ bramborová polévka.
11. _____ jahodové knedlíky.
12. _____ motorky.

4. Tvořte věty. Používejte *rád, mít rád, chutnat* a *líbit se*. Hledejte víc možností.

Například: pomerančový džus – Chutná mi pomerančový džus.

1. hrát volejbal – _____
2. červené víno – _____
3. sportovní auta – _____
4. vanilková zmrzlina – _____
5. cestovat – _____
6. Paříž – _____
7. fotbal – _____
8. detektivky – _____

9. ananasový džus – _____
10. tancovat – _____
11. palačinky – _____
12. smažený sýr – _____
13. moderní obrazy – _____
14. zelený čaj – _____
15. jazz – _____
16. vařit – _____

5. Používejte výrazy ze cvičení 4. Tvořte otázky pro partnera.

Například: pomerančový džus – Chutná ti/vám pomerančový džus?

6. Reagujte. Používejte odpovědi *Já taky* nebo *Mně taky.*

Například: Mám rád české filmy. – Já taky.
Líbí se mi tady. – Mně taky.

> **PAMATUJTE SI:**
> **Mám rád české filmy. – Já taky.**
> **Líbí se mi tady. – Mně taky.**
> *> Příloha ČE3, bod 1. 2*

1. Líbí se mi ten obraz. – _____
2. Mám rád horory. – _____
3. Chutnají mi zeleninové saláty. – _____
4. Ráda nakupuju. – _____
5. Chutná mi pomerančový džus. – _____

6. Líbí se mi ta písnička. – _____
7. Mám ráda ruskou literaturu. – _____
8. Rád chodím na výlety. – _____
9. Chutná mi čokoládový dort. – _____
10. Líbí se mi zelená barva. – _____

7. Změňte slovosled podle modelu.
Pozor: *se* a *mi* jsou vždycky ve druhé logické pozici ve větě!

> **PAMATUJTE SI:** *Intenzifikátory*
> **moc, velmi, strašně × vůbec**

Například: Nelíbí se mi modrá barva. – Vůbec se mi nelíbí modrá barva.

1. Líbí se mi české písničky. – Moc _____
2. Chutnají mi jahodové knedlíky. – Strašně _____
3. Nechutná mi bílé víno. – Vůbec _____
4. Líbí se mi ten svetr. – Strašně _____
5. Nelíbí se mi fialová barva. – Vůbec _____

6. Chutná mi čokoládová zmrzlina. – Moc _____
7. Líbí se mi Vídeň. – Velmi _____
8. Nechutná mi gulášová polévka. – Vůbec _____
9. Chutná mi pomerančový džus. – Moc _____
10. Líbí se mi ta fotografie. – Velmi _____

8. Co asi říkají nebo si myslí? Doplňte k fotografiím. Všimněte si slov ve druhé logické pozici ve větě.

A. Strašně rád hraju fotbal.   B. Strašně ráda nakupuju.   C. Mám moc ráda zmrzlinu.   D. ~~Mám moc ráda pizzu.~~

E. Mám ráda pomeranče.   F. Tyhle boty se mi moc líbí.   G. Ten film se mi vůbec nelíbí. To je nuda.   H. Tyhle šaty se mi moc líbí.

I. Ten salát mi vůbec nechutná.   J. Strašně ráda lyžuju.   K. Ten film se mi fakt líbí.   L. Ta bageta mi nechutná. Je nějaká divná.

1. D

2. ___

3. ___

4. ___

5. ___

6. ___

7. ___

8. ___

9. ___

10. ___

11. ___

12. ___

9. Co můžete říct o lidech na fotografiích? Tvořte věty podle modelu.

Například: Číslo 1: Má ráda pizzu.
            Číslo 2: Líbí se jí ten film.

PAMATUJTE SI:
Osobní zájmena v dativu
já – **mi, mně**
on – **mu**, ona – **jí**, oni – **jim**

10. Chcete se přihlásit na kurz češtiny do jazykové školy. Vyplňte formulář.

JAZYKOVÁ ŠKOLA		
Jméno a příjmení		
Datum narození		
Státní občanství		
Bydliště v ČR	Ulice, číslo: Obec:	PSČ:
Telefon, e-mail		
Platba	☐ kartou ☐ hotově	☐ bankovním převodem

11. Spojte.

1. kurz, který trvá celý rok   A. třítýdenní kurz
2. kurz, který trvá měsíc   B. roční kurz
3. kurz, který trvá tři týdny   C. letní kurz
4. kurz, který je v létě   D. měsíční kurz

12. Pracujte s texty v učebnici na straně 8. Doplňte otázky a pak reagujte.

▲ Co (3x)   ▲ Proč   ▲ Kam   ▲ Kdy   ▲ Kde   ▲ Jak dlouho

1. **Proč** Nguyen Van Son potřebuje mluvit česky? – **Protože má české obchodní partnery.**
2. _____ Nguyen Van Son dováží a prodává? – _____
3. _____ dělá Alexej v České republice? – _____
4. _____ se Alexej učí česky? – _____
5. _____ se Halina seznámila se svým přítelem? – _____
6. _____ se Halině líbí? – _____
7. _____ Laura pracovala? – _____
8. _____ jezdí Laura v létě? – _____

13. Spojte a vypište vedle výrazy z textu. Pak je použijte ve větách o sobě nebo o lidech, které znáte.

Například: pracovní povolení – Potřebuju pracovní povolení.

1. pracovní   A. příroda   _____
2. krásná   B. dietu   _____
3. umět   C. povolení   _____
4. být   D. firma   _____
5. držet   E. docela dobře česky _____
6. studovat   F. na univerzitě   _____
7. obchodní   G. programátor   _____
8. pracovat jako   H. v důchodu   _____
9. velká mezinárodní I. partner   _____

14. Zopakujte si pády, které znáte. Slova v závorkách dejte do správné formy. Pak zkontrolujte v textu.

1. Son má _____ (velká firma).
2. Son bydlí v _____ (Brno).
3. Alexej si našel _____ (práce) v _____ (Česká republika).
4. Alexej má rád _____ (hora).
5. Halina studuje na _____ (univerzita).
6. Halina studuje dějiny umění a _____ (literatura).
7. Laura jezdí do _____ (Česká republika) jenom v létě.
8. Když Laura přijede z _____ (Česko) domů, musí držet dietu.

15. Odkud jsou lidé v jazykové škole? Doplňte.

▲ z Francie   ▲ z Vietnamu   ▲ z Ukrajiny   ▲ z Polska

1. Nguyen Van Son je _____ . Je Vietnamec.
2. Alexej Končalovskij je _____ . Je Ukrajinec.
3. Halina Trebinska je _____ . Je Polka.
4. Laura Mussant je _____ . Je Francouzka.

16. Doplňte do vět z textu správný výraz.

▲ studuje   ▲ obchodní partner   ▲ držet dietu   ▲ si zařídil   ▲ v důchodu   ▲ dováží   ▲ seznámila   ▲ české jídlo
▲ jako podnikatel   ▲ pár měsíců   ▲ české písničky   ▲ moc rád

1. Nguyen Van Son pracuje _____.
2. Son má firmu, která _____ a prodává oblečení.
3. Son se učí česky, protože jeho _____ je Čech.
4. Alexej Končalovskij bydlí v České republice teprve _____.
5. Alexej _____ vízum a pracovní povolení.
6. Alexej má _____ české hory, hlavně Beskydy.
7. Halina Trebinska _____ dějiny umění a literaturu.
8. Halina se před půl rokem _____ s Lukášem.
9. Líbí se jí _____, hlavně Jarek Nohavica.
10. Laura Mussant pracovala jako manažerka, ale teď je _____.
11. Chutná jí _____, hlavně bramborové knedlíky.
12. Když Laura přijede z Česka domů, musí _____.

17. Zopakujte si časy a konjugaci sloves. Doplňte tabulku.

infinitiv	minulý čas (préteritum)	přítomný čas (prézens)	budoucí čas (futurum)
		jsem	
		mám	
		pracuju	
		dováží	
		prodává	
		umím	
		jezdím	
		studuju	
		bydlím	
		žiju	

18. Napište e-mail kamarádce nebo kamarádovi. Používejte následující výrazy.

Teď jsem... Bydlím ...
Pracuju jako.../Studuju...
Učím se česky už...
Učím se česky, protože...
Líbí/nelíbí se mi... Chutná mi... Rád/a...

POZOR:
Učím se česky...
... jeden měsíc/rok
... dva/tři/čtyři měsíce/roky
... pět/šest měsíců/let

Komu...
Předmět
Odeslat

19. Označte správný výraz.

Například: Eva Herzigová je *česká*/Češka modelka.

1. Fotbalista Pavel Nedvěd je *Čech/český*.
2. Líbí se mi *Česko/české* filmy.
3. Rozumím trochu *český/česky*.
4. Jaromír Jágr je *Čech/český* hokejista.
5. *Česko/Češka* je malá země.

6. Znáte nějakou slavnou *češtinu/Češku*?
7. Myslím, že *čeština/česky* není tak těžká.
8. Mají všichni *Čech/Češi* rádi pivo?
9. O víkendu jsem přijel z *Česka/česky*.
10. Jak dlouho se učíte *český/česky*?

20. Jaké číslo mají tyto země na mapě Evropy?

____ Česká republika (Česko)	____ Maďarsko	____ Rakousko	____ Ukrajina
____ Francie	____ Německo	____ Rusko	____ Velká Británie
____ Itálie	____ Polsko	____ Švédsko	____ Španělsko

POZOR:
z Ruska
×
ze Španělska

21. Doplňte podle jména, odkud jsou.

Například: Pablo Gonzales je Španěl. Je _____. – Pablo Gonzales je Španěl. Je ze Španělska.

1. Elena Podolskaya je Ruska. Je z _____.
2. Larysa Gurska je Ukrajinka. Je z _____.
3. Luc Le Ny je Francouz. Je z _____.
4. János Szabó je Maďar. Je z _____.
5. Lina Nilsson je Švédka. Je ze _____.

6. Jan Novotný je Čech. Je z _____.
7. Kazimierz Gronowski je Polák. Je z _____.
8. Sean Macfarlane je Brit. Je z _____.
9. Max Renner je Rakušan. Je z _____.
10. Angelo Montianni je Ital. Je z _____.

22. Doplňte do tabulky.

země	muž	žena	jazyk	mluví...
Česká republika	Čech		čeština	
Anglie		Angličanka	angličtina	
Francie				francouzsky
Německo	Němec	Němka		
Rakousko		Rakušanka	němčina	
Rusko	Rus			
Ukrajina	Ukrajinec	Ukrajinka		
Polsko	Polák		polština	
USA		Američanka		
Vietnam	Vietnamec		vietnamština	

23. Odpovězte na otázky k textu na straně 10.

1. Kdo je to polyglot? – _____
2. Kdo byl Heinrich Schliemann? – _____
3. Kolik jazyků Heinrich Schliemann uměl? – _____
4. Za jak dlouho se člověk může naučit cizí jazyk? – _____
5. Jak se Zykmund Broniarek učí nové jazyky? – _____
6. Kdo byla Kató Lomb? – _____
7. Co je pro studium jazyka důležité? – _____
8. Jaký cíl může mít člověk, když začíná studovat cizí jazyk? – _____
9. Jaký cíl může mít člověk později? – _____
10. Kolik procent úspěchu ve studiu ovlivňuje učitel a kolik učebnice? – _____

24. Doplňte do vět z textu na straně 10 správný výraz.

▲ bez slovníku ▲ dělat chyby ▲ mít motivaci ▲ domluvit se ▲ později ▲ žádný speciální talent ▲ polygloti ▲ z řečtiny ▲ za půl roku ▲ ovlivňuje

1. Lidé, kteří umí hodně jazyků, se nazývají _____.
2. Slovo „polyglot" je _____.
3. H. Schliemann neměl _____ na jazyky.
4. Z. Broniarek říká, že průměrně inteligentní člověk se může cizí jazyk naučit _____.
5. Kató Lomb ráda četla _____ knihy v jazyku, který studovala.
6. Důležité je _____ a dělat to, co je pro vás zajímavé.
7. Další důležitá věc je nebát se _____ a nechtít hned umět jazyk perfektně.
8. Když člověk začíná studovat, jeho cíl je třeba jen _____ v obchodě a na ulici, umět si objednat jídlo a pití v restauraci a říct nějaké informace o sobě.
9. _____ se cíle mění: člověk chce rozumět, co říká moderátor v televizi, o čem mluví kamarádi v hospodě, o čem je článek v novinách.
10. 80 % úspěchu ve studiu _____ student a jen 20 % učitel a učebnice.

25. Spojte a vypište výrazy z textu. Hledejte víc možností.

Například: tvrdá práce

1. tvrdá   A. člověk   _____
2. důležitá   B. práce   _____
3. průměrně inteligentní C. věc _____
4. cizí   D. talent   _____
5. těžké   E. jazyk   _____
6. speciální   F. studium   _____

26. Doplňte který, která a které.

1. Heinrich Schliemann byl archeolog, _____ uměl dvacet jazyků.
2. Polyglot je člověk, _____ umí hodně jazyků.
3. Kató Lombová byla tlumočnice a překladatelka, _____ uměla šestnáct jazyků.
4. Člověk, _____ studuje dvanáct hodin týdně, může mít úspěch ve studiu.
5. Kató Lomb ráda četla v jazyku, _____ studovala.
6. Student, _____ má motivaci ke studiu, se učí líp.

27. Doplňte který, která, které nebo že.

1. Myslím, _____ je dobré mít pro studium nějakou motivaci.
2. Znáš nějaký jazyk, _____ je lehký?
3. Spolužačka říkala, _____ dneska nepřijde do školy.
4. Ty jsi zapomněl to slovo, _____ jsme se učili v minulé lekci?
5. Koupil jsem ti tu knihu, _____ se ti líbila.
6. Slyšel jsem, _____ jste byli na výletě v Českém Krumlově. Bylo to hezké?
7. Víš, _____ naše učitelka umí italsky?
8. Na internetu jsem hledala učitele, _____ učí češtinu on-line.

28. Dokončete věty.

Když studuju češtinu, pomáhá mi _____
Když studuju češtinu, baví mě _____

1. Doplňte k fotografiím.

A. restaurace   B. ~~hospoda~~   C. cukrárna   D. kavárna   E. bufet   F. stánek

1. B

2. __

3. __

4. __

5. __

6. __

2. *V, na* nebo *u*? Doplňte správnou prepozici.

1. V poledne jsem byl _____ obědě _____ restauraci.
2. _____ cukrárně jsem si dal kávu a dort.
3. Nemám hlad, koupila jsem si _____ stánku hamburger.
4. Jídlo na cestu můžeme koupit _____ bufetu na nádraží.
5. Včera jsme byli _____ kavárně.
6. Kolegyně tady není, je teď _____ obědě.
7. Zítra přijdu později. Budu _____ kamaráda _____ večeři.
8. V neděli jsme byli _____ babičky _____ obědě.

3. Jaké jídlo znáte? Doplňte ukazovací zájmena *ten, ta, to* a *ty* podle modelu.

Například: ten černý čaj, ta černá káva, to černé pivo...

1. _____ tatarská omáčka
2. _____ palačinky
3. _____ šopský salát
4. _____ houskové knedlíky
5. _____ smažený kapr
6. _____ hovězí maso
7. _____ vařené brambory
8. _____ smažený sýr
9. _____ dušená zelenina
10. _____ grilovaný losos
11. _____ vařená brokolice
12. _____ smažená cibule
13. _____ dušená rýže
14. _____ ostrá hořčice
15. _____ pečené kuře
16. _____ červené rajče

> **POZOR:**
> *Většina substantiv, která v nominativu sg. končí na -e, jsou feminina. Ale pozor: některá jsou neutra. Porovnejte:*
> **cibule, rýže, brokolice, hořčice** = *femininum*
> **kuře, rajče** = *neutrum*

4. Zopakujte si výrazy, které pro vás můžou být nové. Doplňte k fotografiím.

▲ cibule   ▲ rýže   ▲ hořčice   ▲ brokolice   ▲ rajče   ▲ kuře

1. _____

2. _____

3. _____

4. _____

5. _____

6. _____

5. Co nemůžeme říct o tomto jídle? <u>Označte</u>, co není správně.

1. Rýže je	2. Brokolice je	3. Hořčice je	4. Kuře je	5. Rajče je
a) tučná	a) zdravá	a) ostrá	a) pečené	a) červené
b) bílá	b) sladká	b) žlutohnědá	b) kyselé	b) zdravé
c) dušená	c) zelená	c) horká	c) vařené	c) ostré

6. Zařaďte tato substantiva podle rodu do tabulky podle vzorů deklinace.

~~dort~~ ~~pivo~~ ~~rýže~~ ~~kapr~~ ~~polévka~~ zmrzlina losos řízek kečup sýr rajče tvaroh kuře zelenina omáčka šunka maso salát houska víno voda pstruh čaj brokolice hořčice

Nominativ singuláru Ma, Mi, F, N	
rod (vzor)	například:
maskulinum animatum (vzor student)	**kapr,**
maskulinum inanimatum (vzor banán, čaj)	**dort,**
femininum (vzory káva, restaurace)	**polévka, rýže,**
neutrum (vzory auto, kuře)	**pivo,**

7. Spojte substantiva a adjektiva.

Například: čokoláda – čokoládový

1. čokoláda
2. česnek
3. tvaroh
4. guláš
5. rajče
6. okurka
7. cibule
8. brambor, brambora
9. houska
10. pomeranč
11. vanilka
12. ovoce

A. vanilkový
B. okurkový
C. čokoládový
D. houskový
E. tvarohový
F. cibulový
G. ovocný
H. česnekový
I. pomerančový
J. bramborový
K. gulášový
L. rajčatový

8. Doplňte k adjektivům koncovku ve správné formě a vhodné substantivum. Hledejte víc možností.

Například: bramborov___ _____ – bramborová polévka

1. čokoládov___ _____
2. gulášov___ _____
3. pomerančov___ _____
4. rajčatov___ _____
5. tvarohov___ _____

6. okurkov___ _____
7. česnekov___ _____
8. vanilkov___ _____
9. cibulov___ _____
10. ovocn___ _____

9. Škrtněte, co tam nepatří.

Například: Polévka: bramborová, česneková, gulášová, ~~svíčková~~

Hlavní jídlo: hovězí maso a brambory, pečené kuře a rýže, banán s čokoládou, smažený sýr a hranolky

Nápoj: tatarská omáčka, neperlivá voda, světlé pivo, pomerančový džus

Dezert: vanilková zmrzlina, palačinky s karamelem, houskové knedlíky, čokoládový dort

Salát: zeleninový, vepřový, šopský, rajčatový

10. Představte si, že vám nějaké jídlo nebo pití nechutná. Proč vám nechutná? Co řeknete?

Například: Nechutná mi to maso. Je moc... – Nechutná mi to maso. Je moc tučné.
Nechutnají mi ty brambory. Jsou moc... – Nechutnají mi ty brambory. Jsou moc slané.

▲ kyselý ▲ sladký ▲ slaný ▲ ostrý ▲ studený ▲ teplý ▲ tučný ▲ mastný

1. Nechutná mi to pivo. Je moc _____
2. Nechutná mi ten dort. Je moc _____
3. Nechutná mi ten guláš. Je moc _____

4. Nechutná mi to víno. Je moc _____
5. Nechutná mi ta polévka. Je moc _____
6. Nechutnají mi ty hranolky. Jsou moc _____

11. Co si dáte? Co chcete, máte rádi, jíte a pijete?

a) Doplňte akuzativ sg. substantiv z 1. deklinační skupiny (vzor *student, banán, káva* a *auto*).

Například: Dám si grilovaného lososa.
Dám si černý čaj.
Dám si černou kávu.
Dám si černé pivo.

1. Dáme si _____ (smažený pstruh).
2. Chtěl bych _____ (smažený řízek).
3. Mám rád _____ (čokoládová zmrzlina).
4. Nejím _____ (vepřové maso).
5. Nepiju _____ (zelený čaj).
6. Chtěla bych _____ (pečený losos).
7. Nechci _____ (česneková polévka).
8. Dám si _____ (maďarský guláš).
9. Chtěl bych _____ (okurkový salát).
10. Dáme si _____ (grilovaný pstruh).
11. Chci _____ (neperlivá voda).
12. Nechci _____ (tatarská omáčka).
13. Nemám rád _____ (smažený kapr).
14. Mám ráda _____ (černé pivo).
15. Nejím _____ (dušená zelenina).
16. Nepiju _____ (bílé víno).

b) Doplňte akuzativ sg. substantiv z 2. deklinační skupiny (vzor *restaurace*).

Například: Dám si... (dušená rýže). – Dám si dušenou rýži.

1. Nejím _____ (smažená cibule).
2. Mám ráda _____ (vařená brokolice).
3. Nechci _____ (ostrá hořčice).

c) Co jíte, pijete, kupujete, vaříte, děláte? Doplňte akuzativ sg. (různé vzory).

1. Na snídani piju obvykle _____ (pomerančový džus).
2. Včera jsem jedl _____ (bramborová polévka).
3. K večeři mám často _____ (zeleninový salát).
4. Na Vánoce jíme _____ (smažený kapr).
5. Někdy na večeři kupuju _____ (grilované kuře).
6. O víkendu jsem vařila _____ (svíčková omáčka).
7. Zítra budu na oběd dělat _____ (smažená brokolice).
8. Nikdy nejím _____ (dušená rýže).
9. Někdy kupuju _____ (plnotučné mléko).
10. V čajovně jsem pila _____ (zelený čaj).
11. Na salát obvykle kupuju _____ (červená cibule).
12. Na snídani nikdy nepiju _____ (černá káva).
13. Rád vařím a jím _____ (mexické jídlo).
14. Včera jsem dělal _____ (pečený losos).

12. Změňte slovosled podle modelu. Pozor: *si, mi* a *bych* jsou ve druhé logické pozici ve větě!

Například: Dám si kávu. – Já si dám kávu.
Chtěla bych neperlivou vodu. – Já bych chtěla neperlivou vodu.
Nechutná mi to víno. – To víno mi nechutná.

1. Chtěl bych palačinky. – Já _____
2. Nechutná mi ta polévka. – Ta polévka _____
3. Dáme si guláš a knedlíky. – My _____
4. Dám si špagety. – Dneska _____
5. Chtěl bych malé pivo. – Dneska _____
6. Dáme si pečeného pstruha. – Zítra _____
7. Nechutná mi to jídlo. – To jídlo _____
8. Chtěla bych šopský salát. – Dneska _____
9. Dám si ovocný čaj. – Zítra _____
10. Nechutnají mi ty brambory. – Ty brambory _____

Ve cvičeních a), b) a c)
používejte tabulku deklinace.
> Příloha ČE3, strana 96

Více o druhé pozici
> Příloha ČE3, strana 69

13. Co slyšíte nebo říkáte v restauraci? Doplňte k fotografiím.

A. Doporučuju vám tohle víno.   B. Tohle jídlo neznám. Co je to?   C. Tak na zdraví!   D. Tak prosím, tady je ten grilovaný losos.
E. Děkuju, už mám vybráno. Dám si jenom něco sladkého, třeba palačinky.   F. Doporučuju vám tohle. To je naše specialita!

 1. __
 2. __
 3. __
 4. __
 5. __
 6. __

14. Doplňte adjektivum ve správné formě.

Například: Mám chuť na něco _____ (sladký). – Mám chuť na něco sladkého.

1. Mám chuť na něco _____ (slaný).
2. Chtěla bych něco _____ (ostrý).
3. Dám si jenom něco _____ (malý).
4. Mám chuť na něco _____ (smažený).
5. Dáme si něco _____ (teplý).
6. Chtěl bych něco _____ (kyselý).
7. Máme chuť na něco _____ (studený).
8. Dám si něco _____ (jiný).

15. Na co mají chuť lidé na fotografiích?

Například: Arnošt má chuť na něco teplého, třeba na čaj.

Roman

Šárka

Arnošt

Klára

Sylvie

71

16. Doplňte výrazy do dialogů. Pak napište, kde můžete tyto dialogy slyšet (hledejte víc možností).

▲ hlad   ▲ Mám chuť   ▲ nechceš   ▲ výborné   ▲ nechutná   ▲ doporučuju   ▲ kávu   ▲ studený   ▲ dám si   ▲ hořčici

Dialog 1. _____

Máte už vybráno?

Ano, 1. _____ toho pečeného pstruha a brambory.

A co k pití?

Mám chuť na bílé víno. Jaké je nejlepší?

2. _____ vám ten Ryzlink.

Dobře, tak dvě deci, prosím.

Dialog 2. _____

Ten salát mi 3. _____, je moc kyselý. A taky je tam moc majonézy.

Hm, moje polévka je dobrá. Nechceš trochu?

Ne, díky, už nemám 4. _____ Ale příště si koupím taky polévku.

Dialog 3. _____

Jednou grilovanou klobásu.

45 korun.

A máte 5. _____?

Ano, tady vpravo je hořčice nebo kečup.

Dialog 4. _____

Prosím vás, ten guláš je úplně 6. _____

Aha, tak promiňte, přinesu vám jiný. A dáte si ještě jedno pivo?

Ano, ale malé.

Dialog 5. _____

Co si dáš? 7. _____ na něco čokoládového.

Mají čokoládový dort, banán s čokoládou nebo zmrzlinu...

Tak asi ten dort. A co chceš ty?

Já jenom 8. _____ s mlékem. Už jsem měla sladké na oběd.

Dialog 6. _____

Mmm, bylo to 9. _____ Miluju svíčkovou omáčku.

A 10. _____ ještě kousek masa nebo knedlík?

Děkuju, už nemůžu. Ale moc mi to chutnalo.

17. Na co si můžete stěžovat v restauraci? Doplňte věty.

1. To pivo je moc _____.
2. Ta polévka není dost _____.
3. To maso je málo _____.
4. Ty brambory nejsou dost _____.
5. Ten čaj je moc _____.
6. Ta zmrzlina není dost _____.
7. To kuře je málo _____.

18. Napište rozhovor v restauraci. Stěžujte si. Používejte tyto výrazy:

▲ Už máte vybráno?   ▲ Prosím vás, ten/ta/to... je moc... /je málo.../není dost...   ▲ Aha, tak promiňte.   ▲ Zaplatím.

Číšník: _____

Vy: _____

Číšník: _____

Vy: _____

Číšník: _____

Vy: _____

Číšník: _____

Vy: _____

19. Znáte české a moravské speciality? Co je to?

A. syrečky   B. halušky   C. kulajda   D. pardubický perník   E. ~~becherovka~~   F. domažlické koláče   G. slivovice   H. karlovarské oplatky
I. kyselo

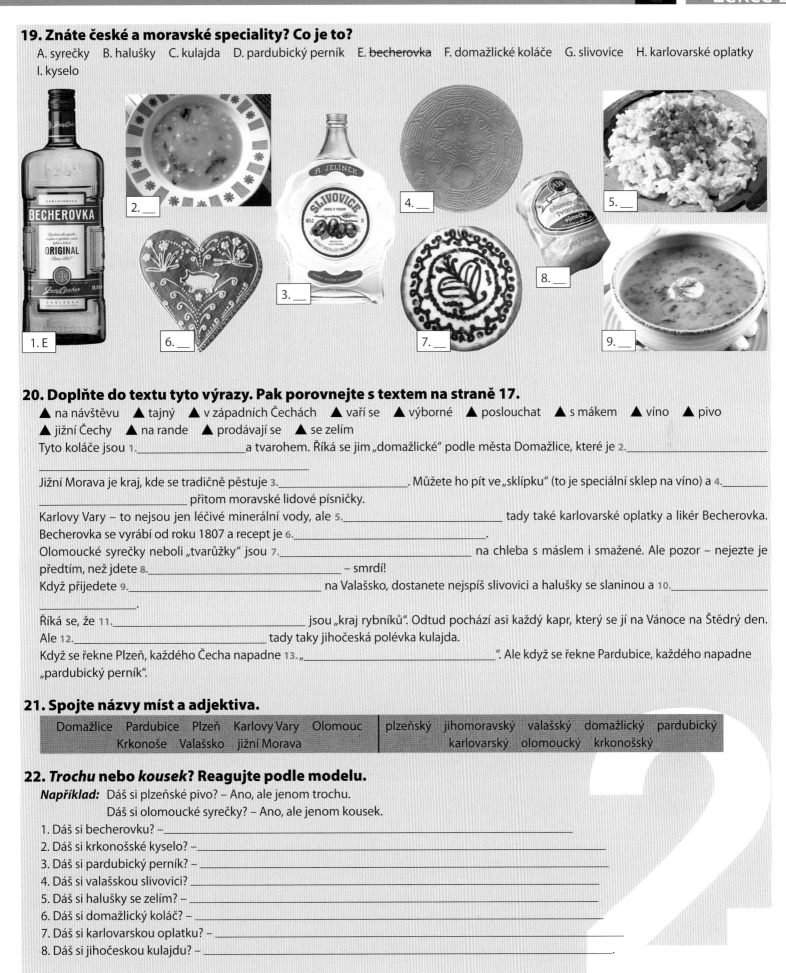

20. Doplňte do textu tyto výrazy. Pak porovnejte s textem na straně 17.

▲ na návštěvu   ▲ tajný   ▲ v západních Čechách   ▲ vaří se   ▲ výborné   ▲ poslouchat   ▲ s mákem   ▲ víno   ▲ pivo
▲ jižní Čechy   ▲ na rande   ▲ prodávají se   ▲ se zelím

Tyto koláče jsou 1._____ a tvarohem. Říká se jim „domažlické" podle města Domažlice, které je 2._____

_____

Jižní Morava je kraj, kde se tradičně pěstuje 3._____. Můžete ho pít ve „sklípku" (to je speciální sklep na víno) a 4._____

_____ přitom moravské lidové písničky.

Karlovy Vary – to nejsou jen léčivé minerální vody, ale 5._____ tady také karlovarské oplatky a likér Becherovka.

Becherovka se vyrábí od roku 1807 a recept je 6._____.

Olomoucké syrečky neboli „tvarůžky" jsou 7._____ na chleba s máslem i smažené. Ale pozor – nejezte je
předtím, než jdete 8._____ – smrdí!

Když přijedete 9._____ na Valašsko, dostanete nejspíš slivovici a halušky se slaninou a 10._____

_____.

Říká se, že 11._____ jsou „kraj rybníků". Odtud pochází asi každý kapr, který se jí na Vánoce na Štědrý den.

Ale 12._____ tady taky jihočeská polévka kulajda.

Když se řekne Plzeň, každého Čecha napadne 13. „_____". Ale když se řekne Pardubice, každého napadne
„pardubický perník".

21. Spojte názvy míst a adjektiva.

Domažlice Pardubice Plzeň Karlovy Vary Olomouc	plzeňský jihomoravský valašský domažlický pardubický
Krkonoše Valašsko jižní Morava	karlovarský olomoucký krkonošský

22. *Trochu* nebo *kousek*? Reagujte podle modelu.

Například: Dáš si plzeňské pivo? – Ano, ale jenom trochu.
Dáš si olomoucké syrečky? – Ano, ale jenom kousek.

1. Dáš si becherovku? – _____
2. Dáš si krkonošské kyselo? – _____
3. Dáš si pardubický perník? – _____
4. Dáš si valašskou slivovici? _____
5. Dáš si halušky se zelím? – _____
6. Dáš si domažlický koláč? – _____
7. Dáš si karlovarskou oplatku? – _____
8. Dáš si jihočeskou kulajdu? – _____.

23. Co s čím si dáte k pití nebo k jídlu? Hledejte víc možností.

zmrzlina	se zelím a se slaninou	*Dám si zmrzlinu s čokoládou a se šlehačkou.*
chleba	s ledem	_____
čaj	s kečupem	_____
koláče	s máslem	_____
halušky	se šlehačkou	_____
špagety	s mlékem	_____
houska	s čokoládou	_____
whisky	s mákem a tvarohem	_____
palačinky	s citronem	_____
káva	se sýrem	_____

24. Znáte české knedlíky? Jaké vidíte na fotografiích?

A. ovocné knedlíky   B. houskové knedlíky   C. bramborové knedlíky

1. __

2. __

3. __

25. Víte, s čím se jí knedlíky? Hledejte a napište víc možností.

houskové knedlíky bramborové knedlíky ovocné knedlíky	se jí s/se	maso guláš cukr kachna tvaroh mák omáčka zelí máslo špenát šlehačka

1. Houskové knedlíky se jí s/se _____
2. Bramborové knedlíky se jí s/se _____
3. Ovocné knedlíky se jí s/se _____

26. Doplňte *s/se* a správnou formu (instrumentál sg.)

Například: Mám ráda palačinky _____ (zmrzlina). – Mám ráda palačinky se zmrzlinou.

1. Chceš chleba _____ (máslo)?
2. Dáš si housku _____ (salám)?
3. Chtěla bych ten banán _____ (čokoláda).
4. Rád jím špagety _____ (sýr).
5. Nemám rád čaj _____ (mléko).
6. Někdy piju džus _____ (voda).
7. Dám si rybu _____ (salát).
8. Mám ráda rýži _____ (zelenina).
9. Pil jsi někdy kolu _____ (rum)?
10. Chtěl bych koláč _____ (tvaroh).

> **POZOR:**
> **s máslem**
> ×
> **se salámem**

27. <u>Označte</u> vhodné sloveso.

Například: V Mexiku *se pije/se jí* burritos.
1. V Česku *se jí/se pije* na Vánoce kapr.
2. V Číně *se pěstuje/se vyrábí* rýže.
3. V Německu *se pěstují/se vyrábí* auta.
4. V Rakousku *se dělá/se vaří* Sachrův dort.
5. V Brazílii *se pěstuje/se vyrábí* káva.

1. Doplňte páry.

Například: dědeček a _____ – dědeček a babička

▲ sestřenice   ▲ švagr   ▲ snacha   ▲ tchán   ▲ vnuk   ▲ teta   ▲ přítel   ▲ synovec

1. zeť a _____
2. _____ a švagrová
3. _____ a vnučka
4. bratranec a _____

5. strýc a _____
6. _____ a neteř
7. _____ a přítelkyně
8. _____ a tchyně

2. Doplňte *se* na správné místo ve větě.

Například: Jmenuju **se** Zdeněk Mareš.

1. Můj   bratr   nejmenuje   Miroslav, ale Miloslav.
2. Můj   tchán   jmenoval   Bohumil.
3. Můj   strýc   jmenuje   Jakub, ale říkáme mu Kuba.
4. Naše   vnučka   bude   jmenovat Anežka.
5. Jak   jmenuje   vaše   tchyně?
6. Jak   jmenuje   vaše   přítelkyně?
7. Jmenujete Rejsek   nebo   Rejšek?

3. *Dva* nebo *dvě*? Označte, co je správně.

Například: Mám dva/dvě bratry.

1. Mám *dva/dvě* sestry.
2. Mám *dva/dvě* dcery.
3. Mám *dva/dvě* vnuky.
4. Mám *dva/dvě* syny.
5. Mám *dva/dvě* vnučky.
6. Mám *dva/dvě* kočky.

POZOR:
dva *(maskulinum)*
dvě *(femininum)*
dvě *(neutrum)*

4. Pracujte s fotografiemi z učebnice, strana 22, cvičení 3.

a) Doplňte rodinné vztahy.

Například: Petr je Adamův _____ – Petr je Adamův tchán.
Dana je Evina _____ – Dana je Evina tchyně.

1. Karolína je Adamova _____
2. Jakub je Lukášův _____
3. Lukáš je Davidův _____
4. Eva je Karlova _____
5. Hana je Jakubova _____

6. Karel je Evin _____
7. David je Danin _____
8. Eva je Janina _____
9. Jana je Karolínina _____
10. Lukáš je Evin _____

b) Jaké mají Adam a Eva rodinné vztahy? Doplňte posesivní adjektiva.

1. **Adamova** manželka se jmenuje Eva.
2. _____ tchán se jmenuje Petr.
3. _____ maminka se jmenuje Dana.
4. _____ tchyně se jmenuje Hana.
5. _____ švagrová se jmenuje Jana.

6. **Evina** sestra se jmenuje Jana.
7. _____ maminka se jmenuje Hana.
8. _____ tchán se jmenuje Karel.
9. _____ manžel se jmenuje Adam.
10. _____ tchyně se jmenuje Dana.

c) Kdo z Adamovy rodiny je ženatý, vdaný, svobodný, rozvedený?

d) Kdo z dětí je nejstarší, prostřední, nejmladší?

e) Změňte věty podle modelu.

Například: Adamovi je 38 let. – Je mu 38 let.

1. Evě je 37 let. – _____
2. Haně je 58 let. – _____
3. Janě je 30 let. – _____
4. Jakubovi je 14 let. – _____
5. Karlovi je 72 let. – _____

6. Daně je 63 let. – _____
7. Lukášovi je 34 let. – _____
8. Petrovi je 64 let. – _____
9. Davidovi je 8 let. – _____
10. Karolíně je půl roku. – _____

5. Doplňte osobní zájmena v dativu.

Například: Je _____ (já) 28 let. – Je mi 28 let.

1. Kolik je _____ (ty) let?
2. Je _____ (on) 35 let.
3. Je _____ (já) 14 let.
4. Je _____ (ona) 47 let.

5. Kolik je _____ (vy) let?
6. Je _____ (já) 74 let.
7. Je _____ (ona) půl roku.
8. Jsou _____ (on) 4 roky.

6. Doplňte výraz *rok, roky* nebo *let*.

1. Veronika je ještě malá. Je jí jeden_____
2. Davidovi jsou už 3_____
3. Ty máš narozeniny? Kolik je ti_____?
4. Michal je v pubertě. Je mu 13_____
5. Syn je ještě malý. Jsou mu 2_____
6. Aleně je 20_____ Je už dospělá.

> **PAMATUJTE SI:**
> **Je mu/jí půl roku.**
> **Je mu/jí 1 (= jeden) rok.**
> **Jsou mu/jí 2, 3, 4 roky.**
> **Je mu/jí 25 let.**
> *> Příloha ČE3, bod 1. 4*

> **POZOR:**
> **maminka – maminčin**
> **babička – babiččin**
> **sestra – sestřin**

7. Čí je to? Doplňte *-ův, -ova, -ovo* nebo *-in, -ina, -ino*.

1. tatínk _____ mobil
2. maminč _____ auto
3. sestř _____ přítel
4. bratr_____ manželka
5. dědečk _____ byt
6. babičč _____ pokoj

8. Zopakujte si posesivní zájmena (v nominativu). Doplňte tabulku.

	já	ty	on	ona	my	vy	oni
Maskulinum	můj				náš		
Femininum		tvoje					
Neutrum						vaše	

9. Doplňte posesivní zájmena.

Například: Eva je _____ (on) manželka. – Eva je jeho manželka.

1. To je _____ (já) bratr.
2. Kde pracuje _____ (ty) sestra?
3. _____ (my) dcera je ještě malá.
4. Jak se jmenuje _____ (vy) tchán?
5. Petra je_____ (oni) vnučka.
6. _____ (ona) švagrová je učitelka.
7. _____ (já) teta bydlí v Brně.
8. _____ (on) otec je už starší pán.
9. To je _____ (ty) auto?
10. Líbí se mi _____ (vy) dům.

10. Vypište formální a neformální rodinné výrazy se stejným významem.

▲ matka ▲ otec ▲ sestra ▲ bratr ▲ tetička ▲ strejda ▲ děda ▲ strýc ▲ teta ▲ babička ▲ brácha ▲ maminka ▲ táta ▲ máma ▲ taťka ▲ mamka ▲ babi/bábi ▲ tatínek ▲ ségra ▲ dědeček

1. *matka, maminka, máma, mamka*
2. _____
3. _____
4. _____
5. _____
6. _____
7. _____
8. _____

11. Pracujte s textem z učebnice, strana 23, cvičení 9.

a) Co říká David? Spojte.

1. Můj tatínek je
2. Nejradši mám
3. Můj strýc má vždycky
4. Můj strejda a jeho přítelkyně mi slíbili,
5. Moje sestra se jmenuje Karolína,

A. dobrou náladu.
B. že budu mít nového bratrance nebo sestřenici.
C. docela přísný.
D. ale říkáme jí Kájinka.
E. našeho psa Fíka.

b) Doplňte kdo.

Například: Davidova _____ je moc hodná. – Davidova maminka je moc hodná.

1. Jeho _____ není ženatý, ale má přítelkyni.
2. Jeho _____ pořád jenom spí, jí a brečí.
3. Jeho _____ se bude vdávat.
4. Jeho _____ a _____ bydlí na vesnici.
5. Jeho _____ je velký a chlupatý.
6. Jeho _____ je typický puberťák.
7. Jeho _____ je přísný.

12. Kdo ve vaší rodině...? Ptejte se a reagujte.

... je moc hodný	... je ženatý/vdaná	... je přísný	... je pořád v práci
... je ještě malý	... má vždycky dobrou náladu	... je v pubertě	... je často nervózní
... bydlí daleko	... bydlí na vesnici	... je už starší pán/paní	... má psa nebo kočku

13. Jaké příbuzné máte/nemáte? Koho znáte/neznáte?

a) Doplňte akuzativ singuláru substantiv z 1. deklinační skupiny (vzory *student* a *káva*).

Například: Mám bratra. Nemám sestru.

1. Mám/nemám _____ (bratr)
_____ (manžel)
_____ (tatínek)
_____ (dědeček)
_____ (švagr)
_____ (tchán)
_____ (vnuk)
_____ (kamarád)

> *Ve cvičeních a), b) a c) používejte tabulku deklinace*
> *> Příloha ČE3, strana 96*

2. Znám/neznám _____ (Adam)
_____ (David)
_____ (Jakub)
_____ (Karel)

3. Mám/nemám _____ (sestra)
_____ (manželka)
_____ (maminka)
_____ (babička)
_____ (snacha)
_____ (vnučka)
_____ (teta)
_____ (kamarádka)

4. Znám/neznám _____ (Eva)
_____ (Jana)
_____ (Hana)
_____ (Karolína)

b) Doplňte akuzativ singuláru substantiv z 2. deklinační skupiny (vzor *muž*).

Například: Mám přítele.

1. Mám/nemám _____ (přítel)
_____ (zeť)
_____ (bratranec)
_____ (synovec)
_____ (učitel)

2. Znám/neznám _____ (Lukáš)
_____ (Aleš)
_____ (Tomáš)
_____ (Ondřej)

> **POZOR:**
> *Maskulina animata zakončená na konsonant s háčkem, -c, -j, -tel a -e mají v akuzativu sg. koncovku -e.*
> *Například:*
> To je přítel. x Mám přítel**e.**

c) Doplňte akuzativ singuláru substantiv z 2. deklinační skupiny (vzor *restaurace*).

Například: Nemám přítelkyni.

1. Mám/nemám _____ (přítelkyně)
_____ (tchyně)
_____ (sestřenice)
_____ (kolegyně)

2. Znám/neznám _____ (Alice)
_____ (Marie)
_____ (Lucie)
_____ (Sylvie)

14. Podívejte se na fotografie. O kom můžete říct, že je *líný, zvědavý, roztomilý, bláznivý, rozmazlený, drzý, nepořádný, hodný?*

Například: Myslím, že Arnošt je líný.

Arnošt

Sára

Marek

Eliška

Milena

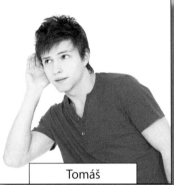
Tomáš

Štěpán

Dominik

15. Napište, jací jsou vaši příbuzní a kamarádi.

Například: Můj bratr je hodný, ale někdy je trochu líný.

16. Spojte věty podle modelu.

Například: Mám ráda sestru. Někdy se hádáme.
Mám ráda sestru, i když se někdy hádáme.

> **POZOR:**
> **Ondřej si vzal Evu.**
> **vzít si někoho = mít svatbu s někým**

1. Ondřej si vzal Evu. Dlouho chodil s Janou.
_____

2. Obdivuju kamaráda. Je někdy bláznivý.
_____

3. Alice často telefonuje mamince. Jezdí každý týden domů.
_____

4. Petr a Alena spolu chtějí žít. Znají se jenom měsíc.
_____

17. Doplňte substantivum ve správném pádu (v akuzativu, dativu nebo instrumentálu).

1. Mám radši _____ (sestra) než _____ (bratr).
2. Nejradši z celé rodiny mám _____ (sestřenice).
3. Miluju _____ (synovec), je hodný a moc roztomilý.
4. Nesnáším _____ (kolegyně) z práce, protože je líná a drzá.
5. Obdivuju _____ (dědeček), protože měl těžký život.
6. Vzal jsem si _____ (kamarádka) ze školy.
7. Když mám nějaké problémy, volám _____ (maminka).
8. Občas telefonuju _____ (švagr) nebo _____ (tchán).
9. Někdy jezdím na návštěvu k _____ (babička).
10. Mám dobrý vztah s _____ (tatínek), i když bydlí daleko.
11. Chodil jsem s _____ (manželka) dva roky.
12. Často se hádám s _____ (bratr), protože je moc nervózní.
13. Rozešla jsem se s _____ (přítel).
14. Jsem rozvedený a žiju se _____ (syn) a s _____ (dcera).

18. Spojte věty.

1. Inspektor Václav Holmík se probudil	A. jinak.
2. Můj manžel je zavřený v pracovně	B. že se mu něco stalo.
3. Mám strach,	C. a podíval se na hodinky.
4. Tak to musíme udělat	D. o peníze.
5. Včera večer jsme se hádali	E. že to vyřeším odchodem.
6. Muž měl v ruce	F. pero.
7. Inspektor vzal papír	G. a neodpovídá mi.
8. Rozhodl jsem se,	H. do ruky.

19. Napište informace o sobě a své rodině. Výrazy napsané kurzívou nahraďte něčím jiným.

Například: Probudil jsem se a *podíval jsem se na hodinky*. – Probudil jsem se a šel jsem do kuchyně.

1. Prosím vás, můžete *sem přijet*?_____
2. Hádali jsme se o *peníze*. _____
3. Na stole stála sklenička se *zbytkem nějakého pití*. _____
4. Mám strach, že *se mu něco stalo*. _____
5. Rozhodl jsem se, že *to vyřeším*. _____

20. Představte si, že dobře nerozumíte. Ptejte se na slova psaná kurzívou.

Například: Mluvili jsme o *nové knize*. – O čem?

1. Chceš do *kávy* mléko? – Do (co) _____?
2. Chtěl bych *černou kávu*. – (Co) _____?
3. Jedu k *babičce*. – Ke (kdo) _____?
4. Diskutujeme o *politice*. – O (co) _____?
5. Dáš si čaj s *citronem*? – S (co) _____?
6. Potřebuju *auto*. – (Co) _____?
7. Sešla jsem se s *tetou*. – S (kdo) _____?
8. To je *můj učitel*. – (Kdo) _____?
9. Volala jsem *manželovi*. – (Kdo) _____?
10. Hledám *kamarádku*. – (Kdo) _____?
11. Znáš moji *přítelkyni*? – (Kdo) _____?
12. Povídáme si o *šéfovi*. – O (kdo) _____?

21. Představte si, že lidé na fotografiích jsou vaši kamarádi. Na co se jich asi zeptáte? Co odpoví?

1. Co _____?

2. Komu _____?

3. O čem _____?

22. Doplňte správnou formu zájmen *někdo* a *něco*.

Například: Musím _____ (někdo) zavolat. – Musím někomu zavolat.

1. Vždycky o _____ (něco) mluvíme.
2. Chceš _____ (někdo) kupovat dárek?
3. Půjdeme k _____ (někdo) na návštěvu?
4. S _____ (někdo) jsem šla do divadla.
5. Povídali jste si o _____ (něco)?
6. Mluvil jsi o _____ (někdo)?
7. Těším se na _____ (něco).
8. Hledám _____ (někdo) jiného.
9. Chceš chleba s _____ (něco)?
10. Díváš se na _____ (něco)?
11. _____ (někdo) je v kanceláři.
12. Potřebuješ _____ (něco)?
13. Obvykle chodím s _____ (někdo) na oběd.
14. Nevím, co je to, ale _____ (něco) to musí být.

23. Odpovězte negativně. Pozor na dvě negace.

Například: Koho hledáš? – Nikoho. / Nehledám nikoho.

1. Komu kupuješ dárek? – _____
2. Co potřebuješ? – _____
3. O čem mluvíš? – _____
4. Kdo je doma? – _____
5. S kým chodíš? – _____
6. Koho obdivuješ? – _____
7. O kom si povídáte? – _____
8. Komu voláš každý den? – _____
9. S čím chceš čaj? – _____
10. Co píšeš? – _____

1. Co je to? Doplňte k fotografiím.

▲ les ▲ kostel ▲ křižovatka ▲ rybník ▲ věž ▲ panelák ▲ zahrada ▲ trh ▲ silnice ▲ cyklostezka ▲ kopec
▲ louka

1. _____
2. _____
3. _____
4. _____
5. _____
6. _____
7. _____
8. _____
9. _____
10. _____
11. _____
12. _____

2. Co je obvykle ve městě a co na venkově? Napište slova z tabulky v plurálu. Používejte koncovky -y, -e a -a.

Ve městě jsou obvykle **kostely**,_____
_____
_____

Na venkově jsou obvykle_____
_____
_____

| ~~kostel~~ les trh hrad křižovatka rybník panelák strom |
| obchod zahrada louka řeka cyklostezka dům |
| silnice restaurace parkoviště věž kop<u>e</u>c |
| auto kino divadlo muzeum |

3. Doplňte výrazy do textu.

▲ jsem tady spokojený ▲ od narození ▲ pod hradem ▲ velké obchodní centrum ▲ která ▲ vysoký nájem
▲ velký rybník ▲ chodíme na houby ▲ výhoda ▲ skvělé bydlení ▲ dojíždět autem nebo vlakem ▲ mezi základní školou

Linda Maříková říká: Naše rodina bydlí na Šumavě v malé vesnici, 1. _____ se jmenuje Hodkov. Je to jen pár domů. Do města je to daleko, a tak jsme zvyklí do školy, do práce i na nákup 2. _____. Naštěstí máme nádraží dvacet minut pěšky od domu. Horší je to v zimě, když je sníh. Někdy ani nejde vyjet autem z garáže. Ale jinak je to 3. _____, protože přímo před domem máme 4. _____ a kolem domu jsou louky, lesy a cyklostezky.

Dalibor Bouzar říká: Bydlím 5. _____ Karlštejn v obci Karlštejn. Náš dům stojí 6. _____ a obecním úřadem. Když jsem chodil do školy, cesta mi trvala minutu! Před naším domem je silnice, ale vzadu za domem máme zahradu. Nad zahradou je kopec a les, kam v létě 7. _____. Jediné, co mi vadí, je, že během letní sezóny je tady moc turistů. Jinak se mi tu líbí a 8. _____ .

Radim Bartošík říká: Bydlím 9. _____ v Brně přímo v centru ve starém domě na Zelném trhu. 10. _____ je, že to máme blízko na nákup, protože před naším domem je trh a vedle domu je 11. _____. Za naším domem je kostel, kde měli rodiče svatbu. Bydlet v centru je moc fajn, jediná nevýhoda je, že platíme dost 12. _____ .

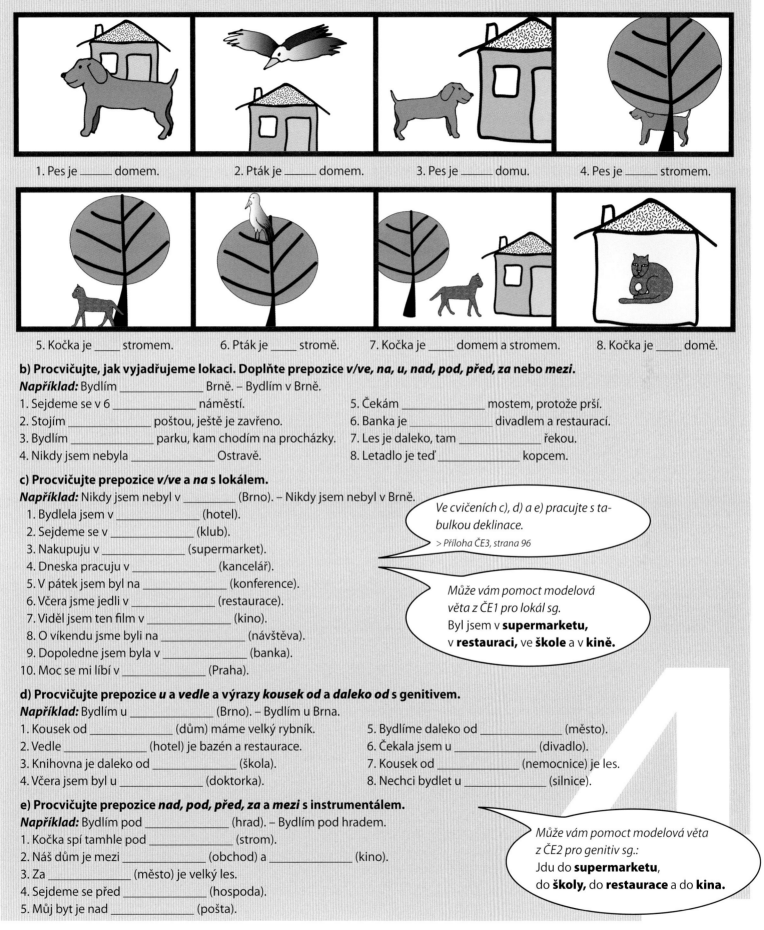

4. Kdo nebo co kde je?

a) Doplňte prepozice *v/ve, na, u, nad, pod, před, za* nebo *mezi* podle obrázků.

1. Pes je _____ domem. 2. Pták je _____ domem. 3. Pes je _____ domu. 4. Pes je _____ stromem.

5. Kočka je _____ stromem. 6. Pták je _____ stromě. 7. Kočka je _____ domem a stromem. 8. Kočka je _____ domě.

b) Procvičujte, jak vyjadřujeme lokaci. Doplňte prepozice *v/ve, na, u, nad, pod, před, za* nebo *mezi*.

Například: Bydlím _____ Brně. – Bydlím v Brně.

1. Sejdeme se v 6 _____ náměstí.
2. Stojím _____ poštou, ještě je zavřeno.
3. Bydlím _____ parku, kam chodím na procházky.
4. Nikdy jsem nebyla _____ Ostravě.

5. Čekám _____ mostem, protože prší.
6. Banka je _____ divadlem a restaurací.
7. Les je daleko, tam _____ řekou.
8. Letadlo je teď _____ kopcem.

c) Procvičujte prepozice *v/ve* a *na* s lokálem.

Například: Nikdy jsem nebyl v _____ (Brno). – Nikdy jsem nebyl v Brně.

1. Bydlela jsem v _____ (hotel).
2. Sejdeme se v _____ (klub).
3. Nakupuju v _____ (supermarket).
4. Dneska pracuju v _____ (kancelář).
5. V pátek jsem byl na _____ (konference).
6. Včera jsme jedli v _____ (restaurace).
7. Viděl jsem ten film v _____ (kino).
8. O víkendu jsme byli na _____ (návštěva).
9. Dopoledne jsem byla v _____ (banka).
10. Moc se mi líbí v _____ (Praha).

> Ve cvičeních c), d) a e) pracujte s tabulkou deklinace.
> *> Příloha ČE3, strana 96*

> Může vám pomoct modelová věta z ČE1 pro lokál sg.
> Byl jsem v **supermarketu,** v **restauraci,** ve **škole** a v **kině.**

d) Procvičujte prepozice *u* a *vedle* a výrazy *kousek od* a *daleko od* s genitivem.

Například: Bydlím u _____ (Brno). – Bydlím u Brna.

1. Kousek od _____ (dům) máme velký rybník.
2. Vedle _____ (hotel) je bazén a restaurace.
3. Knihovna je daleko od _____ (škola).
4. Včera jsem byl u _____ (doktorka).

5. Bydlíme daleko od _____ (město).
6. Čekala jsem u _____ (divadlo).
7. Kousek od _____ (nemocnice) je les.
8. Nechci bydlet u _____ (silnice).

e) Procvičujte prepozice *nad, pod, před, za* a *mezi* s instrumentálem.

Například: Bydlím pod _____ (hrad). – Bydlím pod hradem.

1. Kočka spí tamhle pod _____ (strom).
2. Náš dům je mezi _____ (obchod) a _____ (kino).
3. Za _____ (město) je velký les.
4. Sejdeme se před _____ (hospoda).
5. Můj byt je nad _____ (pošta).

> Může vám pomoct modelová věta z ČE2 pro genitiv sg.:
> Jdu do **supermarketu,** do **školy,** do **restaurace** a do **kina.**

5. Co říkají? Doplňte k fotografiím.

A. Prosím vás, jak se jde k divadlu? – Divadlo je tamhle, ten zelený dům vedle kostela.

B. Prosím tě, kde je ta galerie? Nemůžu ji najít. – Musí to být kousek odtud, hned za náměstím.

C. Jak se dostanu na letiště? – Musíte jet rovně a pak doprava. Je to asi 10 minut odtud.

1. __

2. __

3. __

6. Doplňte adverbium.

doleva   dole   doprava   nahoře   dolů   vlevo, nalevo   nahoru   vpravo, napravo

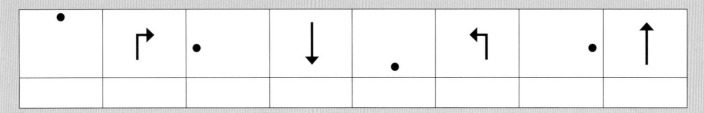

7. Doplňte správné adverbium.

Například: Prosím vás, kde je Černá věž? – Musíte jít rovně a pak ⌐ doprava.

1. Prosím vás, jak se dostanu na nádraží? – Jděte rovně a pak na křižovatce ↰ _____

2. Prosím vás, kde je Náměstí Republiky? – To je kousek odtud, tady ▶_____ za kostelem.

3. Prosím vás, jak se dostanu k nemocnici? – Musíte jet tady ↓ _____

4. Prosím vás, kde je Pražský hrad? – Hrad je tamhle ▲_____

5. Prosím vás, kde je lékárna? – To je blízko, tady ◀_____ vedle obchodu.

6. Prosím vás, jak se jde na hrad? – Jděte ↑ _____ na kopec.

7. Prosím vás, kde je metro? – Vidíte ten bílý dům? Stanice je tam ▼ _____

> *V této situaci můžete slyšet:*
> **tam** *i* **tamhle**.

8. Představte si, že se ptáte na cestu, ale špatně rozumíte. Doplňte otázku *kde*? nebo *kam*?

Například: Trh je *tamhle vlevo*. – Kde?

1. Jděte *doleva*. – _____?

2. Náměstí je *tam nahoře*. – _____?

3. Dvořákova ulice je *kousek odtud, za muzeem*. – _____?

4. Vy hledáte kostel? To musíte jít *nahoru na kopec*. – _____?

5. Jeďte na křižovatce *doprava*. – _____?

6. Černá věž je *na náměstí vedle banky*. – _____?

7. Jak se dostanete na nádraží? To musíte jít tady *dolů*. – _____?

9. Představte si, že chcete někoho pozvat na návštěvu. Spojte věty a reakce.

1. Nechceš přijít na návštěvu?   A. Odtud z práce.

2. Co třeba zítra v 6? Hodí se ti to?   B. Musíš jet béčkem, stanice Karlovo náměstí.

3. Kde bydlíš?   C. Děkuju, rád/a přijdu. Kdy se ti to hodí?

4. Odkud pojedeš?   D. Já taky.

5. Jak se tam dostanu?   E. Ano, hodí.

6. Dobře, to najdu. Těším se.   F. Karlovo náměstí 156.

10. Seřaďte dialog 1 (1–13) a dialog 2 (1–15). Pak je přečtěte nahlas a prezentujte ostatním.

Dialog 1

___ V Černošicích u Prahy.

___ Dobře, to najdu nebo ti zavolám.

___ Co třeba v sobotu odpoledne? Hodí se ti to?

1. Nechceš přijít na návštěvu?

___ Ano, hodí. A kde bydlíš?

___ Z Prahy.

___ Jak se tam jede?

___ Tak jo, těším se.

___ Odkud pojedeš?

___ Ne, to je blízko. Půjdeš rovně, jak jede vlak, a pak druhou ulicí doprava. Náš dům je třetí napravo.

___ Aha, tak musíš jet ze Smíchovského nádraží vlakem asi 20 minut. Vystoupíš na nádraží Černošice.

___ Moc rád. Kdy se ti to hodí?

___ A bydlíš daleko od nádraží?

Dialog 2

___ Dobře, to najdu. Těším se.

___ A od metra půjdu pěšky?

___ Jo, mám. A kde bydlíš?

___ Aha, tak musíš jet metrem na Muzeum. Tam přestoupíš na áčko a pojedeš na stanici Malostranská.

___ A jak se tam dostanu?

1. Nechceš někdy přijít na návštěvu?

___ Odkud pojedeš?

___ Máš čas zítra večer?

___ Na Malé Straně, v ulici Nerudova 17.

___ Z Malostranské můžeš jet jednu zastávku tramvají na Malostranské náměstí.

___ A tam to je?

___ Díky, ráda přijdu. A kdy?

___ Ano, když vystoupíš z tramvaje, Nerudova ulice je vpravo. Jdi ulicí nahoru a já bydlím asi uprostřed.

___ Pojedu odtud z kanceláře.

___ Já taky.

11. Doplňte dialog. Pozvěte na návštěvu kamaráda nebo kamarádku. Řekněte mu/jí, kde bydlíte, označte, odkud pojede nebo půjde, a popište mu/jí, jak se dostane na místo, kde bydlíte.

Vy: Nechceš přijít na návštěvu?

Kamarád/kamarádka: Díky, přijdu rád/a. A kde bydlíš?

Vy: _____

Kamarád/kamarádka: A jak se tam dostanu?

Vy: Odkud pojedeš?

Kamarád/kamarádka: Odtud ze školy/z kanceláře/z centra.

Vy: _____

_____

_____

12. Podívejte se na mapu. Co tam vidíte? Co je vpravo, vlevo, dole a nahoře? Kde bydlí Magda, Filip, Pavla a Jirka? Kde stojí turista?

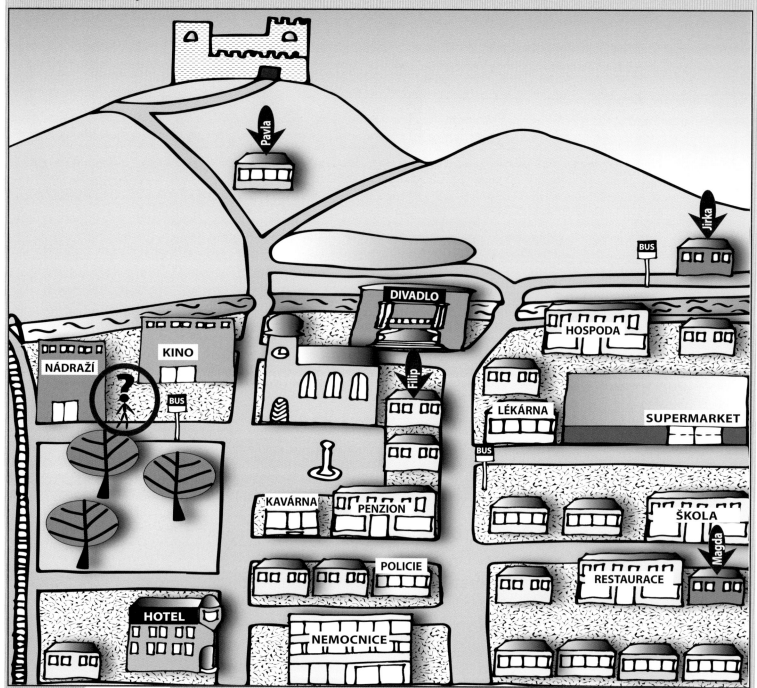

13. Přijeli jste na nádraží. Chcete jít na návštěvu k Magdě, Filipovi, Pavle a Jirkovi. Jak se tam dostanete?

Například: Prosím tě, jak se dostanu k Magdě? – Musíš jít rovně, a pak...

14. Pracujte s mapou. Doplňte, co hledá turista.

Například: Jděte rovně až na náměstí, ___kostel___ je tam vlevo.

1. Jděte tady rovně, pak doprava a potom u kavárny doleva. Na další křižovatce jděte zase rovně, _____ je druhý dům napravo.

2. To je trochu daleko. Můžete jet jednu zastávku autobusem. Když vystoupíte, uvidíte lékárnu a _____ je hned vedle.

3. Musíte jít rovně, pak doleva a zase rovně až k mostu. Přejděte most a jděte nahoru na kopec a tam je _____.

4. Jděte rovně, pak první ulicí doprava a potom zase rovně. _____ je tam vpravo.

15. Pracujte v páru. Používejte mapu. Ptejte se, kde co je.

Například: Prosím vás, nevíte, kde je hotel? – Musíte jít rovně a pak doprava.

16. Kam půjdu nebo pojedu? Jak se tam dostanu?

a) Kam jdou nebo letí? Doplňte prepozice *do, na, k/ke, nad, pod, před, za* nebo *mezi* podle obrázků.

1. Kočka jde _____ domu. 2. Pes jde _____ dům. 3. Pták letí _____ dům. 4. Pes jde ___ domu.

5. Pes jde _____ strom. 6. Kočka jde _____ strom. 7. Pták letí _____ strom. 8. Kočka jde _____ dům a strom.

b) Procvičujte, jak vyjadřujeme směr. Doplňte prepozice *do, na, k/ke, nad, pod, před, za* nebo *mezi*. Hledejte víc možností.

Například: Jedu _____ Brna. – Jedu do Brna.

1. Jdu _____ výstavu.
2. Jdete taky _____ kina?
3. Jděte _____ kostel a tam uvidíte park.
4. Šel tamhle _____ školu a ten panelák.
5. Zítra musím jít _____ doktorce.
6. Ten balon letí _____ náš dům.
7. Půjdu _____ dům a počkám tam.
8. Pes šel _____ strom, kde není tak teplo.

> *Ve cvičeních c) a d) pracujte s tabulkou deklinace.*
> *> Příloha ČE3, strana 96*

c) Procvičujte prepozici *do* s genitivem.

Například: Pojedu do _____ (Brno). – Pojedu do Brna.

1. Odpoledne půjdu do _____ (park).
2. Musím jít do _____ (supermarket).
3. Jdeme do _____ (kavárna).
4. Zítra nejdu do _____ (škola).
5. V sobotu pojedu do _____ (Polsko).
6. Chci jít do _____ (divadlo).
7. Jela jsem do _____ (nemocnice).
8. Nechceš jít do _____ (restaurace)?

> *Může vám pomoct modelová věta z ČE2 pro genitiv sg.*
> Jdu do **supermarketu,** do **školy,** do **restaurace** a do **kina.**

d) Procvičujte prepozice *na, nad, pod, před, za* a *mezi* s akuzativem.

Například: Jdeme pod _____ (hrad). – Jdeme pod hrad.

1. Půjdeme pod _____ (most), protože prší.
2. Šel tamhle mezi _____ (úřad) a _____ (hospoda).
3. Teď musím jít na _____ (pošta).
4. Letadlo letí za _____ (město), protože tam je letiště.
5. Jděte za _____ (vesnice) a tam je rybník.
6. Můžete jet před _____ (nemocnice), je tam parkoviště.

17. Ke komu půjdete nebo pojedete na návštěvu? Procvičujte prepozici *k/ke* s dativem.

> *Může vám pomoct modelová věta z Přílohy ČE2 pro dativ sg.:*
> Jdu k **doktorovi** nebo **doktorce**.

Například: Jdu k _____ (doktor). – Jdu k doktorovi.

1. Půjdu ke _____ (kamarád).
2. Jdu teď k _____ (bratr).
3. Pojedu k _____ (dědeček).
4. Chci jít ke _____ (kamarádka).
5. Půjdu k _____ (učitelka).
6. Pojedu k _____ (babička).

18. Chcete navštívit Technické muzeum nebo Koněpruské jeskyně. Podívejte se na jejich internetové stránky a odpovězte na otázky.

1. Kde můžete navštívit Technické muzeum Tatra?
2. Co tam můžete vidět?
3. Kde jsou Koněpruské jeskyně?
4. Jak se tam dostanete z Prahy?
5. Kde je zavřeno v pondělí?
6. Kam nemůžete jít v lednu?
7. Kde je otevřeno celý rok?
8. Jaké vstupné platí v muzeu a v jeskyních dospělí?
9. Kolik tam platí děti, které ještě nechodí do školy?
10. Mají důchodci a studenti nějakou slevu? Kolik kde platí?
11. Kolik stojí prohlídka v muzeu s průvodcem v angličtině?
12. Můžete v jeskyních zdarma fotografovat?

19. Najděte na plakátech, jak píšeme tyto výrazy.

Například: pět kilometrů – **5 km**

1. třicet kilometrů _____
2. dva pracovní dny _____
3. pondělí až pátek _____
4. čtyřicet korun _____
5. lidé, kterým je šedesát pět let a víc _____

Regionální muzeum v Kopřivnici, o.p.s.
TECHNICKÉ MUZEUM TATRA

Nejuceleněji sbírka automobilů TATRA.

Na šedesát osobních a nákladních automobilů ze všech etap výroby doplňují podvozky, motory, modely, designérské návrhy, trofeje ze sportovních klání, dobové fotografie a různé rarity.

Otevřeno od úterý do neděle včetně státních svátků.
PONDĚLÍ JE ZAVÍRACÍ DEN!

PROVOZNÍ DOBA	květen–září: 9.00–17.00 · říjen–duben: 9.00–16.00	
CENÍK VSTUPNÉHO	Dospělí/osoba	110 Kč
	Dospělí (skupina nad 40 osob)	85 Kč
	Důchodci	70 Kč
	Děti do 15 let	70 Kč
	Studenti (průkazy ISIC, ITIC, ISTC, EURO 26)	70 Kč
	Děti ZŠ	40 Kč
	Děti do 6 let	zdarma
	Průvodce CZ rezervace min. 2 prac. dny předem	650 Kč
	Průvodce AJ, NJ rezervace min. 2 prac. dny předem	850 Kč
KONTAKT	Záhumenní 367/1, 742 21 Kopřivnice · Tel: 556 808 421 · recepce@tatramuseum.cz	

KONĚPRUSKÉ JESKYNĚ – ČESKÝ KRAS

Autem, vlakem nebo autobusem
jen cca 30 km jihozápadně od Prahy, 5 km od Berouna.

OTEVÍRACÍ DOBA

duben, květen, červen	8.00–16.00
červenec, srpen	8.00–17.00
září	8.00–16.00
říjen	8.30–15.00
listopad (po–pá)	9.00, 11.00, 13.00
prosinec–březen	zavřeno

VSTUPNÉ

Plné vstupné	130 Kč
Senioři 65+	90 Kč
Zlevněné vstupné*	60 Kč
Děti do 6 let	vstup zdarma

*děti 6 – 15 let, držitelé průkazů ZTP, ZTPP, studenti do 26 let po předložení studentského průkazu

Příplatky:
Fotoaparát 40 Kč
Videokamera 40 Kč

Provozovatel
Správa jeskyní ČR (Vedoucí: Alexandr Komaško)
Adresa: Koněpruské jeskyně 13, 266 01 Beroun
Telefon: 311 622 405, e-mail: koneprusy@caves.cz

1. Doplňte adjektivum s opačným významem.

1. mladá žena – _____
2. hezký muž – _____
3. hubená kočka – _____
4. krásný pes – _____
5. kudrnaté vlasy – _____

6. vysoký muž – _____
7. velký dům – _____
8. krátké vlasy – _____
9. světlé vlasy – _____
10. světlé pivo – _____

2. Co se neříká? Škrtněte nevhodné adjektivum.

1. muž je: hezký – ošklivý – hubený – silný – krátký – malý – štíhlý – krásný – vysoký – tlustý
2. žena je: malá – hubená – silná – štíhlá – stará – hezká – ošklivá – rovná – veselá – smutná
3. vlasy jsou: dlouhé – ošklivé – hezké – krátké – vysoké – černé – světlé
4. oči jsou: velké – hezké – zelené – černé – modré – krátké – malé
5. uši jsou: dlouhé – velké – vysoké – hezké – malé

3. Kdo je kdo? Doplňte jména.

1. Milan je štíhlý a má menší postavu. Má vousy a brýle.
2. Karel je starší pán. Je vysoký a silnější. Má bílé vlasy.
3. Carmen není ani stará, ani mladá. Má světlé kudrnaté vlasy a trochu silnější postavu.
4. Ivoš má pleš, knír a tetování.
5. Kateřina je hubená a vysoká, má hodně krátké vlasy a krásné velké oči.

1. _____ 2. _____ 3. _____ 4. _____ 5. _____

4. Spojte.

1. má černé vlasy
2. má modré oči
3. má světlé vlasy
4. má blond vlasy
5. má černé oči
6. má tetování

A. je černooký
B. je černovlasý
C. je tetovaný/potetovaný
D. je blonďatý
E. je modrooký
F. je světlovlasý

5. Kdo na fotografiích ve cvičení 3 je černovlasý, blonďatý a potetovaný?

6. Doplňte slova do textu.

▲ 48 let ▲ oči ▲ hnědé ▲ rovné ▲ manžel ▲ vousy ▲ vysoký ▲ malá ▲ vlasy ▲ 45 let ▲ postavu

Jmenuju se Eva Jodasová. Je mi _____ Jsem dost _____ a hubená. Mám světlé kudrnaté _____ _____ a modré _____. Někdy nosím brýle. Myslím, že mám docela hezkou _____, protože hodně sportuju, plavu a lyžuju. Můj manžel je starší než já, je mu _____. Je _____ a trochu silnější. Má tmavé _____ vlasy a velké _____ oči. Má brýle a _____. A náš syn je celý _____! Má taky tmavé vlasy, hnědé oči a taky má vousy a brýle.

7. Jak Eva vypadá? Co o ní víte? Označte, co je/není pravda.

1. Má rovné vlasy.   ANO / NE
2. Není vysoká.   ANO / NE
3. Nikdy nenosí brýle.   ANO / NE
4. Má modré oči.   ANO / NE

5. Její manžel je starší než ona. ANO / NE
6. Její manžel je malý.   ANO / NE
7. Její syn nemá vousy.   ANO / NE
8. Její syn nosí brýle.   ANO / NE

8. Napište svůj popis. Pak ho někdo čte nahlas a ostatní hádají, kdo je to.

9. Jaké oblečení to je?

1. UNBDA – _____

2. TRVES – _____

3. LÁAŠ – _____

4. KINIMA – _____

5. AKOS – _____

6. TRAVAKA – _____

7. ŠIKOLE – _____

8. UKNĚS – _____

9. POŽKANO – _____

10. BAKÁT – _____

10. Určete rod výrazů ve cvičení 9.

11. Napište, jaké oblečení mají tito lidé na sobě. Používejte akuzativ.

1. Žena na fotografii 1 má na sobě _____

2. _____

3. _____

4. _____

5. _____

6. _____

12. Co často říkáme o oblečení? <u>Označte</u> správnou formu.

Například: Koupil jsem si *modrá kravata/<u>modrou kravatu</u>*.

1. To je *krásná bílá košile/krásnou bílou košili*.

2. Líbí se mi *ta žlutá mikina/tu žlutou mikinu*.

3. Hledám *černá ponožka/černou ponožku*.

4. Často nosím *červená bunda/červenou bundu*.

5. Jak se ti líbí *ta zelená kravata/tu zelenou kravatu*?

6. Dneska mám na sobě *bílá košile/bílou košili*.

7. Chceš si koupit *ta fialová šála/tu fialovou šálu*?

8. Vůbec se mi nelíbí *ta růžová sukně/tu růžovou sukni*.

13. Doplňte názvy oblečení ve správné gramatické formě.

1. Líbí se mi ty modré _____
2. Často nosím červený _____
3. Nikdy nenosím tu oranžovou _____
4. Nelíbí se mi ten růžový _____
5. Mám na sobě hezkou _____
6. Vidíš to elegantní šedé _____?
7. Koupil jsem si krásnou hnědou _____
8. Mám kvalitní nový _____
9. Často nosím starou bílou _____
10. Líbí se ti ty fialové _____?

Pracujte s tabulkou deklinace.
> Příloha ČE3, strany 96 a 97

14. Představte si, že jste v obchodním centru a nakupujete oblečení. Co tam vidíte? Doplňte k substantivům formy plurálu (koncovky -y, -e/-ě a -a).

Vidíme tam...

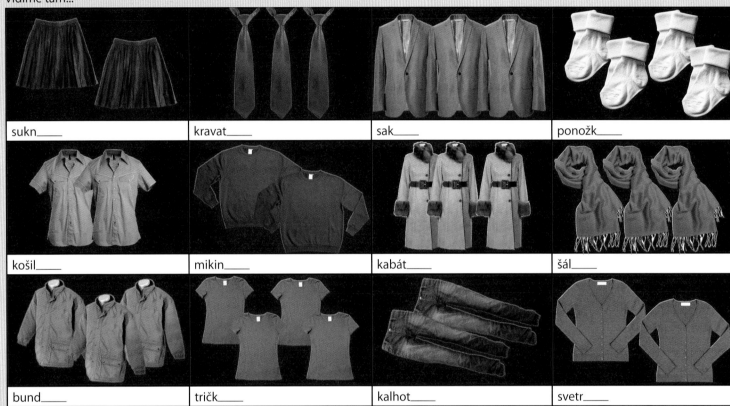

sukn____	kravat____	sak____	ponožk____
košil____	mikin____	kabát____	šál____
bund____	trič k____	kalhot____	svetr____

15. Představte si, že jste hodně ztloustli nebo zhubli. Musíte si koupit nové oblečení. Co jste si koupili? Doplňte k substantivům a adjektivům koncovky akuzativu plurálu.

Koupil/a jsem si...

1. tři kvalitn____ nov____ šál____
2. dvě kvalitn____ nov____ sak____
3. dvě kvalitn____ nov____ košil____
4. čtyři kvalitn____ nov____ trič k____
5. dva kvalitn____ nov____ svetr____

6. tři kvalitn____ nov____ kravat____
7. dva kvalitn____ nov____ kabát____
8. dvě kvalitn____ nov____ bund____
9. tři kvalitn____ nov____ sukn____
10. čtyři kvalitn____ nov____ mikin____

POZOR:
dva *(maskulinum)*
dvě *(femininum)*
dvě *(neutrum)*

16. Jaké oblečení se vám líbí nebo nelíbí? Doplňte koncovky plurálu. Líbí/nelíbí se mi...

1. oranžov____ kabát____
2. modern____ bot____
3. krátk____ sukn____
4. star____ džín____
5. šed____ kabát____
6. fialov____ mikin____
7. žlut____ šál____

8. zelen____ bund____
9. růžov____ kravat____
10. bíl____ ponožk____
11. červen____ košile
12. čern____ sukně
13. modr____ trič k____
14. oranžov____ sak____

17. Představte si, že jste si nově zařídili byt. Co jste si koupili? Doplňte koncovky -y, -e/-ě a -a.

Například: Koupili jsme tři modrá křesl____. Koupili jsme tři modrá křesla.

Koupili jsme:

dva velké stol____,

čtyři bílé židl____,

dva šedé gauč____,

tři moderní lamp____,

čtyři elegantní zrcadl____,

tři tmavé koberc____,

dva zajímavé obraz____,

tři hezké květin____,

dvě hnědé skříň____,

dvě světlé knihovn____,

tři nové televiz____,

čtyři krásné fotografi____,

dvě malé ledničk____

18. Představte si, že tyto věci máte dvakrát. Doplňte *dva* nebo *dvě* a akuzativ pl.

Například: Mám _____ (byt). – Mám dva byty.

1. Mám _____ (dům).
2. Mám _____ (auto).
3. Mám _____ (zahrada).
4. Mám _____ (počítač).
5. Mám _____ (ložnice).
6. Mám _____ (stůl).
7. Mám _____ (kolo).
8. Mám _____ (mobil).
9. Mám _____ (terasa).
10. Mám _____ (koupelna).
11. Mám _____ (kancelář).
12. Mám _____ (garáž).

POZOR:

Číslovka dvě:

dva stoly (*maskulinum*)

dvě lampy (*femininum*)

dvě křesla (*neutrum*)

19. Eva Remešová je nemocná a nemůže jít na nákup. Diktuje manželovi, co potřebuje koupit. Co říká? Doplňte podle modelu.

Nákup:

mléko (2x)   dvě mléka

majonéza (2x)   _____

tvaroh (2x)   _____

červená cibule (3x) _____

okurka (3x)   _____

salát (2x)   _____

banán (4x)   _____

pomeranč (4x)   _____

citron (3x)   _____

čokoláda (3x)   _____

pivo (4x)   _____

minerálka (3x)   _____

pomerančový džus (2x) _____

bílé víno (2x)   _____

20. *Mít na sobě* nebo *nosit*? Označte správný výraz.

Například: Často *mám na sobě/nosím* džíny, ale dneska *mám na sobě/nosím* černou sukni.

1. Velmi často *mám na sobě/nosím* košili a sako.
2. Právě teď *mám na sobě/nosím* tričko a sukni.
3. *Mám na sobě/nosím* kabát a šálu, protože chci jít na procházku.
4. Nikdy *nemám na sobě/nenosím* fialovou barvu.
5. Včera jsem *měla na sobě/nosila* zelenou bundu.
6. Když jsem byl malý, často jsem *měl na sobě/nosil* mikinu.
7. Ten růžový svetr se mi nelíbí. Nikdy ho nebudu *mít na sobě/nosit*.
8. Sejdeme se v divadle. Já budu *mít na sobě/nosit* šedé sako.

21. Adam a Soňa jsou v obchodě a nakupují oblečení. Doplňte věty do dialogu.

▲ Tak co myslíš, jaká je lepší?   ▲ Hm, máš pravdu. Mám si vzít tu zelenou?

▲ No dobře, tak já si ji zkusím. Na léto nemusí být špatná.

▲ Ale víš, že zelená barva se mi moc nelíbí.

Soňa: Tahle zelená košile je hezká. A mají tvoji velikost, emko.
Adam: _____
Soňa: Já myslím, že zelená ti docela sluší. A potřebuješ nějakou
          barevnou košili, pořád nosíš jenom bílé.
Adam: _____
Soňa: Tady je ještě jedna modrá. Zkus si ji taky a uvidíme.
Adam: _____
Soňa: Sluší ti obě, ale myslím, že ta modrá je ti trochu malá.
Adam: _____
Soňa: Určitě. Vypadá skvěle, a navíc je tam sleva 30 %.

22. Běla a Daniela jsou v obchodě. Napište jejich dialog. Používejte tyto výrazy.

Líbí se mi...	Sluší mi to?	Je mi to velké/malé.	Je ti to velké/malé.
Zkus si to!	A co třeba...?	Sluší ti to.	Mám si vzít... nebo...?

Běla   Daniela

23. Zuzana si koupila nové šaty, ale Roman myslí, že jsou moc drahé. Napište jejich dialog.

Zuzana   Roman

24. Zopakujte si, o čem si Milena a Simona povídají. Spojte.

1. Milena zhubla,
2. Milena vypadá
3. Milena by mohla vypadat
4. Milena by měla nosit
5. Mileně nesluší
6. Simona objedná Milenu
7. Simona s Milenou půjdou nakupovat

A. k holiči a na kosmetiku.
B. modernější oblečení a hezčí barvy.
C. protože měla moc práce a neměla čas na jídlo.
D. nějaké nové oblečení a boty.
E. hnědá a šedá barva.
F. mladší.
G. nějaká unavená.

25. Procvičujte komparaci adjektiv. Spojte.

Například: světlý – světlejší – nejsvětlejší

světlý levný tmavý ošklivý zajímavý hezký moderní drahý dobrý špatný	zajímavější lepší světlejší modernější horší tmavší levnější hezčí ošklivější dražší	nejdražší nejtmavší nejhezčí nejošklivější nejsvětlejší nejlepší nejlevnější nejdražší nejzajímavější nejhorší nejmodernější

26. Doplňte komparativ.

Například: Moje sestra má _____ (tmavý) vlasy než já. – Moje sestra má tmavší vlasy než já.

1. Moje kamarádka nosí _____ (výrazný) make-up než já.
2. Můj bratr nosí _____ (moderní) oblečení než můj tatínek.
3. Mamince sluší _____ (světlý) barvy.
4. Moje sestřenice má _____ (dobrý) postavu než já.
5. Manželka si kupuje _____ (drahý) oblečení než já.
6. Manželovi se líbí _____ (elegantní) barvy.
7. Švagrová si koupila _____ (hezký) boty než já.
8. Můj bratranec nosí ještě _____ (špatný) džíny než já.

> **PAMATUJTE SI:**
> Moje sestra má
> tmavší vlasy **než** já.

27. Kdo z vaší rodiny...? Vytvořte superlativ a odpovězte na otázky.

Například: Kdo z vaší rodiny je _____ (vysoký)?
Kdo z vaší rodiny je nejvyšší? – Moje mladší sestra.

1. Kdo z vaší rodiny je _____ (starý)? – _____
2. Kdo z vaší rodiny je _____ (mladý)? – _____
3. Kdo z vaší rodiny má _____ (hezký) oči? – _____
4. Kdo z vaší rodiny nosí _____ (drahý) oblečení? – _____
5. Kdo z vaší rodiny má _____ (dlouhý) vlasy? – _____

28. Co říkají o proměně Milena, její manžel Vojtěch a dcera Linda? Doplňte věty.

▲ opravdu nadšený   ▲ si zvykne   ▲ moc sluší   ▲ barví si vlasy   ▲ ty tmavší vlasy
▲ příjemně překvapená   ▲ ostříhat vlasy   ▲ vypadá   ▲ barevnější oblečení

1. Milena se proměny dost bála, ale nakonec byla _____.
2. Milena je ráda, že si nechala _____.
3. Milena neví, jestli _____ na nové oblečení.
4. Vojtěch je _____, i když Milenu po proměně skoro nepoznal.
5. Vojtěch myslí, že Mileně to _____.
6. Vojtěcha překvapilo _____, protože na to není zvyklý.
7. Linda myslí, že Milena _____ mladší a elegantnější.
8. Linda vůbec není zvyklá, že se Milena maluje a _____.
9. Lindě se moc nelíbí _____.

29. Porovnejte, jak Milena vypadá po proměně.

Milena má teď _____ (krátký) a _____ (tmavý) vlasy,
má _____ (výrazný) make-up, má _____ (hezký) a
_____ (moderní) oblečení. Milena vypadá _____ (mladý)
a _____ (elegantní) než dřív.

30. Podívejte se na fotografie. Porovnejte a napište, jak vypadali Mirek a Veronika, když byli malí.

Mirek

Veronika

Když byl Mirek malý, **byl menší než teď.**

_____
_____
_____

Když byla Veronika malá, _____

_____
_____
_____

31. Napište text o sobě. Porovnejte, jak jste vypadali, když jste byli malí.

Například: Když jsem byl/a malý/á, byl/a jsem tlustší než teď. Měl/a jsem světlejší vlasy...

32. Kamarádi říkají Mirkovi a Veronice ze cvičení 30, co by na sobě měli změnit. Napište, komu co radí.

▲ ~~zhubnout~~　▲ nosit elegantnější oblečení　▲ mít delší vlasy　▲ nosit výraznější barvy　▲ víc sportovat　▲ trochu ztloustnout
▲ jíst zdravější jídlo　▲ nosit míň make-upu

Kamarádi říkají Mirkovi:

Měl bys zhubnout.

_____
_____
_____

Kamarádi říkají Veronice:

Měla bys _____

_____
_____
_____

33. Doplňte zájmena v dativu.

1. Když _____ (já) bylo 10, byl jsem tlustý.
2. Zelená barva _____ (on) nesluší.
3. Ty kalhoty se _____ (my) moc líbí.
4. Sluší _____ (ona) světlejší barvy.

5. Líbí se _____ (vy) kudrnaté vlasy?
6. Jak jsi vypadala, když _____ (ty) bylo 15?
7. Sluší _____ (já) ta oranžová sukně?
8. Ten výrazný make-up se _____ (oni) nelíbí.

34. Doplňte zájmena v akuzativu.

1. Překvapilo _____ (já), že si sestra obarvila vlasy na blond.
2. Viděl _____ (my), když jsme nakupovali v centru.
3. Ta bunda je moc hezká. Zkusím si _____ (ona).
4. Když se nechal ostříhat, skoro jsem _____ (on) nepoznala.
5. Překvapilo _____ (ty), že si maminka koupila tak drahé boty?
6. Vy jste se ale změnila. Skoro jsem _____ (vy) nepoznal.
7. Tady je ještě modré tričko. Zkus si _____ (ono) taky.
8. Když jsem _____ (oni) uviděla, byl to šok.

35. Změňte slovosled podle modelu. Pozor na druhou logickou pozici ve větě!

Například: Líbí se mi červená barva. Moc se mi líbí červená barva.

1. Sluší ti to. – Moc _____
2. Líbí se jí ten kabát. – Strašně _____
3. Překvapily mě ty tmavé vlasy. – Moc _____
4. Nepoznal jsem ji. – Skoro _____
5. Sluší mu ty brýle. – Strašně _____
6. Překvapilo ho to drahé oblečení. – Velmi _____

36. Poznáte podle popisu v dialogu, kdo je to? Doplňte k fotografiím číslo dialogu. Pozor: k jednomu dialogu jsou dvě fotografie.

A. __ B. __ C. __ D. __ E. __ F. __

Dialog 1
Crrr... Prosím, Vasiljevová.
Dobrý den, paní docentko, tady Jaromír Mikulášek. Já jsem vám psal email o tom našem lingvistickém projektu.
Aha. Dobrý den, pane doktore!
Můžu vás někdy pozvat na oběd?
Ráda, děkuju.
A kdy se vám to hodí?
Zítra jsem celý den na konferenci, ale ve středu mám volno.
Dobře. Hodí se vám to třeba v jednu v kavárně Centrum?
Ano, budu čekat u vchodu. A poznáme se? Já mám střední postavu a kratší rovné vlasy.
A já jsem vysoký a mám brýle a pleš.

Dialog 2
Podívej, tady mám fotky ze svatby.
Jé, ty jsou hezké! A tady ti to moc sluší. A kdo je tohle?
To je přece Veronika!
Cože, tohle je Veronika? Ale ona přece měla rovné blonďaté vlasy a byla fakt tlustá!
No, tak teď je tmavovlasá a mnohem hubenější. Zhubla asi patnáct kilo.

Dialog 3
Víš, že jsem včera viděla v klubu Renátu s nějakým novým klukem?
Cože? Ona už nechodí s Michalem?
Počkej, s jakým Michalem?
No, s tím manažerem z finančního oddělení. Je takový vysoký a hodně hubený.
Ne, tak to nebyl on. Tenhle kluk byl spíš silnější a měl brýle. Neznáš ho?
Aha, tak to je asi Petr Jandák z ekonomického.

> **PAMATUJTE SI:**
> je **mnohem hubenější**
> je **spíš silnější**

Dialog 4
Babi, kdo je tady na té fotografii?
To je teta Klára a strejda Mirek. A tohle jsem já.
Jé, a kolik ti bylo?
To mi bylo dvanáct let.
Ty jsi byla taková malá a hubená!
No, byla jsem asi o deset centimetrů menší a o dvacet kilo štíhlejší než teď.
A taky jsi neměla šedé vlasy a brýle, viď.

Dialog 5
Paní doktorko, hledal vás tady nějaký pán.
A co chtěl?
To neříkal. Říkal jenom, že se zastaví ještě zítra.
A jak vypadal?
Vysoký, krátké tmavé vlasy.
Hm, a neměl na sobě takovou černou bundu?
Jo, měl.
Aha, tak to byl pan Slámečka. Přišel si pro potvrzení na řidičák.

1. Doplňte výrazy do textu. Pak zkontrolujte podle textu v učebnici.

▲ snědl ▲ do koupelny do vany ▲ poprvé ▲ do restaurace ▲ z koupelny ▲ hotová ▲ zašpiní ▲ pěkný trapas
▲ uklidila ▲ mastné ▲ nádobí

Minulý týden jsem zažil 1. _____! Moje sestra Iveta už skoro rok chodí se sympatickým klukem, jmenuje se Jakub. Minulý týden jsme pozvali jeho rodiče 2. _____ na návštěvu. Měli přijít v sobotu na oběd. Ráno začaly velké přípravy. Táta nakoupil jídlo a pití, sestra 3. _____ celý dům a máma uvařila knedlíky a upekla velkou husu. Když byla husa 4. _____, máma ji chtěla někam dát, ale v kuchyni nebylo místo. Tak ji dala 5. _____ a šla udělat zelí.

Mezitím Iveta vytřela podlahu na chodbě. Měla strach, že ji náš pes Baryk 6. _____, a tak dostala nápad. Zavřela Baryka do koupelny. Pak šla do kuchyně umýt 7. _____. Přišel tam taky táta. „Kams dala husu?" zeptal se. „Do koupelny," řekla máma. „Aha. A kde je Baryk?" „V koupelně," řekla sestra. Chvíli bylo ticho, pak všichni vykřikli a běželi do koupelny. Ve vaně tam seděl mastný Baryk a vypadal moc spokojeně. Skoro celou husu 8. _____!

„Ven, ty mizero!" zařval táta. Baryk vyletěl 9. _____ a my všichni za ním. Chtěli jsme ho vyhodit ven, ale jak jsme ho honili po domě, bylo za chvíli 10. _____ všechno. Naštěstí jsme stihli trochu uklidit a všechno dobře dopadlo. Naši hosté se ale asi trochu divili, že u nás voní husa a my jdeme na oběd 11. _____!

2. Spojte výrazy. Pak napište věty s těmito výrazy v minulém čase.

1. zažít — A. s klukem/holkou   *Zažil/a jsem trapas.*
2. chodit   B. podlahu
3. pozvat   C. spokojeně
4. upéct   D. trapas
5. vytřít   E. rodiče na návštěvu
6. mít   F. strach
7. dostat   G. uklidit
8. vypadat   H. psa ven
9. vyhodit   I. husu
10. stihnout   J. nápad

3. Přepište podle modelu formy sloves, které můžete slyšet v mluveném jazyce.

Například: Kams dala husu. – Kam jsi dala husu?

1. Cos dělal včera? – _____?
2. Uklidilas? – _____?
3. Snědlas ten guláš? – _____?
4. Vytřels podlahu? – _____?
5. Kdes byl na obědě? – _____?
6. Cos upekla? – _____?
7. Nakoupils dneska? – _____?
8. Cos uvařil k večeři? – _____?

4. Napište slovesa z tabulky v tomto pořadí: imperfektivní/perfektivní.

dělat nakupovat uvařit jíst vytřít uklízet vařit vytírat péct
udělat uklidit nakoupit sníst upéct

1. *dělat/udělat*
2. _____ / _____
3. _____ / _____
4. _____ / _____
5. _____ / _____
6. _____ / _____

5. Spojte infinitiv a nepravidelné formy minulého času (-l formy).

jíst sníst vytřít péct upéct	pekl snědl upekl jedl vytřel

6. Co jste včera dělali/udělali? Doplňte vhodná imperfektivní a perfektivní slovesa. Napište ke každému výrazu 2 věty v minulém čase podle modelu.

Například: zelí – Dělal/a jsem zelí. Udělal/a jsem zelí.

1. knedlíky – _____
2. jídlo a pití – _____
3. pokoj– _____
4. podlahu – _____
5. dort – _____
6. husu – _____

7. Je to proces (P) nebo rezultát (R)? Kdo má hotovo a může odpočívat?

Například: Marie dělala salát. (P) Alena udělala salát. (R) – Alena už má hotovo a může odpočívat.

1. Lukáš nakupoval jídlo. ____ Jan nakoupil jídlo. ____ – _____
2. Šimon uklidil pokoj. ____ Ivo uklízel pokoj. ____ – _____
3. Zuzana vytírala podlahu. ____ Soňa vytřela podlahu. ____ – _____
4. Aleš uvařil čaj. ____ Stanislav vařil čaj. ____ – _____
5. Lenka pekla koláč. ____ Jiřina upekla koláč. ____ – _____
6. Dan snědl polévku. ____ Filip jedl polévku. ____ – _____

8. Napište, co ti lidé včera dělali (proces) nebo udělali (rezultát).

David uklízel pokoj.   *David uklidil pokoj.*   Irena_____   Irena_____

Radka _____   Radka _____   Libor _____   Libor _____

Petr_____   Petr_____   Alice _____   Alice _____

9. Kdy jste naposled...? Ptejte se a reagujte.

Například: Kdy jsi naposled uklidil/a celý byt? – V sobotu./Minulý týden./Minulý měsíc.

... uklidil/a celý byt nebo dům   ... nakoupil/a jídlo a pití   ... uvařil/a oběd
... vytřel/a podlahu   ... snědl/a jídlo, které vám nechutnalo   ... udělal/a doma večeři
... upekl/a dort nebo koláč   ... pozval/a někoho na návštěvu   ... dostal/a nějaký dárek

10. Procvičujte perfektivní slovesa.
Spojte infinitiv a já-formu budoucího času.

1. uklidit	A. vyluxuju
2. vyprat	B. utřu
3. opravit	C. vytřu
4. vyluxovat	D. uklidím
5. napsat	E. umyju
6. utřít	F. nakoupím
7. uvařit	G. upeču
8. vytřít	H. vyžehlím
9. udělat	I. zaliju
10. nakoupit	J. vyperu
11. upéct	K. opravím
12. vyžehlit	L. uvařím
13. zalít	M. napíšu
14. umýt	N. udělám

11. Doplňte perfektivní slovesa ze cvičení 10 k imperfektivním. Pak tvořte věty.

1. dělat/**udělat**
2. mýt/_____
3. péct/_____
4. vařit/_____
5. luxovat/_____
6. žehlit/_____
7. prát/_____
8. psát/_____
9. nakupovat/_____
10. opravovat/_____
11. vytírat/_____
12. utírat/_____
13. uklízet/_____
14. zalévat/_____

12. Označte slovesa v levém sloupci v tabulce zkratkami *impf.* (= imperfektivní) a *pf.* (= perfektivní). Pak procvičujte jejich konjugaci podle modelu. Pozor: pf. slovesa nemají přítomný čas!

infinitiv	minulý čas	přítomný čas	budoucí čas
dělat *impf.*	dělal/a jsem	dělám	budu dělat
udělat *pf.*	udělal/a jsem	- - -	udělám
vařit			
uvařit		- - -	
psát*			
napsat*		- - -	
nakupovat			
nakoupit		- - -	
mýt*			
umýt*		- - -	
prát*			
vyprat*		- - -	
péct*			
upéct*		- - -	
utírat			
utřít*		- - -	

13. Co všechno můžete dělat/udělat? Doplňte vhodný výraz. Hledejte víc možností.

Například: mýt/umýt okna, nádobí, auto...

mýt/umýt _____
luxovat/vyluxovat _____
uklízet/uklidit _____
péct/upéct _____
prát/vyprat _____
kupovat/koupit _____
vařit/uvařit _____
opravovat/opravit _____
zalévat/zalít _____
psát/napsat _____
vytírat/vytřít _____
žehlit/vyžehlit _____
utírat/utřít _____

... nádobí	... oblečení
... dort	... oběd
... prádlo	... email
... jídlo	... koberec
... večeři	... lampu
... maso	... květiny
... okna	... auto
... vánoční přání	... prach
... knedlíky	... byt
... košile	... zahradu
... rádio	... dopis
... podlahu	... pizzu

POZOR:
Budoucí čas perfektivních sloves:
~~Budu udělat~~ oběd.
Udělám oběd.

14. Napište 5 vět podle modelu. Používejte výrazy ze cvičení 13.

Například: Manželka často myje okna. Zítra umyju okna já.

15. Představte si, že zítra chcete udělat velký úklid a něco upéct. Co uděláte? Doplňte perfektivní slovesa v budoucím čase (já-formy).

1. *vyperu prádlo*

2.

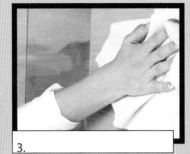

3.

4.

5.

6.

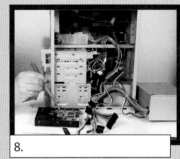

7.

8.

9.

10.

11.

12.

16. Změňte věty podle modelu. <u>Označte</u> větu, která znamená, že aktivitu dokončíte.

Například: luxovat/vyluxovat: Odpoledne budu luxovat koberec. <u>Odpoledne vyluxuju koberec.</u>

1. uklízet/uklidit: Zítra budu uklízet dům. _____

2. opravovat/opravit: V sobotu budu opravovat staré křeslo. _____

3. mýt/umýt okna: Dopoledne budu mýt okna. _____

4. zalévat/zalít: Večer budu zalévat zahradu. _____

5. psát/napsat: Dneska budu psát vánoční přání. _____

6. platit/zaplatit: Příští týden budu platit nájem za byt. _____

17. Je sobota ráno. Simona a Vojtěch Marešovi plánují předvánoční úklid. Seřaďte, co plánuje Simona.

___ Až vyluxujeme, budeme prát prádlo.

___ Až umyjeme okna, budeme utírat prach.

___ Až vypereme, budeme uklízet byt.

1. Nejdřív budeme mýt okna, říká Simona.

___ Až utřeme prach, budeme luxovat.

___ A až uklidíme byt, tak půjdeme do restaurace na večeři.

> **POZOR:**
> **Až** + *budoucí čas*
> **Až umyjeme okna**, ...

18. Vypište z textu formy budoucího času.

imperfektivní slovesa	perfektivní slovesa
budeme mýt	umyjeme

19. Vojtěch a Simona už udělali předvánoční úklid. Podle textu ve cvičení 17 napište, co dělali.

Nejdřív myli okna.
Když umyli okna, _____
Když _____ , _____
Když _____ , _____
Když _____ , _____
A když _____ , nešli do restaurace na večeři. Byli unavení a šli spát.

20. Na fotografii je Nora Kludská. Je sobota a Nora obědvá. Napište, co dělala nebo udělala předtím.

▲ péct/upéct pizzu   ▲ ~~nakupovat/nakoupit ingredience na pizzu~~   ▲ dělat/udělat těsto na pizzu
▲ připravovat/připravit zeleninu na pizzu

Nejdřív nakupovala ingredience na pizzu.
Když nakoupila, _____
Když _____ , _____
Když _____ , _____
Když _____ , snědla ji.

21. Představte si, co Nora bude dělat nebo udělá, až sní pizzu.

▲ uklízet/uklidit kuchyň   ▲ utírat/utřít nádobí   ▲ pít/vypít víno   ▲ mýt/umýt nádobí

Až sní pizzu, bude pít víno.
Až _____ , _____
Až _____ , _____
Až _____ , _____
Až _____ , půjde na procházku se psem.

22. Jaké domácí práce děláte *často, obvykle, někdy* a *málokdy*? Co doma nikdy neděláte? Používejte imperfektivní slovesa. Napište 6 vět.

Například: Často myju nádobí. Nikdy nežehlím.

_____
_____
_____
_____
_____

23. Co si často říkáte? Co si nikdy neříkáte? Označte ✓ nebo ×.

☐ 1. Měl/a bych uvařit oběd.   ☐ 3. Měl/a bych nakoupit.   ☐ 5. Měl/a bych zalít květiny.
☐ 2. Měl/a bych umýt nádobí.   ☐ 4. Měl/a bych vyprat prádlo.   ☐ 6. Měl/a bych utřít prach.

24. Co často říkáte manželovi/manželce, příteli/přítelkyni, synovi/dceři, uklízeči/uklízečce...? Napište 6 vět.

Například: Často říkám manželovi: Měl bys opravit lampu.

_____
_____
_____
_____
_____

25. Změňte věty podle modelu. Pozor na druhou pozici!

Například: Měl bys opravit lampu. – Zítra bys měl opravit lampu.

1. Měl/a bys udělat večeři. – Za chvíli _____
2. Měl/a bys umýt nádobí. – Večer _____
3. Měl/a bys vyprat prádlo. – Zítra _____
4. Měl/a bys nakoupit. – O víkendu _____
5. Měl/a bys utřít prach. – Odpoledne _____
6. Měl/a bys zalít květiny. – V pondělí _____

26. S kým mluví lidé v následujících dialozích? Doplňte a pak spojte dialog s fotografií.

▲ se zdravotní sestrou ▲ s malířem ▲ s úřednicí ▲ s instalatérem ▲ s veterinářkou

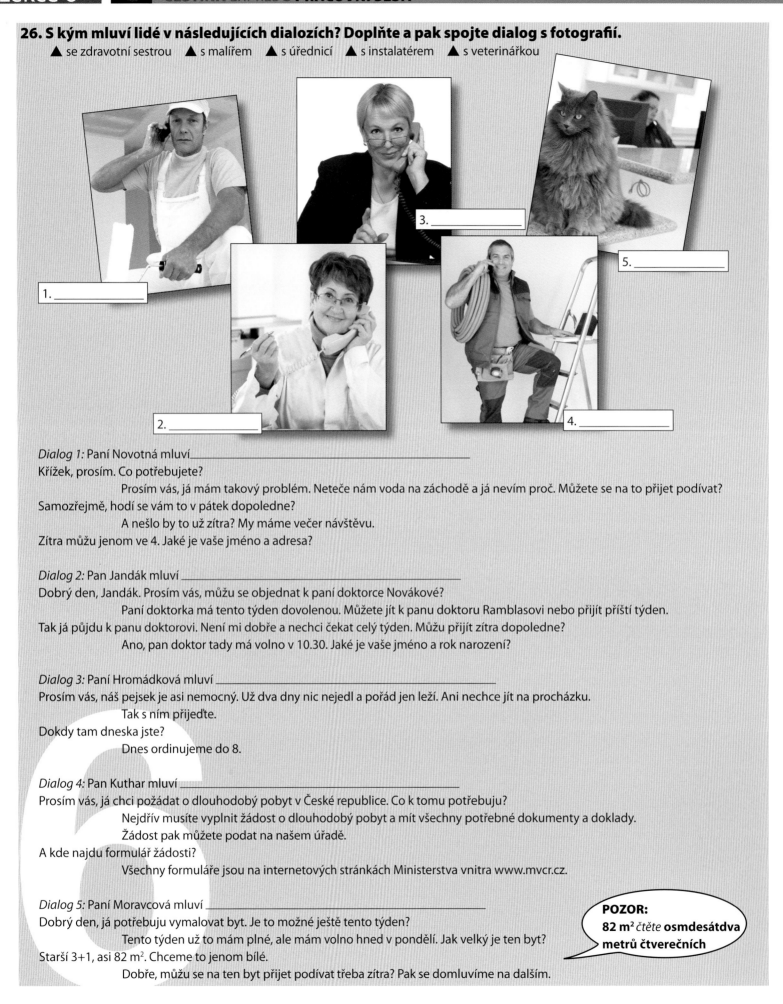

1. _____

2. _____

3. _____

4. _____

5. _____

Dialog 1: Paní Novotná mluví _____

Křížek, prosím. Co potřebujete?

       Prosím vás, já mám takový problém. Neteče nám voda na záchodě a já nevím proč. Můžete se na to přijet podívat?

Samozřejmě, hodí se vám to v pátek dopoledne?

       A nešlo by to už zítra? My máme večer návštěvu.

Zítra můžu jenom ve 4. Jaké je vaše jméno a adresa?

Dialog 2: Pan Jandák mluví _____

Dobrý den, Jandák. Prosím vás, můžu se objednat k paní doktorce Novákové?

       Paní doktorka má tento týden dovolenou. Můžete jít k panu doktoru Ramblasovi nebo přijít příští týden.

Tak já půjdu k panu doktorovi. Není mi dobře a nechci čekat celý týden. Můžu přijít zítra dopoledne?

       Ano, pan doktor tady má volno v 10.30. Jaké je vaše jméno a rok narození?

Dialog 3: Paní Hromádková mluví _____

Prosím vás, náš pejsek je asi nemocný. Už dva dny nic nejedl a pořád jen leží. Ani nechce jít na procházku.

       Tak s ním přijeďte.

Dokdy tam dneska jste?

       Dnes ordinujeme do 8.

Dialog 4: Pan Kuthar mluví _____

Prosím vás, já chci požádat o dlouhodobý pobyt v České republice. Co k tomu potřebuju?

       Nejdřív musíte vyplnit žádost o dlouhodobý pobyt a mít všechny potřebné dokumenty a doklady.

       Žádost pak můžete podat na našem úřadě.

A kde najdu formulář žádosti?

       Všechny formuláře jsou na internetových stránkách Ministerstva vnitra www.mvcr.cz.

Dialog 5: Paní Moravcová mluví _____

Dobrý den, já potřebuju vymalovat byt. Je to možné ještě tento týden?

       Tento týden už to mám plné, ale mám volno hned v pondělí. Jak velký je ten byt?

Starší 3+1, asi 82 m². Chceme to jenom bílé.

       Dobře, můžu se na ten byt přijet podívat třeba zítra? Pak se domluvíme na dalším.

> **POZOR:**
> 82 m² čtěte **osmdesátdva metrů čtverečních**

27. Kdo co dělá? Doplňte profesi.

▲ instalatér ▲ elektrikář ▲ prodavač ▲ pošťačka (= poštovní doručovatelka) ▲ zedník
▲ zdravotní sestra ▲ truhlář ▲ hasič ▲ uklízeč ▲ úřednice

1. _____ opravuje elektřinu
2. _____ nosí dopisy
3. _____ prodává v obchodě
4. _____ uklízí byty a domy
5. _____ hasí požáry
6. _____ se stará o pacienty v nemocnici
7. _____ pracuje na úřadě
8. _____ opravuje problémy s vodou
9. _____ vyrábí nábytek
10. _____ staví domy

28. Podle životopisu Ivy Randákové označte, co je/není pravda a věty opravte.

1. Iva teď pracuje na Městském úřadě ve Znojmě.   ANO / NE
2. Iva umí tři cizí jazyky.   ANO / NE
3. Iva se na základní škole učila jazyky víc než děti v jiné škole.   ANO / NE
4. Iva vystudovala vysokou školu.   ANO / NE
5. Iva v roce 2011 absolvovala školení v managementu.   ANO / NE
6. Iva pracovala tři roky v knihovně.   ANO / NE
7. Iva chodí ráda na výlety, hraje tenis a vaří.   ANO / NE

29. Podle modelu v učebnici na straně 50 napište vlastní životopis.

30. Představte si, že Iva Randáková je vaše kamarádka. Jde na pohovor do firmy Mafta. Poraďte jí, co by měla/neměla dělat.

Například: Měla bys.../Neměla bys...

1. jít brzo spát
2. předtím pít alkohol
3. být optimistická
4. přijít na pohovor pozdě
5. mít všechny doklady
6. mít na sobě minisukni

7. mluvit vulgárně
8. kouřit při pohovoru
9. mluvit špatně o šéfovi
10. informovat se o firmě
11. obléknout se elegantně
12. namalovat se

POZOR:
Měla ~~bys se~~ informovat o firmě.
Měla by ses informovat o firmě.

31. Iva je na pracovním pohovoru. Přečtěte si, na co se jí ptá zaměstnavatel. Pak spojte otázky a reakce.

1. Proč jste si vybrala naši firmu?
2. Proč chcete změnit práci?
3. Jakou máte kvalifikaci pro tuto práci?
4. Jakou máte praxi s plánováním projektů?
5. Jaký plat byste si představovala?
6. Máte nějaké otázky?

___ A. Minimálně 20 tisíc měsíčně.
___ B. Chtěla bych najít práci, kde můžu použít
    znalosti ze sociální oblasti a taky budu mít lepší plat.
___ C. Mám dokončené středoškolské vzdělání a teoretické i praktické zkušenosti s plánováním projektů.
___ D. Ano. Nabízí vaše firma nějaké benefity?
___ E. Vaše firma pro mě nabízí ideální práci, protože organizuje různé projekty v sociální oblasti.
___ F. V roce 2011 jsem absolvovala školení o plánování projektů v sociální oblasti na Ministerstvu práce a sociálních věcí v Praze.
    Od té doby pomáhám s plánováním a organizací projektů na úřadě.

32. Představte si, že jste na pohovoru v nějaké firmě. Jak odpovíte na otázky ze cvičení 31?

1. Analyzujte, kdo.

Například: mohl bys – ty

1. byl bych – _____
2. koupili byste – _____
3. chtěla by – _____
4. zavolali bychom – _____
5. uvařil by – _____
6. měla bys – _____
7. potřebovali by – _____
8. uklidili byste – _____
9. opravil bych – _____
10. podali by – _____
11. domluvili bychom se – _____
12. dal by sis – _____

2. Procvičujte formální oslovení. S kým mluvíte – s mužem (M), se ženou (Ž) nebo s více lidmi (L)?

1. Mohla byste mi pomoct? – _____
2. Chtěl byste jít do restaurace? – _____
3. Ukázali byste mi ty dokumenty? – _____
4. Podal byste mi pepř? – _____
5. Dali byste si něco sladkého? – _____
6. Měl byste mléko nebo smetanu? – _____
7. Domluvila byste mi schůzku? – _____
8. Potřebovali byste něco? – _____

3. Doplňte kondicionální formy *bych, bys, by...* na druhou logickou pozici ve větě.

Například: bys: Mohl   mi   pomoct? – Mohl bys mi pomoct?

1. byste: Podala   mi   ten   formulář?
2. bych: Uvařila   ti   čaj.
3. bychom: Zítra   mohli   jít   na   výlet.
4. by: Petr   nám   půjčil   auto   na   víkend.
5. bych: Rád   si   domluvil   schůzku.
6. by: Dneska   odpoledne   potřebovali   pracovat.
7. bys: To   byl   moc   hodný.
8. byste: Opravil   mi   rozbité   brýle?
9. by: Lenka   si   dala   smažený   sýr.
10. bych: Nikdy   si   nekoupil   tak   drahý   mobil.

4. Tvořte věty v kondicionálu.

1. (já – chtít) vám představit naše nové výrobky. _____
2. (ty – ukázat) mi fotky z dovolené? _____
3. (on – moct) ti pomoct. _____
4. (ona – půjčit) mi peníze. _____
5. (my – dát si) černé pivo. _____
6. (vy – zavolat) nám zítra? _____
7. (oni – potřebovat) větší byt. _____

5. Spojte reakce.

1. Nechtěla bys jít dneska do kina?
2. Mohl bys mi pomoct s tou prezentací?
3. Rád bych si domluvil schůzku s panem ředitelem.
4. Dala by sis koláč nebo nějakou sušenku?
5. Půjčila bych vám tu knihu, jestli chcete.
6. Koupil bys mi k obědu nějakou bagetu?

A. Ne, díky. Nejím sladké.
B. Hodilo by se vám to v úterý dopoledne?
C. Moc ráda. Kdy se sejdeme?
D. Jasně. A chceš sýrovou nebo se salámem?
E. Teď bohužel nemůžu, ale budu mít čas odpoledne.
F. To byste byla moc hodná.

6. Doplňte dialogy.

Dialog 1

Martin zve Ditu do restaurace.

Martin: _____ ?
Dita: Ráda. A kdy?
Martin: _____ ?
Dita: Ano, v 6 můžu. A kam půjdeme?
Martin: _____
Dita: Já dneska nemám chuť na pizzu. Dala bych si nějaké asijské jídlo.
Martin: _____
Dita: Dobře. A kde se sejdeme?
Martin: _____ ?
Dita: Tak jo, těším se.

Dialog 2

Pan Starý telefonuje řediteli firmy TOZI.

Sekretářka: Dobrý den, firma Tozi. Co pro vás můžu udělat?

Pan Starý: _____

Sekretářka: Pan ředitel tady teď není. Co byste potřeboval?

Pan Starý: _____

Sekretářka: Jak se jmenuje vaše firma a jaké výrobky nabízí?

Pan Starý: _____

Sekretářka: Tak to si musíte domluvit schůzku. Hodilo by se vám to ve středu odpoledne?

Pan Starý: _____

Sekretářka: Dobře, takže ve středu v 15.30.

Pan Starý: _____

7. Přečtěte si dialogy. Označte, kdo podle vás není moc zdvořilý. Diskutujte o tom, co by měl/a říct jinak.

1. John chce jet taxíkem z letiště.

Taxíkář: Kam to bude?

John: Václavské náměstí 18. A můžeš mi dát účet?

Taxíkář: Ano, můžu.

2. Tadeusz si u pokladny kupuje lístky do kina.

Tadeusz: Dvakrát na 19.30.

Pokladní: 280 korun.

Tadeusz: Co?

Pokladní: 280 korun.

Tadeusz: Aha. Můžu platit kartou?

3. Irina neví, jak se jde na nádraží. Ptá se nějaké paní na ulici na cestu.

Irina: Kde je nádraží?

Paní: Musíte jít rovně a pak doleva.

4. Fatima studuje českou literaturu. Mluví s profesorem na univerzitě.

Fatima: Dobrý den, můžu dál?

Profesor: Prosím, pojďte dál.

Fatima: Prosím vás, profesore, mohla bych k vám přijít na konzultaci?

Profesor: Ano, můžete přijít zítra. Mám konzultační hodiny od 10 do 12 hodin.

> **POZOR:**
> **od 10 do 12**
> *čtěte*
> **od deseti/desíti do dvanácti**

5. Jaroslav potřebuje žárovky do lampy.

Jaroslav: Dobrý den. Prosím vás, máte halogenové žárovky?

Prodavačka: Ne.

Jaroslav: A kdy budou?

Prodavačka: Nevím.

8. Co byste dělali, kdybyste měli víc času? Tvořte kondicionál (já-formu).

Například: sportovat – sportoval/a bych

1. cestovat – _____
2. chodit do fitness centra – _____
3. učit se češtinu každý den – _____
4. psát domácí úkoly – _____
5. jíst zdravě – _____
6. cvičit jógu – _____
7. koupit si psa – _____
8. nejezdit autem – _____

9. Hledejte výmluvy. Věty z předchozího cvičení použijte podle modelu.

Například: Sportoval/a bych, ale nemám čas.

10. Přečtěte si text na straně 56. Označte, co je/není pravda.

1. Honza by se chtěl vrátit o měsíc zpátky. ANO / NE
2. Honza napsal špatně test z matematiky. ANO / NE
3. Petra nikdy nebyla na koncertě Beatles. ANO / NE
4. Pavel měl jako dítě rád knihy o vesmíru. ANO / NE
5. Pavel si jako dítě myslel, že pravěk je dobrodružný. ANO / NE
6. Simona nemá chuť cestovat v čase. ANO / NE
7. Veronika by chtěla cestovat do budoucnosti. ANO / NE
8. Lukáš si vždycky moc dobře rozuměl s dědečkem. ANO / NE
9. Jana by chtěla jet na výlet na Karlštejn. ANO / NE
10. Jana má ráda dobu Karla IV. ANO / NE

11. Spojte výrazy.

1. vrátit se   A. názor
2. napsat líp   B. dědečka
3. slyšet hudbu   C. živě
4. číst knihy   D. o dva dny zpátky
5. změnit   E. test z matematiky
6. podívat se   F. o pravěku
7. navštívit   G. do budoucnosti

12. Máte stejný názor jako Honza, Petra a ostatní? Co byste dělali nebo nedělali vy, kdybyste mohli cestovat v čase?

Například: Kdybych mohl cestovat v čase, vrátil bych se o dva dny zpátky.
Kdybych mohl cestovat v čase, nevrátil bych se o dva dny zpátky.

Kdybych mohl/a cestovat v čase,...

1. jít na koncert Beatles – _____
2. podívat se do pravěku – _____
3. zůstat tam, kde jsem – _____
4. chtít se podívat do budoucnosti – _____
5. navštívit svého dědečka – _____
6. podniknout výlet do čtrnáctého století – _____

PAMATUJTE SI:
do 14. století
Řadové číslovky píšeme s tečkou za číslem.

13. Do kterého století byste se chtěli podívat? Napište století slovy.

Například: Podnikla bych výlet do 14. století. – Podnikla bych výlet do čtrnáctého století.

1. Podíval/a bych se do 16. století. _____
2. Cestoval/a bych do 12. století. _____
3. Vrátil/a bych se do 18. století. _____
4. Chtěl/a bych se podívat do 7. století. _____
5. Podnikla bych cestu do 23. století. _____
6. Nikdy bych necestoval/a do 15. století. _____
7. Vrátil/a bych se do 20. století. _____
8. Chtěl/ a bych cestovat do 10. století. _____

14. Co byste dělali, kdyby...? Tvořte „kdyby-věty".

Například: moct cestovat v čase – podívat se do budoucnosti: Kdybych mohl/a cestovat v čase, podíval/a bych se do budoucnosti.

1. mít dneska čas – jet na výlet: _____
2. nepracovat – nemít peníze: _____
3. jíst víc ovoce a zeleniny – být zdravější: _____
4. mít psa – muset chodit na procházky: _____
5. být nemocný/á – jít k doktorovi: _____
6. bydlet v Mexiku – učit se španělsky: _____
7. neumět vařit – chodit každý den do restaurace: _____
8. pozvat kamarády na návštěvu – uklidit byt: _____
9. mít chuť na něco sladkého – dát si čokoládový dort: _____
10. vyhrát milion dolarů – koupit si luxusní vilu: _____

15. Přečtěte si text o Ivetě a Romanovi. Podle podtržených informací napište, co by asi nedělali, kdyby vyhráli 100 milionů korun.

Iveta bydlí v malém 1+kk na sídlišti, ale její sen je žít na horách. Iveta vstává každý den už v 5.30. V 6 hodin jezdí autobusem do práce. Cesta jí trvá 50 minut. Od 7 do 4 odpoledne pracuje jako prodavačka v supermarketu. Práce Ivetu moc nebaví. Vadí jí, že to má daleko a že má dost malý plat. Iveta má proto ještě druhou práci jako švadlena – večer doma šije a opravuje oblečení. Je ráda, že si vydělá víc peněz, ale občas se cítí unavená.

Kdyby Iveta vyhrála 100 milionů korun, nebydlela by v malém 1+kk, _____

_____

_____

_____

_____

Roman bydlí na vesnici, ale vždycky se mu líbil život ve městě. Pracuje jako číšník v hospodě. Je v práci často až do půlnoci. Se svojí prací není spokojený, protože si myslí, že je stereotypní a nezajímavá. Roman by chtěl být raději kuchař a mít vlastní restauraci. Roman nemá rád domácí práce, ale žije sám, a tak minimálně jednou za týden chodí na nákup a uklízí. Když Roman o víkendu nebo večer nepracuje, je obvykle doma a dívá se na televizi. Rád by jel někdy do kina nebo do klubu, ale nemá auto.

Kdyby Roman vyhrál 100 milionů korun, nebydlel by na vesnici, _____

_____

_____

_____

_____

16. Iveta a Roman si představují, co by dělali, kdyby vyhráli 100 milionů korun.

• postavit si dům na horách
• nakupovat v módních obchodech
• chodit na masáže a kosmetiku
• dávat peníze na charitu
• koupit si motorku

• mít vlastní restauraci
• udělat party pro kamarády
• bydlet v New Yorku
• mít uklízečku
• koupit si porsche

Kdybych vyhrála 100 milionů korun, _____

_____

_____

_____

_____

Kdybych vyhrál 100 milionů korun, _____

_____

_____

_____

_____

17. Doplňte výrazy do textu.

▲ věřit lidem ▲ nejhorší ▲ zemřel ▲ vyhrál ▲ začal jsem ▲ zjistili ▲ hrál ▲ na charitu ▲ utrácet ▲ populární

KDYBY – CHYBY

Taky si někdy říkáte, co byste dělali, kdybyste vyhráli v loterii? Možná sníte o tom, že byste už nikdy nemuseli chodit do práce, koupili byste si krásný dům a auto a cestovali byste. Určitě byste také nějaké peníze rozdali příbuzným a 1. _____.

Právě takový sen měl i Keith Gough z Velké Británie, který v roce 2005 společně s manželkou Louise 2. _____ 9 milionů liber (to je 250 milionů korun). Peníze jim ale nepřinesly štěstí. Keith přestal pracovat a začal 3. _____ Koupil si velký dům, najal šoféra a zahradníka, pořídil si luxusní auta, závodní koně a VIP lóži na fotbalovém stadionu. 4. _____ hazardní hry a prohrával velké sumy. Hodně jeho milionů skončilo ve špatných investicích. Jeho společník, se kterým podnikal, ho podvedl, a Keith přestal 5. _____ Začal pít a rozvedl se s manželkou, se kterou žil 27 let.

V jednom rozhovoru přiznal, že výhra v loterii bylo to 6. _____, co ho mohlo potkat. „Když jsem odešel z práce, začal jsem jen utrácet, utrácet a utrácet. Později mě to ale přestalo bavit, nudil jsem se a 7. _____ pít – a přitom jsem do té doby vypil tak maximálně trochu vína k jídlu. Byl jsem 8. _____, ale přišel jsem o všechny dobré přátele. Můžu jen všem doporučit, aby se v loterii nesnažili vyhrát," řekl.

V roce 2010 Keith 9. _____. Jeho příbuzní později 10. _____, že z výhry zbylo jenom 800 000 liber (20 milionů korun). Jak je vidět, peníze vždycky nemusí přinést štěstí.

18. Dokončete věty. Pozor na správnou formu.

1. vyhrát *v loterii*
2. nemuset chodit do _____
3. rozdat peníze na _____
4. koupit si _____
5. najmout si _____
6. rozvést se s _____

práce
manželka
~~loterie~~
zahradník
charita
velký dům

19. *Skončit* nebo *přestat*? Označte správné sloveso.

1. *Přestal/skončil* jsem pracovat.
2. *Přestal/skončil* jsem věřit lidem.
3. Moje peníze *přestaly/skončily* ve špatných investicích.
4. *Přestalo/skončilo* mě bavit utrácet.
5. Moje manželství *přestalo/skončilo*, když jsem začal pít.
6. Ten příběh *přestal/skončil* špatně.

20. Co zažila Natálie Koubková? Napište její příběh podle modelu.

1992–1996 studovala střední školu
1996 – maturovala z francouzštiny
1996 – jela do Paříže pracovat jako au-pair
1997 – seznámila se s Brazilkou Anitou
2003 – seznámila se v Riu de Janeiru s Pablem
2008 – vzala si Pabla
2011 – narodila se jí dcera Sofie

Natálie studovala střední školu. Kdyby nestudovala střední školu, nematurovala by z francouzštiny. Kdyby nematurovala z francouzštiny, _____

21. Napište podobně váš příběh (nejdřív údaje o vás a pak „kdyby-věty").

Vaše poznámky

Deklinace zájmen, adjektiv a substantiv v singuláru – spisovná čeština (obecná čeština)

Ma maskulinum animatum / mužský rod životný **Mi** maskulinum inanimatum / mužský rod neživotný **F** femininum / ženský rod **N** neutrum / střední rod

PÁD¹	ZÁJMÉNA kdo, co²	ten, ta, to³	můj, moje⁴	ADJEKTIVA -ý adjektiva⁵ (tvrdá adjektiva)	-í adjektiva⁵ (měkká adjektiva)	SUBSTANTIVA I. deklinační skupina⁶ Nominativ sg. končí na: kons., kons., -a, -o	II. deklinační skupina*⁶ Nominativ sg. končí na: -e/-ě, háček, -c, -j, -tel*	III. deklinační skupina⁶ Nominativ sg. končí na: -e/-ě (vzor kuře), -í	ROD¹
1. N	kdo	ten	můj	dobrý (dobrej)	kvalitní	student	muž	kolega	Ma
	co	ten	můj	dobrý (dobrej)	kvalitní	banán	čaj	---	Mi
		ta	moje/má	dobrá	kvalitní	káva	kancelář, restaurace	místnost	F
		to	moje/mé (mý)	dobré (dobrý)	kvalitní	auto	moře	kuře, nádraží	N
2. G	koho	toho	mého (mýho)	dobrého (dobrýho)	kvalitního	studenta	muže	kolegy	Ma
	čeho	toho	mého (mýho)	dobrého (dobrýho)	kvalitního	banánu/lesa	čaje	---	Mi
		té (ty)	mojí/mé (mý)	dobré (dobrý)	kvalitní	kávy	kanceláře, restaurace	místnosti	F
		toho	mého (mýho)	dobrého (dobrýho)	kvalitního	auta	moře	kuřete, nádraží	N
3. D	komu	tomu	mému (mýmu)	dobrému (dobrýmu)	kvalitnímu	studentu/-ovi	muži/-ovi	kolegovi	Ma
	čemu	tomu	mému (mýmu)	dobrému (dobrýmu)	kvalitnímu	banánu	čaji	---	Mi
		té (ty)	mojí/mé (mý)	dobré (dobrý)	kvalitní	kávě	kanceláři, restauraci	místnosti	F
		tomu	mému (mýmu)	dobrému (dobrýmu)	kvalitnímu	autu	moři	kuřeti, nádraží	N
4. A	koho	toho	mého (mýho)	dobrého (dobrýho)	kvalitního	studenta	muže	kolegu	Ma
	co	ten	můj	dobrý (dobrej)	kvalitní	banán	čaj	---	Mi
		tu	moji/mou	dobrou	kvalitní	kávu	kancelář, restauraci	místnost	F
		to	moje/mé (mý)	dobré (dobrý)	kvalitní	auto	moře	kuře, nádraží	N
5. V	---	---	můj	dobrý (dobrej)	kvalitní	studente! Marku!	muži!	kolego!	Ma
	---	---	moje/má	dobrá	kvalitní	studentko!	kolegyně!	Carmen!	F
6. L	kom	tom	mém (mým)	dobrém (dobrým)	kvalitním	studentu/-ovi	muži/-ovi	kolegovi	Ma
	čem	tom	mém (mým)	dobrém (dobrým)	kvalitním	banánu/-ě	čaji	---	Mi
		té (ty)	mojí/mé (mý)	dobré (dobrý)	kvalitní	kávě	kanceláři	místnosti	F
		tom	mém (mým)	dobrém (dobrým)	kvalitním	autu/-ě	moři	kuřeti, nádraží	N
7. I	kým	tím	mým	dobrým	kvalitním	studentem	mužem	kolegou	Ma
	čím	tím	mým	dobrým	kvalitním	banánem	čajem	---	Mi
		tou	mojí/mou	dobrou	kvalitní	kávou	kanceláří, restaurací	místností	F
		tím	mým	dobrým	kvalitním	autem	mořem	kuřetem, nádražím	N

1. Všimněte si, že v české terminologii používáme pro nominativ označení první pád, pro genitiv druhý pád, pro dativ třetí pád atd.

2. **Interogativní zájmena.** Deklinaci zájmena kdo, co (v české terminologii tzv. pádové otázky) se naučte nazpaměť. Pomůžou vám tvořit otázku a deklinovat M, N demonstrativní a posesivní zájmena a adjektiva v singuláru.

3. **Demonstrativní zájmena.** Jako ten, ta, to deklinujeme tento, tato, toto a tenhle, tahle, tohle.

4. **Posesivní zájmena.** Zájmena tvůj, svůj deklinujeme jako můj, zájmena náš, váš deklinujeme podobně jako můj: k slovním základům tv-, sv-, naš-, vaš- přidáváme koncovky bez „m" (např. m-ého > tv-ého, sv-ého, naš-ého, vaš-ého). Zájmena můj, tvůj, svůj mají v F a N také krátké knižní formy (např. má, mé, tvá, tvé, svá, své), které deklinujeme jako adjektivum dobrý. Posesivní zájmena jeho, její nedeklinujeme. Zájmeno její deklinujeme jako adjektivum kvalitní.

5. **Adjektiva.** Nominativ sg. adjektiv může mít zakončení na -ý (-ý adjektiva, tvrdá adjektiva) a -í (-í adjektiva, měkká adjektiva). Deklinace těchto adjektiv je rozdílná.

6. **Substantiva.** Substantiva dělíme do tří deklinačních skupin podle jejich zakončení v nominativu sg. Ve II. deklinační skupině si všimněte stejné koncovky pro všech šest vzorů v rámci G, D a L sg. (často -e nebo -i).
POZOR: U substantiv někdy dochází k hláskovým změnám: např. -ů > -o (dům > domy), mobilní -e (den > dny) a měkčení -ha > -ze (Praha > v Praze), -ka > -ce (Amerika > v Americe)...

* Několik M substantiv zakončených na -tel (např. hotel, kostel) patří do I. deklinační skupiny. POZOR na F substantiva zakončená na konsonant! Většina z nich patří do II. deklinační skupiny (velmi často zakončení háček -tel, -děl, -ev), další patří do III. deklinační skupiny (velmi často zakončení -st). ALE: Některá F substantiva (např. věc, řeč) deklinujeme jako místnost a další (např. moc, pomoc, nemoc, noc, myš, smrt, sůl, paměť, zeď, odpověď, loď) kolísají mezi vzory kancelář a místnost.
Některá Ma (často vlastní jména) a vyjímečně i Mi končící na -l, -s, -z, -x (např. král, cíl, Klaus, Francouz, Felix) patří do II. deklinační skupiny, deklinujeme je jako vzor muž/čaj.

Deklinace zájmen, adjektiv a substantiv v plurálu – spisovná čeština (obecná čeština)

Ma maskulinum animatum / mužský rod životný **Mi** maskulinum inanimatum / mužský rod neživotný **F** femininum / ženský rod **N** neutrum / střední rod

PÁD	ZÁJMENA kdo, co	ten, ta, to [1]	můj, moje [2]	-ý adjektiva [3] (tvrdá adjektiva)	-í adjektiva [3] (měkká adjektiva)	SUBSTANTIVA I. deklinační skupina [4] Nominativ sg. končí na: kons., kons., -a, -o	SUBSTANTIVA II. deklinační skupina [4] Nominativ sg. končí na: -e/-ě, háček, -c, -j, -tel*	SUBSTANTIVA III. deklinační skupina [4] Nominativ sg. končí na: -a, -st*, -el-ě (vzor kuře), -i	ROD
1. N	kdo	ti (ty)	moji/mí	dobří (dobrý)	kvalitní	studenti	muži/-ové	kolegové	Ma
	co	ty	moje/mé (mý)	dobré (dobrý)	kvalitní	banány	čaje	---	Mi
		ty	moje/mé (mý)	dobré (dobrý)	kvalitní	kávy	kanceláře, restaurace	místnosti	F
		ta (ty)	moje/má (mý)	dobrá (dobrý)	kvalitní	auta	moře	kuřata, nádraží	N
2. G	koho	těch	mých (mejch)	dobrých (dobrejch)	kvalitních	studentů	mužů	kolegů	Ma
	čeho	těch	mých (mejch)	dobrých (dobrejch)	kvalitních	banánů	čajů	---	Mi
		těch	mých (mejch)	dobrých (dobrejch)	kvalitních	káv	kanceláří, restaurací	místnosti	F
		těch	mých (mejch)	dobrých (dobrejch)	kvalitních	aut	moří	kuřat, nádraží	N
3. D	komu	těm	mým (mejm)	dobrým (dobrejm)	kvalitním	studentům	mužům	kolegům	Ma
	čemu	těm	mým (mejm)	dobrým (dobrejm)	kvalitním	banánům	čajům	---	Mi
		těm	mým (mejm)	dobrým (dobrejm)	kvalitním	kávám	kancelářím, restauracím	místnostem	F
		těm	mým (mejm)	dobrým (dobrejm)	kvalitním	autům	mořím	kuřatům, nádražím	N
4. A	koho	ty	moje/mé (mý)	dobré (dobrý)	kvalitní	studenty	muže	kolegy	Ma
	co	ty	moje/mé (mý)	dobré (dobrý)	kvalitní	banány	čaje	---	Mi
		ty	moje/mé (mý)	dobré (dobrý)	kvalitní	kávy	kanceláře, restaurace	místnosti	F
		ta (ty)	moje/má (mý)	dobrá (dobrý)	kvalitní	auta	moře	kuřata, nádraží	N
5. V	---	---	moji/mí	dobří (dobrý)	kvalitní	studenti!	muži!/-ové!	kolegové!	Ma
	---	---	moje/mé	dobré (dobrý)	kvalitní	studentky!	kolegyně!		F
6. L	kom	těch	mých (mejch)	dobrých (dobrejch)	kvalitních	studentech	mužích	kolezích	Ma
	čem	těch	mých (mejch)	dobrých (dobrejch)	kvalitních	banánech	čajích	---	Mi
		těch	mých (mejch)	dobrých (dobrejch)	kvalitních	kávách	kancelářích, restauracích	místnostech	F
		těch	mých (mejch)	dobrých (dobrejch)	kvalitních	autech	mořích	kuřatech, nádražích	N
7. I	kým	těmi (těma)	mými (mejma)	dobrými (dobrejma)	kvalitními (kvalitníma)	studenty (studentama)	muži (mužema)	kolegy (kolegama)	Ma
	čím	těmi (těma)	mými (mejma)	dobrými (dobrejma)	kvalitními (kvalitníma)	banány (banánama)	čaji (čajema)	---	Mi
		těmi (těma)	mými (mejma)	dobrými (dobrejma)	kvalitními (kvalitníma)	kávami (kávama)	kancelářemi (kancelářema) restauracemi (restauracema)	místnostmi (místnostma)	F
		těmi (těma)	mými (mejma)	dobrými (dobrejma)	kvalitními (kvalitníma)	auty (autama)	moři (mořema)	kuřaty (kuřatama), nádražími (nádražíma)	N

1. **Demonstrativní zájmena.** Jako ten, ta, to deklinujeme tento, tato, toto, tenhle, tahle, tohle a všechen, všechna, všechno.

2. **Posesivní zájmena.** Zájmena tvůj, svůj deklinujeme jako můj, zájmena náš, váš deklinujeme podobně jako můj: k slovním základům tv-, sv-, naš-, vaš- přidáváme koncovky bez „m" (např. m-ých > tv-ých, sv-ých, ale POZOR: naš-ich, vaš-ich). Zájmena můj, tvůj, svůj mají v F a N také krátké knižní formy (např. má, mé, tvá, tvé, svá, své), které deklinujeme jako adjektivum dobrý. Posesivní zájmena jeho, její nedeklinujeme. Zájmeno její deklinujeme jako adjektivum kvalitní.

3. **Adjektiva.** Nominativ sg. adjektiv může mít zakončení na -ý (-ý adjektiva, tvrdá adjektiva) a -í (-í adjektiva, měkká adjektiva). Deklinace těchto adjektiv je rozdílná.

4. **Substantiva.** Pro přehlednost ponecháváme i v plurálu dělení na tři deklinační skupiny. Ve II. deklinační skupině si všimněte v rámci A a L pl. stejné koncovky pro šest vzorů.
POZOR: U substantiv někdy dochází k hláskovým změnám: např. -ů > -o (dům > domy), mobilní -e- (den > dny) a měkčení -k > -ci (kluk > kluci), -r > -ři (doktor > doktoři)...

* Několik M substantiv zakončených na -tel (např. hotel, kostel) patří do I. deklinační skupiny. POZOR na F substantiva zakončená na konsonant! Většina z nich patří do II. deklinační skupiny (velmi často zakončení háček, -tel, -del, -ev), další patří do III. deklinační skupiny (velmi často zakončení -st). ALE: Některá F substantiva (např. věc, řeč) deklinujeme jako místnost a další (např. moc, pomoc, nemoc, noc, myš, smrt, sůl, paměť, zeď, odpověď, loď) kolísají mezi vzory kancelář a místnost.
Některá Ma (často vlastní jména) a výjimečně i Mi končící na -l, -s, -z, -x (např. král, cíl, Klaus, Francouz, Felix) patří do II. deklinační skupiny, deklinujeme je jako vzor muž/čaj.

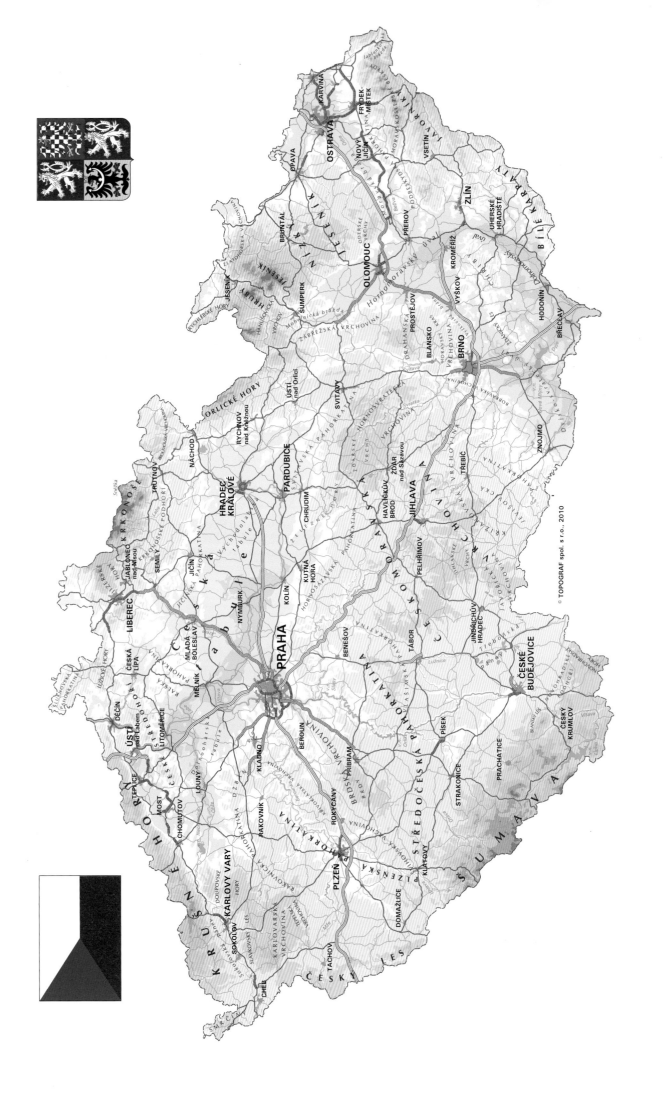

KARVINÁ

FRÝDEK-
MÍSTEK

OSTRAVA

NOVÝ
JIČÍN

OPAVA

VSETÍN

BRUNTÁL

ZLÍN

PŘEROV

UHERSKÉ
HRADIŠTĚ

OLOMOUC

KROMĚŘÍŽ

ŠUMPERK

VYŠKOV

HODONÍN

PROSTĚJOV

BLANSKO

BŘECLAV

BRNO

ÚSTÍ
nad Orlicí

SVITAVY

RYCHNOV
nad Kněžnou

ZNOJMO

PARDUBICE

TŘEBÍČ

NÁCHOD

ŽĎÁR
nad Sázavou

JIHLAVA

HRADEC
KRÁLOVÉ

CHRUDIM

HAVLÍČKŮV
BROD

TRUTNOV

PELHŘIMOV

JABLONEC
nad Nisou

JIČÍN

KUTNÁ
HORA

SEMILY

LIBEREC

NYMBURK

PRAHA

JINDŘICHŮV
HRADEC

TÁBOR

ČESKÁ
LÍPA

KOLÍN

BENEŠOV

MLADÁ
BOLESLAV

ČESKÉ
BUDĚJOVICE

MĚLNÍK

DĚČÍN

ÚSTÍ
nad Labem

PÍSEK

LITOMĚŘICE

ČESKÝ
KRUMLOV

TEPLICE

KLADNO

BEROUN

PŘÍBRAM

STRAKONICE

MOST

PRACHATICE

LOUNY

CHOMUTOV

RAKOVNÍK

ROKYCANY

KARLOVY VARY

KLATOVY

SOKOLOV

PLZEŇ

DOMAŽLICE

TACHOV

CHEB

© TOPOGRAF spol. s r.o., 2010

Czech Express 3
Appendix

Contents

Symbols

 recording on the CD and track number

 language under the magnifying glass (a close look at language)

Abbreviations and various marks used

Ma, Mi	masculine animate, masculine inanimate gender
F	feminine gender
N	neuter gender
impf.	imperfective verb (expressing an activity as a process)
pf.	perfective verb (expressing the result of an action or the action at a certain specific moment)
neg.	negative
sg.	singular
pl.	plural
-e-	the mobile -e- (e.g. den day, dny days)
inform.	informal
form.	formal
N	nominative
G	genitive
D	dative
A	accusative
V	vocative
L	locative
I	instrumental
*	verbs with stem changes in the present tense conjugation (-E conjugation), e.g. číst*, čtu to read, I read
×	versus

Instructions

čtěte, přečtěte	read		používejte	use
doplňte	fill in		POZOR	BE CAREFUL
najděte	find		procvičujte	practice
pište, napište	write		přeložte	translate
odpovídejte	answer		ptejte se	ask
opakujte	repeat		řekněte	say
označte	mark, note		seřaďte	put in order
PAMATUJTE SI	REMEMBER		spojte	match
počítejte	count		tvořte	make
poslouchejte	listen		změňte	change

Basic grammatical terms

Just as a craftsman needs tools for his work, you need some basic grammatical terms for study of a language. You can find an overview of them in the following table. You will certainly know some of them from studying your first language at school, others will be new to you. However, knowing them can help you with your studies to a certain extent.

In teaching Czech both Czech grammatical terms and terms which come from Latin are used. For example the term 'noun' can be translated as "podstatné jméno" (the Czech term) or "substantivum" (the term from Latin). It depends on which terms the teacher uses. This is why we often show both terms in the left-hand column: Latin/Czech.

Latin/Czech term	English term	Example or explanation in English
adjektivum/ přídavné jméno *-ý adjektiva (tvrdá přídavná jména)* *-í adjektiva (měkká přídavná jména)*	**adjective** *-ý adjectives (hard adjectives)* *-í adjectives (soft adjectives)*	*An adjective is a word whose main syntactic role is to modify a noun or pronoun, giving more information about the noun or pronoun's referent.* dobr**ý** (good), blízk**ý** (close)... kvalitn**í** (high-quality), modern**í** (modern)...
adverbium/ příslovce	**adverb**	*An adverb is a word that modifies any part of language other than a noun. Adverbs can modify verbs, adjectives, clauses, sentences and other adverbs.* dobř**e** (well), blízk**o** (closely), kvalitn**ě** (to a high-quality), modern**ě** (in a modern way)...
aspekt/vid *perfektivní/nedokonavý* *imperfektivní/dokonavý*	**aspect** *perfective* *imperfective*	*The verbal category that is absent in English. There are two aspects in Czech: imperfective (it expresses the activity as a repeated or unlimited process) and perfective (it expresses the result of an activity or views the activity at a particular moment), e.g.* dělat/udělat *(to do/make)* = *imperfective/perfective.*
čas *futurum/budoucí čas* *prézens/přítomnýčas* *préteritum/minulý čas*	**tense** *future tense* *present tense* *past tense*	**Budu** doma. (I'll be at home.) **Jsem** doma. (I'm at home.) **Byl jsem** doma. (I was at home.)
deklinace/skloňování, **deklinovat/skloňovat**	**declension, to decline**	*Nouns, adjectives, pronouns and numerals are declined in Czech. It means that endings (koncovky) are used to create cases.* *Note:* to a student - student**ovi**; without a car - bez aut**a**
infinitiv	**the infinitive**	*The infinitive is the "to-form" of the verb in English and the " -t form" in Czech, e.g.* to do - děla**t**
interjekce/citoslovce	**interjection**	ach (oh!), au (ow!), brr (brr)...
konjugace/časování, **konjugovat/časovat**	**conjugation, to conjugate**	*Verbs are conjugated in Czech. It means that endings are used to create persons.* *Note:* I do - děl**ám**, you do - děl**áš**, he/she/it does - děl**á**...
konjunkce/spojka	**conjunction**	a (and), nebo (or), ale (but), když (if/when)...
konzonant/souhláska	**consonant**	h, ch, k, b, f, l, m, p, ž, š, ř...
numerálie/číslovka *základní* *řadová*	**numeral** *cardinal* *ordinal*	jeden (one), dva (two), tři (three)... první (first), druhý (second), třetí (third)...
objekt/předmět: *přímý* *nepřímý*	**object:** *direct* *indirect*	Maminka posílá **dopis** studentovi. (Mom sends **a letter** to the student.) Maminka posílá dopis **studentovi**. (Mom sends a letter **to the student**.)
pád	**case**	*Czech needs cases with their various endings as „signals" expressing grammatical relations between words. For more about cases, see page 45.*

plurál/množné číslo	**plural**	studenti (student**s**), banán**y** (banana**s**), káv**y** (coffee**s**), restaurac**e** (restaurant**s**), aut**a** (car**s**)…
prepozice/předložka	**preposition**	bez (without), na (on/to), v (in), do (to/into), z (from), pro (for)…
pronomen/zájmeno *personální/osobní* *posesivní/přivlastňovací* *interogativní/ tázací* *indefinitní/neurčité* *negativní/záporné*	**pronoun** *personal* *possessive* *interrogative* *indefinite* *negative*	já (I), ty (you), on (he)… můj (my), tvůj (your), jeho (his)… kdo (who), co (what), čí (whose)… někdo (someone), něco (something), nějaký (some)… nikdo (no one), nic (nothing), žádný (no)…
rod Ma *maskulinim animatum/mužský rod životný* Mi *maskulinum inanimatum/mužský rod neživotný* F *femininum/ženský rod* N *neutrum/střední rod*	**gender** Ma *masculine animate* Mi *masculine inanimate* F *feminine* N *neuter*	*Nouns, adjectives, the majority of pronouns and some numerals have genders. There are three grammatical genders in Czech: masculine (animate and inanimate), feminine and neuter, e.g.:* *Masculine animate (Ma):* student (student) *Masculine inanimate (Mi):* banán (banana) *Feminine (F):* káva (coffee) *Neuter (N):* auto (car)
samohláska	**vowel**	a, e, i, y, o, u, á, é, í…
singulár/jednotné číslo	**singular**	student (student), banán (banana), káva (coffee), auto (car)…
subjekt/podmět	**subject**	**Maminka** posílá dopis studentovi. (**Mom** sends a letter to the student).
substantivum/podstatné jméno	**noun**	student (student), banán (banana), káva (coffee), auto (car)…
verbum/ sloveso *transitivní/přechodné* *intransitivní/nepřechodné*	**verb** *transitive* *intransitive*	*A verb is a part of speech that conveys action or a state of being, e.g.:* vidět (to see), mít (to have), být (to be), spát (to sleep)… *A transitive verb is a verb that requires both a subject and one or more objects (e.g. vidět, mít…). An intransitive verb does not take an object (e.g. být, spát…).*

REMEMBER: Nouns, adjectives and verbs have different forms in Czech! Compare:

	noun	**verb**	**adjective**	**adverb**
English	work	work	work	
Czech	práce	pracovat	pracovní	pracovně

Appendix to lesson 1

▉ 1.1 *Nominative × vocative*

As you already know, the nominative singular is the basic form of nouns, adjectives, pronouns and numerals, which is used as a headword in dictionaries (which is why it is called the "dictionary form"). When, however, we address someone, we do not use their name and surname[1] in the nominative but in the vocative (= the fifth case). Compare, for example, how the name **Monica** *(read Monika) changes in the vocative:*

Já jsem Monica. I am Monica. – *name in the nominative*
Jmenuju se Monica. I'm called Monica. – *name in the nominative*
Monico! Monica! – *name in the vocative*
You can find an overview of vocative endings on page 59.

Ask your teacher or a native speaker how to address people you know in Czech – your friends, colleagues, classmates or relatives. Write these forms down:

Men

What is he called?	*How to address him?*		*Women*		

Women

What is she called?	*How to address her?*

What is he called? *How to address him?* ! *What is she called?* *How to address her?* !
_____ _____ ! _____ _____ !
_____ _____ ! _____ _____ !
_____ _____ ! _____ _____ !
_____ _____ ! _____ _____ !
_____ _____ ! _____ _____ !

[1] *In standard Czech the surname also has a vocative form, for instance:* To je pan Horák. This is Mr Horák. – Pane Horáku! Mr Horák! *In everyday spoken Czech, however, the surname is often left in the nominative:* To je pan Horák. This is Mr Horák. – Pane Horák! Mr Horák! *Note: The word* paní *Mrs and female surnames do not change in the vocative, for instance:* To je paní Horáková. This is Mrs Horáková. – Paní Horáková! Mrs Horáková!

▉ 1.2 Mít rád × rád dělat × líbit se × chutnat

In the coursebook on page 6 you can see:
<u>**Mám ráda**</u> **spíš víno.** I like wine on the whole.
Vím, že <u>**ráda**</u> **plaveš.** I know that you like swimming.
<u>**Líbí se**</u> **mi tady.** I like it here.
A jak <u>**se**</u> **ti** <u>**líbí**</u> **v Praze?** And how do you like Prague?
<u>**Chutná**</u> **mi taky české pivo**. I also like Czech beer.

Compare:
1. **Mít rád** + *accusative*
   If you like somebody or something and this preference is of a long-lasting nature, you use the verb **mít rád**, *for example:*
   Mám rád/a víno. I like wine.

The verb **milovat** *to love has a similar usage, which, however, expresses a very strong preference.*

2. *If you are talking about what you like doing, you should use* **rád/ráda** + *verb, for example:*
   Vím, že ráda plaveš. I know that you like swimming.

Don't forget that the combination **mít + rád** *cannot be used in this situation!* **Mít rád** *is used only with a noun or pronoun, never with a verb.*
Compare: Mám rád tenis. × ~~Mám rád hrát tenis~~. Rád hraju tenis.

3. **Líbit se** + *dative + adverb/nominative/locative*
   If something pleases your senses (with the exception of taste), use the verb **líbit se**, *for example:*
   Líbí se mi[1] tady. I like it here. "It's pleasing to me/it appeals to me here."
   Líbí se mi[1] Brno/v Brně. I like Brno./I like it in Brno. "Brno is pleasing to me/appeals to me."

4. **Chutnat** + *dative* + *nominative*

   If you like some food or drink, you should use the verb **chutnat**, *for example:*

   Chutná mi¹ české pivo. I like Czech beer. "Czech beer tastes good to me."

   Nechutnají mi¹ houskové knedlíky. I don't like bread dumplings. "Bread dumplings don't taste good to me."

Compare the answers:

Mám ráda víno. I like wine. – **<u>Já</u> <u>taky.</u>** Me too.

Rád hraju tenis. I like playing tennis. – **<u>Já</u> <u>taky.</u>** Me too.

×

Líbí se mi¹ tady. I like it here. – **<u>Mně</u>¹ <u>taky.</u>** Me too.

Chutná mi¹ pivo. I like beer. – **<u>Mně</u>¹ <u>taky.</u>** Me too.

¹*The word mi, which you can see in the examples above, is the personal pronoun já in the dative form. Like other personal pronouns in the dative, it is placed in the so-called second position (not necessarily always the second word). But be careful: some personal pronouns have two forms in the dative, for example the pronoun já has the forms mi and mně. The form mně is used at the beginning or end of sentences. That's why we say: Líbí se mi tady. – Mně taky. Chutná mi pivo. – Mně taky. You can find an overview of declensions of personal pronouns on page 67.*

◼ 1.3 *Forms and your contact details*

1. *The most frequent details that are found in forms are these:*

   Jméno a příjmení Name and surname

   Datum narození Date of birth

   Státní občanství Citizenship

   Bydliště (obec, ulice, číslo, PSČ) Home address (district, street, number, postcode/zip code)

   Telefon Telephone

   Email Email

2. *If you have to dictate your name and address to someone, check with your teacher or a native Czech speaker, how to do so. As you know from the coursebook Čeština expres 2, when we need to clarify a name or surname we don't usually spell out individual letters, but pronounce it slowly again as it is written, syllable by syllable (for example* **Mo-ni-ca**). *In some cases, however, it is necessary to give a more detailed explanation (e.g.* **Brown**, **Bro-dvojité vé-n**). *In this case we use the names of the letters which you can see in the table below.*

a – a	**i – krátké měkké i**	**s – es**
á – dlouhé á	**í – dlouhé měkké í**	**š – eš**
b – be	**j – je**	**t – te**
c – ce	**k – ka**	**ť – tě**
č – če	**l – el**	**u – u**
d – de	**m – em**	**ú – dlouhé ú**
ď – dě	**n – en**	**ů – u s kroužkem**
e – e	**ň – eň**	**v – ve**
é – dlouhé é	**o – o**	**w – dvojité ve**
ě – e s háčkem	**ó – dlouhé ó**	**x – iks**
f – ef	**p – pe**	**y – ypsilon, tvrdé i**
g – ge	**q – kve**	**ý – dlouhé tvrdé í**
h – ha	**r – er**	**z – zet**
ch – cha	**ř – eř**	**ž – žet**

▪ 1.4 *Numbers*

In the coursebook Čeština expres 1 you learned that when you order food or drink in a restaurant, you can use the numbers
jednou once, **dvakrát** twice, **třikrát** three times... *etc. followed by the accusative. For example:*
Jednou černý čaj. One black tea. "Once black tea."
Dvakrát česnekovou polévku. Two garlic soup. "Twice garlic soup."
Třikrát černé pivo. Three dark beers. "Three times black beer."

This is a reliable aid which serves perfectly in a restaurant or when buying groceries. When counting time (minutes, hours, months, years...), however, we use normal Czech counting, which follows these rules:
a) *After the number 1 we use the nominative singular, for example:* **jeden měsíc/rok** one month/year
b) *After the numbers 2, 3, 4 we use the nominative plural, for example:* **dva, tři, čtyři měsíce/roky** two, three four months/years
c) *After the number 5 and higher and after indefinite numbers (for instance,* málo, moc...*) we use the genitive plural, e.g.* **pět, šest, sedm... měsíců/roků/let**[1] five, six, seven... months/years
At this stage of your studies, try to memorise the bold expressions as collocations, i.e. words that always go together.

[1] *The word* **let** *is really the genitive plural of the word* **léto** summer, *but in this context it means* **rok** year.

▪ 1.5 Česká republika × Čech, Češka × český × česky

In the coursebook you can see:
Country or state: **Česká republika (= Česko)**
Nationality: Čech, **Češka,** *pl.* Češi, **Češky**
Adjective: **český**
Language: **čeština**
After the verbs **umět** to know, **mluvit** to speak, **učit se** to learn, **rozumět** to understand *we use the word* **česky**.

We usually say: **Učím se česky.** I learn Czech. *The expression* **Studuju češtinu.** I study Czech. *is usually used only when studying at university.*

▪ 1.6 *Female surnames with the ending* -ová

It is possible to add the ending -ová *to foreign women's surnames in Czech, for example:* Monica Brown**ová**, Kató Lomb**ová**. *It is up to each woman which form of name she wants to use. The internal public affairs Portal provides more information about this issue, http://portal.gov.cz/portal/cizinec/.*

▪ 1.7 *The pronoun* který

In the coursebook on page 10 you can see:
Polský **novinář Zykmund Broniarek,** **který** **ve třiceti letech umí sedm jazyků, říká, že každý průměrně inteligentní člověk se může cizí jazyk naučit za půl roku.** The Polish novelist, Zykmund Broniarek, who at thirty years can speak seven languages, says that any averagely intelligent person can learn a foreign language in half a year.
Kató Lomb(ová), maďarská tlumočnice a překladatelka, která uměla šestnáct jazyků, ráda četla bez slovníku knihy v jazyce, který studovala. Kató Lomb(ová), a Hungarian interpreter and translator, who could speak sixteen languages, liked reading books in the language which she was studying without a dictionary.
Studium, **které** **vás nebaví, je těžké!** Study which you don't enjoy is difficult!
Lidé, kteří umí hodně jazyků, se nazývají polygloti. People who know a lot of languages are called polyglots.

The pronoun **který** which/who/that *is used:*
a) *in subordinate clauses*
In this case its form agrees with the gender of the noun to which it relates – see the above examples.
b) *in questions*
Here it has a similar meaning to **jaký** what *kind of, but usually implies a choice from several options (but in the spoken language this difference is blurred and we often use* **jaký** *even when choosing from several options). Compare:*
Jaký svetr si vezmeš? What kind of sweater will you take? – **Nějaký červený.** A red one.
×
Který/jaký svetr si vezmeš? Ten červený nebo ten modrý? Which sweater will you take? The red one or the blue? – **Ten červený.** The red one.

The pronouns **který** *and* **jaký** *decline following the same pattern as* **dobrý**. *You can find a complete overview of adjective declensions on pages 96 and 97.*

Wordlist for lesson 1

• Page 4

číst*, čtu	to read, I read
doplnit *pf.*	to complete
napsat* *pf.*, napíšu	to write, I'll write
opakovat	to repeat, to revise
označit *pf.*	to mark, to label
pamatovat si	to remember
poslouchat	to listen
pozor	attention, look out
přečíst* *pf.*, přečtu	to read, I'll read
psát*, píšu	to write, I write
říct* *pf.*, řeknu	to say, I'll say, to tell, I'll tell

Ano.	Yes
Co znamená...?	What does ... mean?
Děkuji./Děkuju.	Thank you.
Dobře.	Good. Well. Fine.
Jak se řekne...?	How do you say...?
Jak se to píše?	How do you write it?
Ještě jednou, prosím!	Once again, please!
Ne.	No.
Nerozumím.	I don't understand.
Prosím.	Please. /I beg your pardon.
Rozumíte?	Do you understand?
Špatně.	Badly./Not well.

• Page 5

anglicky	English
být, jsem	to be, I am
člověk	person
jazyk	language
kolik	how much, how many
komiks	comics, comic strip
národnost	nationality
seznamovat se	to get to know, to make acquaintance
tolikrát	so many times
učit se	to learn
umět, umím	to be able, I can, to know how, I know how
země	country

• Page 6

ahoj	hello, hi, bye, see you
anglický	English
bramborový	potato
bydlet	to live
centrum	centre, center
dělat	to do, to make
dlouho	long
dobrý	good
doma	at home
fajn	fine *(coll.)*
firma	company, firm
hezky	nice(ly)

houskový knedlík	bread dumpling
chutnat	to taste good, to be delicious
chutný	tasty
i	and
jak	how
jeden	one
jeho	his
jíst, jím	to eat, I eat
jmenovat se	to be called
kamarád	friend
kde	where
knedlík	dumpling
koupat se*, koupu se	to bath(e), I bath(e)
krásný	beautiful
les	forest, wood
líbit se, to se mi líbí	to like, I like it
manažerka	(female) manager
marketingový	marketing
moc	many, (very) much
moct*, můžu	to be able, I can
návštěva	visit
nebo	or
nějaký	some, a(n)
někdy	sometimes
normálně	normally
odkud	where from
okolí	surroundings, environs
on	he
oslovovat	to address
ovocný	fruit
pivo	beer
plavat*, plavu	to swim, I swim
práce	work
pracovat	to work
pracovní	work(ing)
proč	why
protože	because
přijet* *pf.*, přijedu	to come, I'll come, to arrive, I'll arrive
přítel	friend
ptát se	to ask
rád	glad, pleased, to like (doing sth.)
republika	republic
restaurace	restaurant
sešit	exercise book
skvělý	splendid, marvellous
slavný	famous
soukromý	private
spíš(e)	rather
spolužák	schoolmate, classmate
tady	here
tak	so
taky	also, as well, too
tam	there

teď	now	dobře	well
ten	the, this, that	dosáhnout* *pf.*, dosáhnu	to reach, I'll reach, to achieve, I'll achieve
těšit se	to look forward	dvakrát	twice
ty	you	formát	size, format
tykat	to be on first-name terms	formulář	form
učitelka	(female) teacher	francouzština	French (language)
už	already	hledat	to look for
většinou	mostly	hodina	hour, o'clock, lesson
víno	wine	hotově	(in) cash
voda	water	chodit	to walk, to go
vykat	to be on formal terms	chtít, chci	to want, I want
z	from, out of	individuální	individual
zdraví	health	intenzívní	intensive
že	that	internetový	Internet
žít*, žiju	to live, I live	inzerát	ad(vertisement)
		já	I
Co děláte/děláš?	What do you do? What are you doing?	jako	like, as
Chutná mi...	I like (to eat)....	jaký	what (kind of)
Jak dlouho se už	How long have you been	jazyk	language
učíte/učíš česky?	learning Czech?	jazykový	language
Jak se jmenujete		jít*, jdu	to walk, I walk, to go, I go
/jmenuješ?	What's your name?	jméno	name
Jak se vám/ti tady líbí?	How do you like it here?	kam	where (to)
Jakým jazykem		kancelář	office
mluvíte/mluvíš?	What language do you speak?	karta	card
Kde bydlíte/bydlíš?	Where do you live?	každý	every, each
Kde pracujete/pracuješ?	Where do you work?	když	when
Líbí se mi...	I like...	knihovna	library, bookcase
Odkud jste/jsi?	Where are you from?	kontaktovat	to contact, to get in touch
Proč se učíte/učíš		koruna	crown
česky?	Why are you learning Czech?	který	who, which
		kulatý	round
• Page 7		kultura	culture
a	and	kurs	course
adresa	address	lekce	lesson
ale	but	letní	summer
angličtina	English (language)	léto	summer
bankovní	bank	maximálně	maximally, at the most
bezplatný	free of charge	měsíc	month
bydliště	(place of) residence	měsíční	month(ly)
celý	whole	mírně pokročilý	(low) intermediate
cizí	foreign	mít, mám	to have, I have
co	what	mluvit	to speak
česky	Czech	možný	possible
český	Czech	můj	my, mine
čeština	Czech (language)	muset	to have to
číslo	number	na	on, at, for
další	further, next	nabízet	to offer
datum	date	náměstí	square
den	day	narození	birth
denně	daily	naučit se *pf.*	to learn
dívat se	to look, to watch	něco	something, anything
do	to, into	nejen	not only

9

němčina	German (language)
o	about, of, in
občanství	citizenship
ob<u>e</u>c	municipality
otázka	question
paní	lady, Mrs.
pátek	Friday
platit	to pay
pobyt	stay
pokračovat	to go on
pokročilý	proficient
pondělí	Monday
pozdě	late
pro	for
přání	wish
převod	transfer
přihlásit se *pf.*	to report, to register
příjmení	surname, family name
připojení	connection
příprava	preparation
PSČ = poštovní směrovací číslo	postcode, zipcode
půl	half
respektovat	to (have) respect
roční	yearly, annual
rok	year
s	with
skupina	group
skupinový	group
specializovaný	specialized
srpen	August
státní občanství	citizenship
stát, stojí	1. to cost, it costs, 2. to stand, it stands
stránka	page
středa	Wednesday
středně pokročilý	intermediate
student	student
studium	study
studovat	to study
škola	school
školit	to train, to instruct
španělština	Spanish (language)
také	as well, also, too
telefon	telephone
tempo	pace
trvalý	permanent, lasting
trvat	to last, to keep, to go on
třítýdenní	three-week
tvůj	your
týden	week
týdně	weekly
ukázkový	sample, model
ulice	street

umění	art
univerzita	university
úroveň	level
úterý	Tuesday
v	in, at
vědět, vím	to know, I know
velký	big, large, great
vybrat si* *pf.*, vyberu si	to choose, I'll choose
vyplnit *pf.*	to fill in, to fill out
vysoká škola	university, college
vždy	always
za	behind, (with)in
začátečník	beginner
zaměřený	oriented
zápisový	of registration
zaplatit *pf.*	to pay
zdarma	free of charge
zkouška	exam
Platit kartou/hotově /na fakturu	To pay by credit card/in cash /by invoice

• *Page* 8

ano	yes
asijský	Asian
až	when, till
babička	grandmother
bramborový knedlík	potato dumpling
čtvrt	quarter
dějiny	history
dieta	diet
docela	completely, quite
domů	home
dovážet	to import
držet dietu	to keep to a diet
důchod	pension
dva	two
ekonomka	(female) economist
film	film, movie
hezký	nice, pretty, handsome
hlavně	mainly, above all
hora	mountain
informace	(a piece of) information
jenom	only
jet*, jedu	to go, I go
jezdit	to go
jídlo	food, dish
kdo	who
kolem	(a)round
literatura	literature
lyžovat	to ski
město	city, town
mezinárodní	international

najít* *pf.*, najdu	to find, I'll find	španělsky	Spanish
například	for example	těžký	difficult, heavy
německy	German	u	near, by, close to
obchodní	business, commercial	ukrajinsky	Ukrainian
oblečení	clothing, outfit	ukrajinština	Ukrainian (language)
osm	eight	vietnamsky	Vietnamese
pak	then, afterwards	výrobek	product
partner	partner	zpěvačka	(female) singer
písnička	song	zpěvák	singer
podnikatel	businessman	žena	woman
pohoda	hunky-dory, swell		
potraviny *(pl.)*	foodstuffs	Mluvím/umím	I speak/know how
potřebovat	to need	/učím se česky.	to speak/am learning Czech.
povolení	permission, permit	Studuju češtinu.	I'm studying the Czech language.
pravda	truth, true		
prodávat	to sell	**• Page 10**	
programátor	program(m)er	archeolog	archaeologist
program	program(me)	aspoň	at least
prostě	simply	atd.	and so on
proto	therefore	bát se, bojím se	to be afraid, I am afraid
první	first	bavit	to be interested
před	in front of, before, ago	bez	without
příroda	nature	bod	point
přítelkyně	(girl)friend	cíl	goal, aim
rusky	Russian	článek	article
říkat	to say, to tell	domácí úkol	homework
seznámit se *pf.*	to make acquaintance, to get to know	domluvit se *pf.*	to make o.s. understood
sníh	snow	důležitý	important
softwarový	software	dvacet	twenty
spolužačka	(female) classmate, schoolmate	hm	hm
studentka	(female) student	hned	at once
tento	this	hodně	much, many, a lot of
teprve	only	hospoda	pub
učitel	teacher	chyba	mistake
vízum	visa	inteligentní	intelligent
vždycky	always	jediný	only
začít* *pf.*, začnu	to begin, I'll begin, to start, I'll start	jen	only
zařídit si *pf.*	to arrange	ještě	still
zboží	goods	kniha	book
znát	to know	lingvista	linguist
		maďarský	Hungarian
• Page 9		měnit se	to change
bílý	white	minuta	minute
evropský	European	mnoho	much, many, a lot of
francouzsky	French	moderátor	moderator
maďarsky	Hungarian	motivace	motivation
muž	man	nadšení	enthusiasm
myslet	to think	nazývat se	to be called
polsky	Polish	noviny *(only pl.)*	newspaper
polština	Polish (language)	novinář	journalist
ruština	Russian (language)	obchod	shop, store
slovensky	Slovak	objednat si *pf.*	to order
slovenština	Slovak (language)	opravdu	indeed, really

ovlivňovat	to influence	dopis	letter
perfektně	perfectly	drahý	expensive, dear
pití	drinking	gymnázium	grammar school, high school
polský	Polish	trafika	tobacconist's (shop)
polyglot	polyglot	vedle	next to
pomáhat	to help	zbláznit se *pf.*	to go mad
používat	to use		
pravidelně	regularly		
průměrně	on average	Moje drahá Ájo!	My dear Ája!
překladatelka	(female) translator		
reklama	advertising, publicity	**• Page 12**	
rozumět	to understand	ČR = Česká republika	CR = Czech Republic
řecký	Greek	slovní zásoba	vocabulary
řečtina	Greek (language)	vietnamština	Vietnamese (language)
sám	alone, by o.s.		
samouk	auto-didact, self-learner	**• Selected Imperfective/Perfective Verbs**	
sedm	seven	dovážet/dovézt*	to import
seriál	serial	jíst/sníst	to eat
slovník	dictionary	koupat se*/vykoupat se*	to bath(e)
slovo	word	nacházet/najít*	to find
speciální	special	objednávat si/objednat si	to order
šestnáct	sixteen	platit/zaplatit	to pay
špatně	bad(ly), wrongly	pomáhat/pomoct*	to help
talent	talent	používat/použít*	to use
televize	television	prodávat/prodat	to sell
test	test	přijíždět/přijet*	to come, to arrive
tlumočnice	(female) interpreter	ptát se/zeptat se	to ask
třeba	for example	říkat/říct*	to say, to tell
třicet	thirty	seznamovat se/seznámit se	to get to know, to make
tvrdý	hard		acquaintance
učebnice	textbook	učit se/naučit se	to learn
udělat *pf.*	to do, to make	vybírat (si)/vybrat (si)*	to choose
úspěch	success	vyplňovat/vyplnit	to fill in, to fill out
vadit, nevadí	to matter, it doesn't matter	začínat/začít*	to begin, to start
věc	thing	zařizovat/zařídit	to arrange
velmi	very		
věta	sentence, clause		
všechen	all, entire		
výborně	excellently		
vyplatit se *pf.*	to be worth(while)		
výraz	expression		
začínat	to begin, to start		
zajímavý	interesting		
znamenat	to mean		
známý	(well-)known		
žádný	no, none		

Kolik jazyků umíš, tolikrát jsi člověkem.	The more languages you know, the more of a person you are.

• Page 11

anebo	or
asi	maybe, perhaps

Appendix to lesson 2

■ 2.1 *The verbs* jíst, sníst *and* najíst se

In the instructions for exercise 2, page 14 you can see:
Víte, kde <u>se</u> v Česku můžete <u>najíst</u>? Do you know where you can eat in the Czech Republic?

Compare the differences between the verbs:

jíst hamburger
to be eating a hamburger

sníst hamburger (= *whole*)
to eat a hamburger

najíst se (= *no longer be hungry*)
to have something to eat

The verb jíst is imperfective (it is used for a process), while the verbs sníst and najíst se are perfective (they are used to describe the result of an action). You can find more about the difference between imperfective and perfective in the Appendix, at point 6.1.

■ 2.2 *Nominative singular*

You already know from your previous studies that the basic form of nouns, adjectives, some pronouns and some numbers, which we find in the dictionary, is called the nominative (in Czech it is also traditionally called the **první pád** *first case) singular.*
You can find an overview of the nominative singular on pages 45–47.

■ 2.3 *Accusative singular*

You already know from your previous studies that after some verbs (such as **dát si** *to have (in a restaurant),* **chtít** *to want,* **mít** *to have,* **mít rád** *to like,* **jíst** *to eat,* **pít** *to drink,* **hledat** *to look for,* **vařit** *to cook,* **kupovat** *to buy,* **potřebovat** *to need... and many others) comes a direct object, which is expressed in Czech by the accusative (the accusative is traditionally called the* **čtvrtý pád** *fourth case). Remember that masculine animate forms, i.e. things that were or are alive, and feminine forms change form in the accusative singular.*
You can find an overview of the accusative singular on pages 55–56.

You can even use model sentences that you know from the Čeština expres 1 coursebook for the accusative singular:
Dám si černý čaj, černou kávu, dušenou rýži a černé pivo. I'll have black tea, black coffee, boiled rice and black beer.
Mám velkého psa a černou kočku. I have a big dog and a black cat.
See also the model sentences on p. 67.

■ 2.4 Něco + *adjective in the genitive singular*

In the coursebook you can see:
Mám ještě chuť na <u>něco sladkého</u>. I still feel like having something sweet.
After the expressions **něco** *something,* **co** *what and* **nic** *nothing an adjective in the genitive singular neuter form is used. For example:*
<u>Co</u> si dáš <u>dobrého</u>? "What nice thing will you have?" What will you have?
Dám si <u>něco sladkého</u>. I'll have something sweet.
Nechci <u>nic sladkého</u>. I don't want anything sweet.

You can find an overview of adjective declensions on pages 96 and 97.

■ 2.5 Colloquial Czech

Why are there "two Czechs" – standard and colloquial?

As you may remember from the Čeština expres 1 coursebook, the reasons for the existence of two forms of Czech are historical and reach far back into the past. After the defeat of the protestant forces in the Battle of White Mountain in 1620, Czech almost disappeared as an administrative and literary language and was replaced in these contexts by German. The spoken form of the language, however, continued to develop. During the national renaissance in the early nineteenth century, the standard form of Czech was gradually codified based on the older form of Czech from the 16th century, which caused the current differences in the language. In the region of Bohemia so-called **obecná čeština** *colloquial Czech dominates, while in Moravia the situation is more varied and there are more marked language features typical of dialects.*

When is standard and when is everyday spoken (colloquial) Czech used?

Standard Czech is used for formal communication, e.g. at government offices, in presentations, in formal statements and in appearances on the television and radio, in work-related meetings or when writing formal documents. You can hear everyday spoken Czech in family situations, at work among co-workers, on the street, in shops, restaurants and similar situations. In the Čeština expres series of coursebooks you are studying mainly standard Czech but you are also being introduced to features of the everyday spoken language.

You can find more about the everyday spoken language in the coursebook Čeština expres 2, section 12. 4.

■ 2.6 Diminutives

In a restaurant you may see or hear:

Polévka s játrovými <u>knedlíčky</u>. Soup with liver dumplings. "Soup with little liver dumplings."
Dáte si ještě jedno <u>pivečko?</u> Would you like another beer? "Would you like another little beer?"
Nedáte si <u>kávičku?</u> Won't you have a coffee? "Won't you have a little coffee?"

The expressions knedlíčky, pivečko *and* kávička *are so-called diminutives. The diminutive expresses:*
a) small size, e.g. **knedlíčky** *(e.g. in soup)*
b) an emotional relationship or politeness, e.g.: **pivečko** *or* **kávička**

■ 2.7 Trochu, kousek + *genitive*

In the coursebook on page 16 you can see:
dort cake – **<u>kousek dortu</u>** a piece of cake
polévka soup – **<u>trochu polévky</u>** a little soup
víno wine – **<u>trochu vína</u>** a little wine

From the preceding lessons, you already know that the genitive is used after the prepositions **z** *from,* **do** *to/into and* **u** *at/by. This case is also used after expressions which express quantities, for example:* **trochu** *a little and* **kousek** *a piece.*

Other expressions which express quantity and after which the genitive is also used are, for example:
několik several, **spousta** a lot of, **málo** little/few, **moc** a lot of/too much, **dost** enough, **pár** a couple of/a few, **čtvrt** (=**čtvrtka**) quarter, **půl** (=**půlka**) half...
láhev a bottle, **kelímek** a pot , **sáček** a bag/sachet, **lžíce** a spoonful...
kilogram (=**kilo**) kilogram, **dekagram** (=**deko**) decagram (10 grams), **litr** litre, **decilitr** (=**deci**) decilitre, **metr** metre...

You can find an overview of the genitive singular on pages 49–50.

■ 2.8 The reflexive passive

In the coursebook on page 17 you can see:
Na jižní Moravě <u>se pěstuje</u> víno. In south Moravia wine is produced.
Blízko Olomouce <u>se vyrábí</u> olomoucké syrečky. Olomouc cheese is made near to Olomouc.
V Krkonoších <u>se vaří</u> kyselo. Sour soup "Kyselo" is made in the Krkonoše mountains.
V Domažlicích a okolí <u>se dělají</u> koláče s mákem a tvarohem. Poppy seed and curd cheese cakes are made in Domažlice.

From your previous studies you already know that there are verbs which are accompanied by the reflexive pronouns **se** *and* **si** *(for example,* **jmenovat se** *to be called or* **dát si** *to have/take). These are known as reflexive verbs, where you cannot remove this pronoun without changing the meaning. However, the pronoun* **se** *also has another use. It is used to form the so-called reflexive passive, which you can see in the sentences above. To express the passive the verb is used in the 3rd person sg. or pl. with the reflexive pronoun* **se**. *In this case the pronoun* **se** *is not a fixed part of the verb.*

■ 2.9 *The preposition* s/se + *instrumental*

In the coursebook on page 18 you can see:
Často jím koláče s <u>mákem</u> a <u>tvarohem</u>. I often eat cakes with poppy seeds and curd cheese.
Nikdy nejím vajíčka se[1] **<u>šlehačkou.</u>** I never eat eggs with whipped cream.

In the coursebook Čeština expres 1 you learned the expressions **jet vlakem** *to go by train,* **metrem** *by metro,* **autem** *by car,* **autobusem** *by bus,* **tramvají** *by tram... in the context of giving directions. The words* **vlak, metro, auto, autobus, tramvaj** *are in the case which we call instrumental here (in Czech it is also called the* **sedmý pád** *seventh case). This case is also used after the preposition* **s/se** *with.*

You can find an overview of the instrumental singular on pages 64–65.

[1] *We use the extended form of the preposition* **se** *to make pronunciation easier:*
a) when the following word begins with an s, for example: se sýrem *with cheese*
b) when the following work begins with a z or š: se zelím *with cabbage,* se šunkou *with ham*
c) in some individual cases, when the following word begins with two or more consonants.

■ 2.10 *The expression* u nás × u vás

In the coursebook on page 18 you can see:
Co se pěstuje, vyrábí, jí a pije <u>u vás</u>? What's grown, made and drunk in your country?
Memorise two practical phrases:
u nás at our place / in our country
u vás at your place / in your country

Similarly, you can say in connection with people: **u kamaráda** *at a friend's,* **u kamarádky** *at a (female) friend's,* **u doktora** *at the doctor's,* **u holiče** *at the barber's etc.*

Wordlist for lesson 2

• Page 13

kamarádka	(girl)friend
moravský	Moravian
specialita	speciality

• Page 14

bar	night club, bar
brambor	potato
bufet	snack bar, buffet
citron	lemon
cukrárna	confectionery, sweet shop
čaj	tea
čajovna	tearoom
černý	black
dát *pf.*	to give
dietní	diet
dort	cake
dušený	steamed
grilovaný	grilled
gulášový	goulash
horký	hot
jídelna	dining room
kapr	carp
kavárna	café, coffee-shop
kolikrát	how many times
kuře	chicken
kyselý	sour
losos	salmon
maso	meat
mastný	fatty, greasy
najíst se *pf.*, najím se	to eat, I'll eat
oběd	lunch, dinner
oblíbený	favo(u)rite, popular
obvykle	usually
ostrý	spicy, hot, sharp
palačinka	pancake
pečený	roasted, baked
polévka	soup
pstruh	trout
rýže	rice
salát	salad
sladký	sweet
slaný	salty, salted
smažený	fried
snídaně	breakfast
stánek	stand, stall, kiosk
studený	cold, cool
teplý	warm
tučný	fat(ty)
tvarohový koláč	cheesecake
vanilkový	vanilla
vařený	cooked, boiled
večeře	dinner, supper

vepřové	pork
zeleninový	vegetable
zelený	green
zmrzlina	ice (cream)

Co vám chutná nebo nechutná?	What do you like/don't you like (eating)?
Chutná mi...	I like (to eat) …

• Page 15

cibulový	onion
červený	red
česnekový	garlic
číšník	waiter
čokoládový	chocolate
jídelní lístek	menu
káva	coffee
objednávat	to order
odejít* *pf.*, odejdu	to leave, I'll leave
okurkový	cucumber
omáčka	sauce
perlivý	sparkling, effervescent
pít*, piju	to drink, I drink
sedět	to sit
servírka	waitress
stěžovat si	to complain
zlobit se	to be angry

Dám si...	I'll have...
Chtěl/a bych...	I would like...
Mám hlad.	I'm hungry.

• Page 16

aha	aha, I see
děkovat	to thank
díky	thank you, thanks
dost	enough
dostat* *pf.*, dostanu	to get, I'll get
hlad	hunger
chuť	appetite, taste
jednou	once
jiný	(an)other
kousek	piece
omlouvat se	to apologize
ovoce	fruit
pizza	pizza
potom	then
prominout* *pf.*, prominu	to forgive, I'll forgive, to excuse, I'll excuse
prosit	to ask
přinést* *pf.*, přinesu	to bring, I'll bring, to get, I'll get, to fetch, I'll fetch
skoro	almost, nearly

sůl	salt
šlehačka	whipped cream
trochu	a little
uf	phew
výborný	excellent, great, delicious
žízeň	thirst

Mám chuť na něco sladkého/slaného / kyselého/ ostrého...	I'm hungry for something sweet/ savory/sour/spicy. *(I'm in the mood for something...)*
Promiňte, ale...	Excuse me, but...
Prosím vás, ...	Excuse me, ...
To jídlo/pití je málo...	There's too little food/drink.
To jídlo/pití je moc...	There's too much food/drink.
To jídlo/pití není dost...	There's not enough food/drink.

• Page 17

blízko	near
halušky *(only pl.)*	(Slovak) gnocchi
chléb, chleba	bread
chudý	poor
jihočeský	South Bohemian
jižní	south(ern)
koláč	cake
kraj	area, region
kyselo	sour soup
léčivý	healing
lem	hem
likér	liqueur
minerální	mineral
minulost	past
napadnout* *pf.*, napadne	to occur, it'll occur
neboli	or
než	than
od	from, since
odtud	from here
ochutnat *pf.*	to taste
olomoucké syrečky *(pl.)*	Olomouc curd cheese
oplatka	wafer
perník	gingerbread
pes	dog
pěstovat	to grow
podle	according to
pocházet	to originate
předtím, než	before
přitom	at the same time
rande	date
recept	recipe, prescription
rybník	(fish) pond
sklep	cellar
sklípek	wine cellar
slanina	bacon
slivovice	plum brandy

smrdět	to stink
Štědrý den (24. 12.)	Christmas Eve (December 24)
tajný	secret
tradičně	traditionally
tvaroh	cottage cheese
typický	typical
Vánoce *(only pl.)*	Christmas
vařit	to cook, to boil
vyrábět	to produce
zelí	cabbage

• Page 18

banán	banana
často	often
čokoláda	chocolate
doporučovat	to recommend
k	to(wards)
karamel	caramel
kečup	ketchup
kombinace	combination
led	ice
mák	poppy seed
máslo	butter
minerál	mineral
mléko	milk
nemocný	ill, sick
nikdo	nobody
nikdy	never
odkdy	since when
parmazán	Parmesan (cheese)
peníze *(only pl.)*	money
různý	various, different
ryba	fish
salám	sausage, salami
smět, smím	to be allowed, I may
sýr	cheese
špagety *(pl.)*	spaghetti
šunka	ham
vajíčko	egg
vysoký	high, tall
zpívat	to sing

Co se pěstuje u vás?	What do they grow where you're from?
U nás se pěstuje...	Where I'm from, they grow...

• Page 19

devadesát	ninety
fuj	ugh
guláš	goulash
hlavní	main
kočka	cat
kravata	tie
pořádek, to je v pořádku	order, it's O.K.

předkrm	starter, appetizer
přijít*pf.*, přijdu	to come, I'll come
sto	hundred
strašný	terrible, horrible
špatný	bad, wrong
včera	yesterday
To je v pořádku.	That's alright/That's ok.

• Selected Imperfective/Perfective Verbs

děkovat/poděkovat	to thank
doporučovat/doporučit	to recommend
dostávat/dostat*	to get
objednávat/objednat	to order
odcházet/odejít*	to leave
ochutnávat/ochutnat	to taste
omlouvat se/omluvit se	to apologize
pít*/vypít*	to drink
přinášet/přinést*	to bring, to get, to fetch
vyrábět/vyrobit	to produce
zpívat/zazpívat	to sing

Appendix to lesson 3

■ 3.1 *Forms of words following numbers*

With mít *+ numeral 1 we use the accusative singular, for example:*
Mám jednoho bratra **a jednu sestru.** I have one brother and one sister.
After the numbers 2, 3, 4 we use the accusative plural, for example:
Mám dva bratry **a dvě sestry.** I have two brothers and two sisters.
After the numbers 5 and higher we use the genitive plural, for example:
Mám pět bratrů **a pět sester.** I have five brothers and five sisters.
You can find a comprehensive tables of cases here in the Appendix at the end of the book (pages 96 and 97).

■ 3.2 *Possessive adjectives*

In the coursebook on page 22 you can see:
Adamův tatínek Adam's dad
Adamova maminka Adam's mum

The forms Adamův *or* Adamova *are called possessive adjectives. They answer the question* **čí?**[1] whose? *They are used only for living beings, people or animals, and they have these endings:*

name	Ma	F	N	plural (simplified)
Adam	**Adamův** tatínek Adam's dad	**Adamova** maminka Adam's mum	**Adamovo** auto Adam's car	**Adamovi**[2] kamarádi Adam's friends
Eva	**Evin** tatínek Eva's dad	**Evina** maminka Eva's mum	**Evino** auto Eva's car	**Evini**[2] kamarádi Eva's friends

You will notice that the endings of possessive adjectives in the nominative sg. have a typical majority ending:
a consonant for the masculine (Adamův, Evin)
-a for the feminine (Adamova, Evina)
-o for the neuter (Adamovo, Evino)
Possessive adjectives decline the same as all other adjectives. You will learn how they decline later.
Be careful: With some feminine nouns and names there is a softening of sounds, for example: maminka > maminčin, Lenka > Lenčin, Petra > Petřin.

[1] *Note: The fact that something is somebody's (=possessive relationship) is also, less frequently, expressed in Czech using the genitive, for example:* **tatínek Adama** Adam's dad "the dad of Adam", **maminka Evy** Eva's mum "the mum of Eva". *You will learn this grammatical feature which is technically called the possessive genitive later.*

[2] *In written or spoken standard Czech we use endings in the nominative plural which are differentiated by gender:*
Adamovi studenti Adam's students, **Adamovy banány** Adam's bananas, **Adamovy kávy** Adam's coffees, **Adamova auta** Adam's cars, **Evini studenti** Eva's students, **Eviny banány** Eva's bananas, **Eviny kávy** Eva's coffees, **Evina auta** Eva's cars

■ 3.3 *Expressing age*

In the coursebook on page 23 you can see:
Adamovi je 38[1] **let**[2]. Adam is 38 years old. "There is to Adam 38 years." **Je mu 38**[1] **let**[2]. He is 38 years old. "There is to him 38 years."
Evě je 37[1] **let**[2]. Eva is 37 years old. **Je jí 37**[1] **let**[2]. She is 37 years old.
Je mi 8 roků/let[2]. I am 8 years old.

Note: We do not always have to use the words **roky** *or* **let** *when stating an age.*

[1] *In everyday spoken Czech you may often hear numbers in reverse order. For example:* **Adamovi je osmatřicet.** Adam is thirty-eight. "To Adam is eight and thirty." **Je mu osmatřicet.** He's thirty-eight. "There is to him eight and thirty."

[2] *The word* **let** *is in fact the genitive plural of the word* **léto** summer. *See point 1.4.*

To express age the object construction with dative is used, which also expresses sensations, emotions or predilections. The person here becomes the object (in the dative) of these sensations and emotions, as if they were directly exposed to them. Compare these further examples:
Je mu/jí špatně. He/she is ill. "It is to him/her badly"
Chutná mi to. It tastes good. "It tastes to me."
Líbí se mi tady. I like it here. "It is pleasing to me here."

Hodí se mi to. That suits me. "It suits to me" *(often in connection with time information)*
Je mi zima/teplo. I'm cold/warm. "It is to me cold/warm."

You can find an overview of declensions of personal pronouns on page 67.

3.4 *Family terms, first names*

Informal terms and diminutives are often used in family, friendly or informal working relationships. Compare, for example:
matka × **maminka, máma, mamka**
otec× **tatínek, táta, taťka**
bratr× **brácha, bratříček**
sestra × **ségra, sestřička**
Some terms are markedly formal, e.g. **matka, otec**. *Other terms indicate an emotional relationship, e.g.* **maminka, tatínek, bratříček, sestřička**. *Other terms, e.g.* **máma, táta, brácha, ségra, mamka, taťka** *are informal and are used in daily domestic situations. You should also note regional variations: the forms of address* máma *and* táta *tend to be used in Bohemia, while the words* **mamka** *and* **taťka** *tend to be from the region of Moravia.*

The use of informal forms of address and diminutives also affects first names, for example:
Anna × **Anička, Andulka, Anča**
Jakub × **Jakoubek, Kuba, Kubíček**
Jan × **Honza, Honzík, Honzíček, Jeník, Jeníček**
Jaroslav × **Jarda, Jaroušek, Jára**
Jiří × **Jirka, Jiřík, Jiříček**
Kateřina × **Katka, Káťa, Kačka, Kačenka**
Marie × **Maruška, Mařenka, Máňa**
Pavel × **Pavlík, Pavlíček, Pája**

3.5 *Comparison of* rád

In the coursebook you can see:
Mám <u>rád</u> celou naši rodinu, dokonce i Jakuba, i když se někdy hádáme. I love our whole family, even Jakub, even though we sometimes quarrel.
Maminku mám asi <u>radši</u>[1] než tatínka. I love Mum maybe more than Dad.
<u>Nejradši</u>[1] mám ale našeho psa Fíka. But I love our dog, Fik, most of all.

Remember: The words **radši**[1]/**raději** *and* **nejradši**[1]/**nejraději** *are comparative and superlative forms of* **rád**.

You should note that the word **rád** *occurs in Czech in three constructions:*
1. Jsem rád/a, že jsem doma. I'm happy that I'm home.
2. Mám rád/a maminku. I love my Mum.
3. Rád/a hraju tenis. I like playing tennis.
The comparative forms can be used in all three constructions.

[1]*You will hear the forms* radši *and* nejradši *more often, particularly in everyday spoken language. Notice how they are pronounced:* radši [rači], nejradši [nejrači].

3.6 *Expressing certainty and uncertainty*

In daily communication we often use expressions which express our level of certainty or uncertainty – sometimes we know something for sure, but at other times we are not sure of something. Remember the following useful expressions:
To je určitě... It's certainly...
Podle mě to je... In my opinion it is...
Myslím, že to je... I think it is...
To musí být... It must be...
Je možné, že to je... It's possible that it is...
To je asi... It's probably...

■ 3.7 Declensions of question, indefinite and negative pronouns

Declensions of question pronouns kdo and co			
1.	nominative	**kdo**	**co**
2.	genitive	**koho**	**čeho**
3.	dative	**komu**	**čemu**
4.	accusative	**koho**	**co**
5.	vocative	---	---
6.	locative	**kom**	**čem**
7.	instrumental	**kým**	**čím**

We recommend you to learn the forms of the case endings of the question pronouns **kdo** *who and* **co** *what by heart (this is how others have to learn them, even Czech children, who learn them as so-called case questions). It is worth your while for several reasons:*
a) Question pronouns are very important in forming questions.
b) The declension of indefinite pronouns **někdo** *someone and* **něco** *something and negative pronouns* **nikdo** *no one and* **nic** *nothing is the same as the declension of the question pronouns* **kdo** *who and* **co** *what, they differ only in the addition of the prefixes* **ně-** *and* **ni-** *(see below).*
c) If you look at the table of cases here in the Appendix on page 96 in more detail, you will find that the case forms of the question pronouns **kdo** *who and* **co** *what to a certain extent resemble the masculine and neuter forms of adjectives and demonstrative pronouns, for example:* koho, čeho – toho dobrého, komu, čemu – tomu dobrému, o kom, čem – o tom dobrém... *etc. So they can help you to master and automatize their case endings.*

Declension of indefinite pronouns někdo and něco			
1.	nominative	**někdo**	**něco**
2.	genitive	**někoho**	**něčeho**
3.	dative	**někomu**	**něčemu**
4.	accusative	**někoho**	**něco**
5.	vocative	---	---
6.	locative	**někom**	**něčem**
7.	instrumental	**někým**	**něčím**

Declension of negative pronouns nikdo and nic[1]			
1.	nominative	**nikdo**	**nic**[1]
2.	genitive	**nikoho**	**ničeho**
3.	dative	**nikomu**	**ničemu**
4.	accusative	**nikoho**	**nic**[1]
5.	vocative	---	---
6.	locative	**nikom**	**ničem**
7.	instrumental	**nikým**	**ničím**

[1] *Note that we don't say* **nico**, *but* **nic.**

Wordlist for lesson 3

• Page 21

cena, to nemá cenu	value, price, it's no use
rodinný	family
vztah	relation(ship)

• Page 22

bratranec	cousin
bratr	brother
dítě	child
fotografie	photo(graph)
maminka	mum(my)
neteř	niece
prarodiče (pl.)	grandparents
rodiče (pl.)	parents
rodina	family
rozvedený	divorced
sestra	sister
sestřenice	(female) cousin
snacha	daughter-in-law
sourozenec	sibling
strýc	uncle
svobodný	single, unmarried, free
synovec	nephew
švagr	brother-in-law
švagrová	sister-in-law
tatínek	dad(dy)
tchán	father-in-law
tchyně	mother-in-law
vdaná	married (woman)
vnučka	granddaughter
vnuk	grandson
zeť	son-in-law
ženatý	married (man)

Jsem ženatý, vdaná, svobodný/á, rozvedený/á.	I'm married (man)/married (woman)/single/divorced.
Mám přítele/přítelkyni.	I have a boyfriend/girlfriend.
Mám rodiče, prarodiče, sourozence.	I have parents, grandparents, siblings.
Mám velkou/malou rodinu.	I have a big/small family.

• Page 23

babi	granny, grandma (coll.)
brácha	brother (coll.)
brečet	to cry, to weep (coll.)
brzy	soon
daleko	far (away)
dcera	daughter
děda	granddad, grandpa (coll.)
dědeček	grandfather
dokonce	even

dospělý	adult, grown-up
hádat se	to argue, to quarrel
hodný	good, nice
chlupatý	hairy
křičet	to cry, to shout
legrace	fun
máma	mum(my) (coll.)
mámin	mother's (coll.)
mamka	mum(my) (coll.)
manželka	wife
matka	mother
miminko	baby
mladý	young
nálada	mood
naštěstí	fortunately
nervózní	nervous
otec	father
pán	(gentle)man
pořád	all the time, always
příbuzný	relative
přísný	strict
puberta	puberty
puberťák	adolescent (coll.)
ségra	sister (coll.)
slíbit pf.	to promise
spát, spím	to sleep, I sleep
starý	old
stejně	same
strejda	uncle (coll.)
svatba	wedding
táta	dad(dy) (coll.)
taťka	dad(dy) (coll.)
tátův	father's (coll.)
teta	aunt
tetička	auntie
tři	three
uklízet	to tidy up, to clean
unavený	tired
vesnice	village
vlastní	(one's) own

• Page 24

bláznivý	crazy, foolish
drzý	cheeky, rude
líný	lazy
manžel	husband
milovat	to love
občas	at times, now and then
obdivovat	to admire
pomoct* pf., pomůžu	to help, I'll help
pořádný	orderly
problém	problem
rozejít se* pf., rozejdu se	to part, I'll part, to leave, I'll leave

rozmazlený	spoiled
roztomilý	nice, cute
sejít se* pf. sejdu se	to meet, I'll meet
snášet se	to get on well
strašně	horribly, terribly
telefonovat	to phone, to call
určitě	certainly, sure
vidět	to see
volat	to call
zvědavý	curious

Je možné, že...	It's possible that...
...je určitě...	...it's definitely...
...musí být...	...it has to be...
Myslím, že...	I think that...
Podle mě...	In my opinion...

• Page 25

dál	further, farther
detektivka	detective story
detektiv	detective
divný	strange, odd
dopsaný	finished (by writing)
dveře (only pl.)	door
hodinky (only pl.)	(wrist)watch
inspektor	inspector
jinak	in another way, differently
klíč	key
klid	peace, quiet
kontrolovat	to check
ležet	to lie
manželův	husband's
místnost	room
místo	place
mrtvý	dead
najednou	suddenly
navíc	moreover, besides
odchod	leaving
odpovídat	to answer
okno	window
otevřít* pf., otevřu	to open, I'll open
papír	paper
pero	pen
podívat se pf.	to (have a) look
poslední	last
poslech	listening
pracovna	study
prášek	pill, tablet
probudit se pf.	to wake up
pryč	away
ráno	morning
rozhodnout se* pf., rozhodnu se	to decide, I'll decide

rozplakat se* pf.	to start crying,
rozpláču se	I'll start crying
rozsvítit pf.	to switch on a light
ruka	hand
rychle	quickly, fast
sebevražda	suicide
sem	here
seřadit pf.	to put in order
sklenička	(small) glass
spáchat pf.	to commit
spaní	sleeping
stát se* pf., stane se	to happen, it'll happen
strach	fear
stůl	table, desk
tableta	tablet, pill
tma	dark(ness)
tmavý	dark
úplný	complete, full
uvidět pf.	to see, to catch sight
večer	(in the) evening
venku	outside, outdoors
vyrazit pf.	to break open
vyřešit pf.	to solve
zamykat	to lock
závěs	curtain, drapery
zavřený	closed, shut
zazvonit pf.	to ring (the bell)
zbytek	rest
zdát se	to seem
zeptat se pf.	to ask

| Náš vztah už nemá cenu. | Our relationship doesn't make sense anymore. |

• Page 26

ani, ani-ani	not even, neither- nor
detail	detail
důkaz	proof
dům	house
investovat	to invest
kdy	when
konec	end
někdo	somebody, anybody
nic	nothing
povídat si	to chat, to talk
scházet se	to meet
sledovat	to follow
umřít* pf. umřu	to die, I'll die
vražda	murder
vzpomenout si* pf., vzpomenu si	to remember, I'll remember, to recall, I'll recall
zamilovaný	in love
zjistit pf.	to find out

zvát*, zvu	to invite, I invite

• *Page 27*

auto	car
bratříček	baby brother, little brother
gratulovat	to congratulate
jé	oh, dear me
kosmonaut	astronaut
princezna	princess
sestřička	baby sister, little sister
syn	son
támhle	over there *(coll.)*

Už jsem tě/vás/ho/ji neviděla sto let!	I haven't seen you/you/him/her in ages!
Budeme si hrát na...	We'll play...

• *Selected Imperfective/Perfective Verbs*

dívat se/podívat se	to (have a) look
gratulovat/pogratulovat	to congratulate
hádat se/pohádat se	to argue, to quarrel
kontrolovat/zkontrolovat	to check
křičet/zakřičet	to cry, to shout
odpovídat/odpovědět	to answer
otvírat/otevřít*	to open
probouzet se/probudit se	to wake up
rozhodovat se/rozhodnout se*	to decide
rozcházet se/rozejít se*	to part, to leave
řešit/vyřešit	to solve
scházet se/sejít se*	to meet
slibovat/slíbit	to promise
telefonovat/zatelefonovat	to phone, to call
uklízet/uklidit	to tidy up, to clean
umírat/umřít*	to die
volat/zavolat	to call
vzpomínat si/vzpomenout si*	to remember, to recall,
zamykat/zamknout*	to lock
zjišťovat/zjistit	to find out
zvát*/pozvat*	to invite
zvonit/zazvonit	to ring (the bell)

Appendix to lesson 4

■ 4.1 Pár, moc + *the genitive plural*

In the coursebook on page 30, you can see:
Je to jen <u>pár domů</u>. It's only a few houses.
Jediné, co mi vadí, je, že během letní sezóny je tady <u>moc turistů</u>. The one thing that bothers me is that during the summer there are too many tourists here.
The expressions **pár** *a few and* **moc** *a lot/too many are known as quantifiers, after which we use the genitive. You can find a comprehensive table of the genitive plural forms on page 51.*

For further expressions which express quantity and after which we use the genitive, see point 2.7.

4.2 *Further adverbs and prepositions expressing direction and location*
From previous lessons you already know some parts of this table:

Direction	Location
Kam? Where to?	**Kde?** Where?
jít (to go on foot), **jet** (to go by vehicle), **letět** (to fly)...	**být** (to be), **pracovat** (to work), **studovat** (to study), **bydlet** (to reside), **žít** (to live), **čekat** (to wait)...
nahoru up **dolů** down **doleva** (to the) left **doprava** (to the) right	**nahoře** above/upstairs **dole** below/downstairs **vlevo, nalevo** on the left **vpravo, napravo** on the right
do + G *e.g.* do školy 	**v/ve + L** *e.g.* ve škole
na + A *e.g.* na koncert 	**na + L** *e.g.* na koncertě
k/ke + D *e.g.* ke škole, k doktorovi 	**u + G** *e.g.* u školy, u doktora
nad, pod, před, za, mezi + *accusative* **nad dům** above the house **pod dům** under the house **před dům** in front of the house **za dům** behind the house **mezi dům a školu** between the house and the school	**nad, pod, před, za, mezi** + *instrumental* **nad domem** above the house **pod domem** under the house **před domem** in front of the house **za domem** behind the house **mezi domem a školou** between the house and the school

*In lesson 7 of the coursebook Čeština expres 1 you met the way that Czech expresses location (i.e. **where** something is) and in lesson 8 of the coursebook Čeština expres 2 you practised describing direction (i.e. **where** someone is going **to**, driving, flying etc.). In this lesson you will review this material together and practise it. You will also learn further prepositions that express direction or location. These are the prepositions **nad** above, **pod** below, **před** in front of, **za** behind and **mezi** between. In the text of the coursebook on page 30 you can see:*

Před naším <u>domem</u> je silnice. There is a road in front of our house.
Bydlím pod <u>hradem</u> Karlštejn. I live below Karlštejn castle.
Nad <u>zahradou</u> je kopec a les. There is a hill and a forest above the garden.

In the preceding sentences the prepositions are used with static verbs: být, bydlet, stát… *and they express location (see the table above). In this case they are followed by the instrumental. However, the same prepositions are also used to express direction with verbs of motion:* jít, jet, letět…. *In this case they are followed by the accusative. Compare:*

Question **kde?** *where?*

Před naším <u>domem</u> *(= instrumental)* **je silnice.**
There is a road in front of our house.
Bydlím pod <u>hradem</u> *(= instrumental)* **Karlštejn.**
I live below Karlštejn castle.
Nad <u>zahradou</u> *(= instrumental)* **je kopec a les.**
There is a hill and forest above the garden.

Question **kam?** *Where to?*

Jdu před náš <u>dům</u>. *(= accusative)*
I'm going to the front of our house.
Jedu pod <u>hrad</u> *(= accusative)* **Karlštejn.**
I'm driving below Karlštejn castle.
Jdu nad <u>zahradu</u>. *(= accusative)*
I'm going above the garden.

Direction and location can be expressed by other prepositions as well, which are not included in the table, for example **blízko** + G close to, **daleko do/od** + G far from, **kolem** + G past, **vedle** + G next to, **uprostřed** + G in the middle of, **doprostřed** + G into the middle of, **směrem k** + D in the direction of/towards.

◼ 4.3 *Verbs with prefixes:* přejít, vyjít...

In the coursebook you can see:
přejít most to cross the bridge
vyjít z nádraží to leave the station
vyjít na kopec to go up the/a hill
The **pře-** *and* **vy-** *parts of the words are known as prefixes. Prefixes change the meaning of the words they are connected to (in this case, this is the verb* **jít**). *Compare:*

jet to go (by vehicle)	+	**při-**	=	**přijet** to come
		od-		**odjet** to leave
		do-		**dojet** to reach a place, to pop in
		s-		**sjet** to go down
		v-		**vjet** to go in
		vy-		**vyjet** to go out, to come out
		ob-		**objet** to go around

In the following table you can see pictures which represent the meaning of the basic Czech prefixes:

do-	**na-**	**nad-**	**ob-**	**od-**	**pod-**	**pro-**	**pře-**	**před-**
to reach a limit, to finish	*on, upon*	*above, up*	*round, around*	*motion away from*	*down, below, under*	*through*	*1. across, 2. re-, again*	*in front of*

při-	**roz-**	**s-**	**s-**	**v-**	**vy-**	**vy-**	**za-**
1. motion to 2. addition	*1. the beginning of an activity 2. motion to different places*	*down*	*to one place*	*in, into, inside*	*up, upwards*	*out, outside*	*1. in, into 2. behind*

■ 4.4 *Numbers and expressions with numbers*

We read the following numbers and expressions with numbers this way:

In the text you see:	We read:	Translation
v roce 1348	**v roce třináct set čtyřicet osm** *or* **v roce tisíc tři sta čtyřicet osm**	in the year thirteen forty eight or "in the year one thousand three hundred and forty eight"
Karel IV.	**Karel Čtvrtý**	Charles the Fourth
trasa č. 2	**trasa číslo dva**	route number two
od 1. 5. do 4. 11.	**od prvního května do čtvrtého listopadu** *or* **od prvního pátý do čtvrtého jedenáctý**	from the first of May to the fourth of November or from the first of the fifth to the fourth of the eleventh
Rezervace na tel: 274 008 154-6	**rezervace na telefonu dva sedm čtyři nula nula osm jedna pět čtyři až šest** *or* **rezervace na telefonu dvě stě sedmdesát čtyři nula nula osm sto padesát čtyři až šest**	Reservations on telephone: two seven four zero zero (oh oh) one five four to six or reservations on telephone: two hundred and seventy four zero zero eight hundred and fifty four to six
cca 100 min.	**cirka (= asi) sto minut**	about/circa one hundred minutes
max. 16 osob	**maximálně šestnáct osob**	a maximum of sixteen people
dospělí: 300,- Kč	**dospělí: tři sta korun**	adults: three hundred crowns
děti do 6 let	**děti do šesti let**	children up to six years
děti od 6 let	**děti od šesti let**	children from six years upwards

Wordlist for lesson 4

• Page 29

dostat se* *pf.*,	to get (to),
dostanu se	I'll get (to)
hrad	castle
výlet	trip

• Page 30

barák	house *(coll.)*
během	during
bydlení	living
cesta	road, journey
cyklostezka	cycle path
čí	whose
dojíždět	to commute
dole	downstairs, at the bottom
garáž	garage
houba	mushroom, sponge
kašna	fountain
kopec	hill
kostel	church
louka	meadow
mezi	between
nad	over, above
nádraží	railway station
nahoře	upstairs, at the top
nájem	rent
nákup	shopping
nevýhoda	disadvantage
obecní úřad	municipal (local) authority
obchodní centrum	shopping centre (center)
pár	a few, some
pěšky	on foot
pod	under, below
přímo	straight
sezóna	season
silnice	road
spokojený	satisfied, contented
trh	market (place)
turista	tourist
uprostřed	in the middle
úřad	office
věž	tower
vlak	train
vlevo	on the left
vpravo	on the right
vpředu	in the front
výhoda	advantage
vyjet* *pf.*, vyjedu	to drive out (up), I'll drive out (up)
vzadu	at the back
zahrada	garden
základní	basic
zima	winter
zvyklý	used, accustomed

• Page 31

banka	bank
čekat	to wait
hotel	hotel
kino	cinema
klub	club
most	bridge
pošta	post office
řeka	river
supermarket	supermarket
taxík	taxi *(coll.)*

• Page 32

autobus	bus
doleva	to the left
dolů	down(wards)
doprava	to the right
jízda, ve směru jízdy	driving, riding, facing the engine
mapa	map
nahoru	up(wards)
nakonec	in the end
nalevo	on the left, to the left
napravo	on the right, to the right
navštívit *pf.*	to visit
odpoledne	(in the) afternoon
přejít* *pf.*, přejdu	to cross, I'll cross, to go over, I'll go over
rovně	straight
směr	direction
vyjít* *pf.*, vyjdu	to go out, I'll go out, to come out, I'll come out
vystoupit *pf.*	to get off, to get out of
zahnout* *pf.*, zahnu	to turn, I'll turn
zase	again

Jak se dostanu do/na/k...?	How to I get to...?
Jak se jde do/na/k...?	How do I go to…?
Kde je...?	Where is...?
Musíš jít doprava, doleva, dolů, nahoru, rovně...	You have to go right, left, down, up, straight...

• Page 33

doktor	doctor
dopředu	forward(s), to the front
galerie	gallery
hodit se	to go with, to suit
jed	poison
letět	to fly
muzeum	museum
pozvat* *pf.*, pozvu	to invite, I'll invite
přestoupit *pf.*	to change (traffic)
stanice	station
zámek	castle, chateau

Nechceš někdy přijít na návštěvu? – Děkuju, rád/a přijdu.	Would you like to come visit sometime? - Thank you, I'd like that.
Přestoupíš/vystoupíš na stanici...	You transfer/get off at... station.

• Page 34

alkohol	alcohol
císař	emperor
císařský	imperial
část	part
délka	length
dnes	today
důchodce	pensioner
gotický	Gothic
grafika	graphic (arts)
horní	upper, top
hradní	castle
internet	Internet
invalida	disabled person
kaple	chapel
katedrála	cathedral
klenot	jewel
korunovační	crown
koupit *pf.*	to buy
král	king
královský	royal
kříž	cross
návštěvník	visitor
nechat *pf.*	to let, to leave
nutný	necessary
objekt	object
osoba	person
otevřený	open
palác	palace
patro	floor
poklad	treasure
postavit *pf.*	to build
pouze	only
prohlídka	sightseeing (tour)
prohlídkový	sightseeing
průvodce	guide
předem	in advance
především	above all, first of all
rezervace	reservation, booking
rezervovat	to book
římský	Roman
sbírka	collection
strašit	to haunt
suvenýr	souvenir
svatý	holy, Saint
trasa	route
uložený	stored, laid
veřejnost	public

Vít	Vitus
vstupenka	ticket
vstupné	entrance fee
východní	East(ern)
zahrnovat	to include, to embrace
založený	founded
zavřít* *pf.*, zavřu	to close, I'll close, to shut, I'll shut

Kdy je otevřeno?	When is it open?
Kdy je zavřeno?	When is it closed?
Kdy/v kolik hodin začíná prohlídka?	When/what time does the tour start?
Je na hradě průvodce?	Is there a tour guide at the castle?
Jak dlouho trvá prohlídka?	How long does the tour last?
Kolik stojí vstupenka?	How much is the ticket?
Musím si vstupenku rezervovat předem?	Do I need to reserve a ticket in advance?

• Page 35

jednosměrný	one-way
moment	moment
po	after, in
projít se* *pf.*, projdu se	to go for a walk, I'll go for a walk
smát se*, směju se	to laugh, I laugh
vrátit se *pf.*	to return, to come back
ztratit se *pf.*	to get lost

Musíme si pamatovat jméno našeho hotelu a ulice.	We have to remember the name of our hotel and the street.
Proč se směješ?	Why are you laughing?
To je divné.	That's weird.
Už jsem unavená.	I'm tired already.

• Selected Imperfective/Perfective Verbs

navštěvovat/navštívit	to visit
procházet se/projít se*	to go for a walk
přecházet/přejít *	to cross, to go over
přestupovat/přestoupit	to change (traffic)
rezervovat/zarezervovat	to book
smát se*/zasmát se*	to laugh
stavět/postavit	to build
vracet se/vrátit se	to return, to come back
vycházet/vyjít*	to go out, to come out
vyjíždět/vyjet*	to drive out (up)
vystupovat/vystoupit	to get off, to get out of
zahýbat/zahnout*	to turn
zavírat/zavřít*	to close, to shut
ztrácet se/ztratit se	to get lost

Appendix to lesson 5

◼ 5.1 *Nominative and accusative plural Mi, F, N*

In the coursebook on page 30 you can see:
černé kudrnaté vlasy black curly hair
světlé rovné vlasy fair straight hair
dvě mladší sestry two younger sisters

Compare the endings:
1. Adjectives in the nominative and accusative plural
   a) *-ý adjectives (= hard adjectives)*
      Mi and F have the ending **-é**, *for example* černé kudrnaté vlasy black curly hair
      N have the ending **-á**, *for example* velká auta big cars
      In everyday spoken (colloquial) Czech the situation is much simpler. All -ý adjectives have only the ending **-ý** *in the nominative and accusative plural:* černý vlasy, mladý sestry, velký auta...
   b) *-í adjectives (= soft adjectives)*
      These adjectives have the ending **-í** *in the nominative and accusative plural (for example* mladší sestry younger sisters*).*
      <small>*Be careful: The nouns* oči, uši *and* děti *are neuter in the singular but in the plural their gender changes to feminine. This is why we say* hnědé oči, velké uši, malé děti.</small>

2. Nouns in the nominative and accusative plural (review)
   a) *regular forms of the plural:* vlas – vlas**y**, vous – vous**y**, noha – noh**y**, *but also* restaurac**e** – restaurac**e**, aut**o** – aut**a**,...
   b) *irregular forms of the plural:* oko – **oči**, ucho – **uši**, ruka – **ruce**, dítě – **děti**, člověk – **lidé**, **lidi** *(N. pl.),* **lidi** *(A. pl.)...*

Note: *For some forms there is a change in the stem of the word:* **dům – domy**, house – houses, **stůl – stoly** table – tables.
       Some nouns have only plural forms, for example **kalhoty** trousers/pants, **džíny** jeans.
       You will learn plural forms of Ma *nouns and adjectives in Čeština expres 4.*

You can find a table of the nominative plural on page 48 and on page 57 a table of the accusative plural.

◼ 5.2 Měl/a bys...

In the coursebook on page 41 you can see:
Měla bys mít kratší vlasy. You should have shorter hair.

The verb **mít** *can have*
a) a concrete meaning, expressing possession, for example: **Máš auto?** Do you have a car?
b) a modal meaning, expressing advice, a suggestion or a recommendation, for example: **Měla bys** mít kratší vlasy. You should have shorter hair.
In the following table you can see the whole conjugation of this verb in the conditional form.

	-l form, for example:	*conditional auxiliary verb*[3]
I	**měl/měla/měl**o[1]	**bych**
you	**měl/měla/měl**o	**bys**
he/she/it	**měl/měla/měl**o	**by**
we	**měli**[2]	**bychom/bysme**[4]
you	**měli**	**byste**
they	**měli**	**by**

[1] *Notice that we use the same -l form (read as: "el-form", technically the past participle) in the conditional as in the past tense.*

[2] *In written Czech the following endings of the -l form may occur in the plural according to the gender of the subject:* měli by (muži), měly by (banány), měly by (ženy), měla by (auta). *The last form (neuter) may also be heard in the spoken form of standard Czech. At this stage of your studies, however, we will use only the form* měli *for the sake of simplicity.*

[3] *Just like the auxiliary verb in the past tense, the conditional auxiliary verbs bych, bys, by, bychom/bysme, byste, by take the second position (which is not necessarily the second word) in the sentence.*

[4] *The word* **bychom** *is typical of standard Czech, the word* **bysme** *is used in the everyday spoken language.*

For more about the conditional see lesson 7.

■ 5.3 *Comparison of adjectives*

In the coursebook on page 41 you can hear or read what Simona says to Milena:
Měla bys mít <u>kratší</u> vlasy. You should have shorter hair.
Měla bys mít <u>výraznější</u> make-up. You should have more noticeable make-up.
Měla bys nosit <u>modernější</u> oblečení. You should wear more modern clothes.
Měla bys nosit <u>hezčí</u> barvy. You should wear prettier colours.
Měla by sis koupit <u>elegantnější</u> boty. You should buy some more elegant shoes.

When we compare things, situations or people, we use comparative and superlative adjectives. The comparative is formed with the help of the suffixes -ejší/-ější, -ší or -čí[1]. The superlative is formed using the prefix nej-, *added to the comparative.*

Regular forms		
1. positive	*2. comparative*	*3. superlative*
	-ejší/-ější, -ší, -čí[1]	nej- + -ejší/-ější, -ší, -čí
elegantní elegant	**elegantnější**	**nejelegantnější**
levný cheap	**levnější**	**nejlevnější**
moderní modern	**modernější**	**nejmodernější**
výrazný noticeable/distinctive	**výraznější**	**nejvýraznější**
zajímavý interesting	**zajímavější**	**nejzajímavější**
světlý light (in colour)	**světlejší**	**nejsvětlejší**
krátký short	**kratší**	**nejkratší**
tmavý dark	**tmavší**	**nejtmavší**
drahý expensive	**dražší**[2]	**nejdražší**[2]
hezký pretty	**hezčí**[2]	**nejhezčí**[2]

[1] *The suffix -ejší/-ější is usually added to three-syllable or longer adjectives, and -ější follows d, t, n, m, p, b, v a f (for example* moderní – modernější*).*
Adjectives ending -tý often take the suffix -ší (for example tlustý – tlustší*).*

[2] *There is a palatalisation (= softening) of some sounds before the suffix -í (for example* drahý – dražší*).*

Irregular forms		
1. positive	*2. comparative*	*3. superlative*
dobrý good	**lepší**	**nejlepší**
špatný bad	**horší**	**nejhorší**
velký big	**větší**	**největší**
malý small	**menší**	**nejmenší**
vysoký high	**vyšší**	**nevyšší**
dlouhý long	**delší**	**nejdelší**

You should memorise the irregular forms.

■ 5.4 Nechat si ostříhat vlasy

In the coursebook on page 42 you can see:
Milena je ráda, že si <u>nechala</u> ostříhat vlasy. Milena is happy that she had her hair cut. "Milena is happy that she let to cut her hair to herself." *The verb* **nechat** *literally means* leave/let. *We can also use the verb* **dát si** *in a similar way, for example* **dát si opravit boty** *to get one's shoes mended.*

■ 5.5 Personal pronouns in the dative and accusative

In the coursebook you can see:

Skoro jsem ji nepoznal... I almost didn't recognise her.
Ale vážně – opravdu jí to moc sluší. But seriously – it really suits her.
Ty tmavší vlasy se mi moc nelíbí. I don't like that darker hair much. "That darker hair isn't very appealing to me."

The words **mi, jí** *and* **ji** *are so-called short forms¹ of personal pronouns in the dative and accusative. Compare:*

	singular					*plural*		
nominative	já	ty	on	ona	ono/to	my	vy	oni
dative	mi	ti	mu	jí	mu	nám	vám	jim
accusative	mě	tě	ho	ji	ho	nás	vás	je

Watch out for the same words with different meanings:

Eva **jí** (= *verb*) dort. Eva is eating cake. × Telefonuju **jí** (= *pronoun*). I'm telephoning her.
To **je** (= *verb*) káva. It is coffee. × Vidím **je** (= *pronoun*). I see them.

You can find an overall overview of the declensions of personal pronouns on page 67.

¹There are not only short forms of pronouns in Czech, but also so-called long forms, which stand at the beginning or at the end of sentences and forms used after prepositions.

Wordlist for lesson 5

• **Page 37**

nakupovat	to do shopping
proměna	change
vypadat	to look

• **Page 38**

adjektivum	adjective
brýle *(only pl.)*	glasses
cvičení	exercise
dívka	girl
dlouhý	long
doba	time
druhý	second, another
dvojče, dvojčata *(pl.)*	twin, twins
fakt	really
forma	form
hnědý	brown
hubený	thin
hustý	thick
chápat*, chápu	to understand, I understand, to comprehend, I comprehend
krátký	short
kudrnatý	curly
malovat se	to put on one's make-up
modrý	blue
naopak	on the contrary
oko	eye
opačný	opposite
ošklivý	ugly
pleš	bald spot
podobně	similarly
postava	figure
rovný	straight
silný	strong
slabý	weak
správný	correct, right
světlý	bright, light
šedý	grey
štíhlý	slender, slim
tetování	tattoo(ing)
tlustý	thick, fat
věřit	to believe
vlasy *(pl.)*	hair
vousy *(pl.)*	beard
význam	meaning
ztloustnout* *pf*, ztloustnu	to put on weight, to grow fat

Jak vypadá?	What does he/she look like?
Je vysoký/á.	He/she is tall.
Má brýle.	He/she has glasses.
Má dlouhé rovné vlasy.	He/she has long straight hair.
Má dlouhé šedé vousy.	He has a grey beard.

Má modré oči.	He/she has blue eyes.
Má pleš.	He's bald.
Má štíhlou postavu.	He/she is thin.
Má tmavé kudrnaté vlasy.	He/she has dark curly hair.

• **Page 39**

noha	leg, foot
sympatický	nice, pleasant
ucho	ear

Je mi sympatický/á.	He/she is nice.

• **Page 40**

bota	shoe
bunda	jacket, anorak
dojem	impression
jestli	if, whether
kabát	coat
kalhoty *(only pl.)*	trousers, pants
košile	shirt
kupovat	to buy
mikina	sweatshirt
móda	fashion
nosit	to wear, to carry
oba	both
ponožka	sock
právě	just (now)
sako	jacket
sukně	skirt
svetr	pullover, sweater
šála	scarf, shawl
tričko	T-shirt
velikost	size
vybírat	to choose
zkusit *pf.*	to try
značka	brand, make
značkové oblečení	designer clothes
žlutý	yellow

A co třeba...?	And what about...?
Mám si vzít ... nebo ...?	Should I wear ... or ...?
Sluší mi to? – Ano, sluší. /Ne, nesluší.	Does it suit me? – Yes, it suits you. / No, it doesn't suit you. *(Does it look good on me? – Yes, it does / no, it doesn't)*
Zkus si to!	Try it on!

• **Page 41**

čas	time
elegantní	smart, graceful
fyzicky	physically
holič	hairdresser, barber
levný	cheap
náročný	exacting, demanding

nějak	somehow	katastrofa	disaster
obarvit *pf.*	to dye	koncert	concert
ostříhat *pf.*	to cut	malý	small, little
stihnout* *pf.* , stihnu	to manage, to catch, I'll manage, I'll catch	moderní	modern
vedoucí	leader	ne	no
výrazný	distinctive	nový	new
zhubnout* *pf.*, zhubnu	to lose weight, I'll lose weight	obléct si* *pf.*, obleču si	to put on, I'll put on
změnit se *pf.*	to change	slušet	to suit, to become
		šaty *(only pl.)*	clothes, dress
		šortky *(only pl.)*	shorts

Měla bys mít kratší vlasy.   You should have shorter hair.

		tenhle	this
• *Page 42*		vůbec	absolutely
barevný	colo(u)rful, colo(u)r	vzít si* *pf.*, vezmu si	to take, I'll take
barva	colo(u)r	záclona	net curtain
barvit	to dye	zítra	tomorrow
dneska	today *(coll.)*		
chlap	bloke, fellow, guy *(coll.)*		
jemný	fine	Ale co si mám obléct?	What should I wear?
jo	yeah *(coll.)*		(What should I put on?)
kosmetika	cosmetics	Nemám co na sebe!	I don't have anything to wear!
make-up	make-up	Tahle sukně je mi malá/velká.	This skirt is too big/small for me.
mnohem	much, far		
nadšený	enthusiastic, keen		
názor	opinion	• *Selected Imperfective/Perfective Verbs*	
no tak	well, come on	barvit/obarvit	to dye
poznat *pf.*	to know, to recognize	brát si*/vzít si*	to take
překvapit *pf.*	to surprise	hubnout*/zhubnout*	to lose weight
přirozený	natural	kupovat/koupit	to buy
reagovat	to react	malovat se/namalovat se	to put on one's make-up
rtěnka	lipstick	měnit se/změnit se	to change
stejný	the same, constant	oblékat si/obléct si*	to put on
šok	shock	poznávat/poznat	to know, to recognize
takový	such (a), like this	překvapovat/překvapit	to surprise
utrácet	to spend (money)	stíhat/stihnout*	to manage, to catch
vážně	seriously	stříhat/ostříhat	to cut
vydržet *pf.*	to stand, to hold out	tloustnout*/ztloustnout*	to put on weight
zvyknout si* *pf.*,	to get used,	utrácet/utratit	to spend (money)
zvyknu si	I'll get used	věřit/uvěřit	to believe
		vybírat/vybrat*	to choose
		zkoušet/zkusit	to try
Byl/a jsem zvyklý/á...	I used to...	zvykat si/zvyknout si*	to get used
Když mi bylo 15, nosil/a jsem...	When I was 15, I wore...		
Milena si nechala ostříhat vlasy.	Milena got a haircut.		
Milena vypadá líp /hůř než předtím.	Milena looks better/ worse than before.		

• *Page 43*	
divadlo	theatre
džíny *(only pl.)*	jeans
halenka	blouse
hrát*, hraju	to play, I play
hrozný	horrible, terrible

Appendix to lesson 6

■ 6.1 *Imperfective/perfective aspect*

In the coursebook on page 46 you can see:

Táta <u>nakoupil</u> jídlo a pití, sestra <u>uklidila</u> celý dům a máma <u>uvařila</u> knedlíky a <u>upekla</u> velkou husu.

Dad bought food and drink, my sister cleaned the whole house and mum made dumplings and roasted a big goose.

The verbs marked are perfective. The majority of Czech verbs[1] have two forms – imperfective and perfective. What do these terms mean?

Imperfective forms *(for example **nakupovat** to buy/shop, **uklízet** to clean, **vařit** to cook, **péct** to bake/roast) express an **unlimited or repeated process**.*

Perfective forms *(such as **nakoupit** to buy/shop, **uklidit** to clean, **uvařit** to cook, **upéct** to bake/roast) express the **result of an activity or some completed moment of its progress (the start or finish)**.*

*This linguistic feature is called verbal aspect as an umbrella term. As one can see from the examples, a verb keeps its meaning in both aspects and these forms differ only in expressing the completion of the event. Until now you have mostly been learning only the imperfective forms of verbs. From now on, you should concentrate on learning each new verb in both its forms: imperfective and perfective (if, of course, they exist[1]). You can find a list of these pairs at the end of the wordlist to each lesson here in the Appendix. In this coursebook we always show them in the order: imperfective/perfective, e.g. **nakupovat/nakoupit, uklízet/uklidit, vařit/uvařit, péct/upéct**. We recommend you also learn the verbs in this order, it will make it easier for you to distinguish and master them.*

[1]*Some verbs, e.g. modal verbs and verbs expressing relationships, states and regular activities (such as být, mít, muset, moct, chtít, pracovat...) have only imperfective forms.*

■ 6.2 *Expressing time in imperfective and perfective verbs*

Apart from expressing completing or incompletion of actions differently, there are also important differences in form between imperfective and perfective verbs: perfective verbs do not have a present tense form. This is logical – we can perceive the action as completed in the past or plan its completion in the future, but it is not possible to express the result of an action currently in progress. This can be illustrated by the following pictures:

Budu vařit knedlíky. I will be cooking dumplings.
(I'm planning the activity as a certain process, but there is no information about the result of the activity).

Vařím knedlíky. I'm cooking dumplings.

Vařila jsem knedlíky. I was cooking dumplings.
(There is no information about the result of the activity, for instance in this case, whether the dumplings are ready.)

Uvařím knedlíky. I'll cook dumplings.
(I'm planning the result of the activity, I want to finish it.)

—

Uvařila jsem knedlíky. I cooked dumplings.
(The sentence includes information about the result of the activity, for instance in this case, that the dumplings are ready.)

The forms of perfective verbs which look like present tense in fact express future time! For example: **uvařím** *I'll cook,* **uklidím** *I'll clean,* **nakoupím** *I'll do the shopping,* **upeču** *I'll bake/roast,* **sejdeme se** *we'll meet,* **zavolám** *I'll call/phone….*

■ 6.3 *Names of professions*

Note the endings typically used to form female professions: most often the ending is **-ka**, *but sometimes there are other endings,* **-ice**,**- kyně** *or* **-yně**.
For example:

prodavač, **prodavačka** shop/sales assistant
lékař, **lékařka** doctor
malíř, **malířka** painter
zpěvák, **zpěvačka** singer
×
úředník, **úřednice** civil servant/official
vědec, **vědkyně** scientist
sportovec, **sportovkyně** sportsman/woman

In some expression there is a change of sound, for example zpěvá**k** – zpěva**č**ka, věde**c** – věd**k**yně.

■ 6.4 Být doktor/doktorem

In the coursebook on page 50 you can see:
Když jsem byl malý, chtěl jsem být doktor/doktorem. When I was little, I wanted to be a doctor.
Když byla Iva Randáková malá, chtěla být modelka/modelkou. When Iva Randáková was little, she wanted to be a model.
After the verb **být** *in connection with a profession there can follow the nominative (***doktor, modelka***) or the instrumental (***doktorem, modelkou***).*
The nominative is used more frequently in everyday spoken language.

Be careful:
After the verb **stát se** *to become, however, the instrumental always follows, for example:* **Chtěl jsem se stát doktorem**. I wanted to become a doctor. **Chtěla se stát modelkou.**
I wanted to become a model.

■ 6.5 *Work and employment*

Review the items that your CV/resumé should contain, which you learned to write in the coursebook Čeština expres 2.

The issue of working rights and responsibilities is very extensive. If you want to know more about this topic, use the free publication **Vaše šance jít do práce** *Your chance to go to work with the sub-title* **Průvodce pracovním trhem** *A guide to the job market (on www.ekscr.cz/content/images/ VaseSanceJitDoPrace.pdf). This publication provides basic information about various areas of labour law and a concise translation into English, Russian and Vietnamese.*

Wordlist for lesson 6

• *Page 45*

kariéra	career
plánovat	to plan
trapas	embarrassing situation *(coll.)*
úklid	tidying (up), cleaning (up)

Bez práce nejsou koláče.	No gains without pains.

• *Page 46*

běžet	to run
divit se	to wonder, to be surprised
dopadnout* *pf.*, dopadne	to come out, it'll come out, to turn out, it'll turn out
honit	to chase, to drive
host	guest
hotový	ready
husa	goose
chodba	hall, corridor
chvíle	while, moment
kluk	boy *(coll.)*
koupelna	bathroom
kuchyně	kitchen
mezitím	in the meantime
minulý	past, last
mizera	rascal, scoundrel *(coll.)*
nádobí	dishes
nakoupit *pf.*	to buy
nápad	idea
někam	(to) somewhere, (to) anywhere
obývák	living room, sitting room
pěkný	nice, pretty, handsome
podlaha	floor
podobný	similar
poprvé	for the first time
příhoda	story, incident, event
sníst *pf.*, sním	to eat up, I'll eat up
sobota	Saturday
spokojeně	contentedly, happily
ticho	silence
uklidit *pf.*	to tidy up, to clean up
umýt* *pf.*, umyju	to wash, I'll wash
upéct* *pf.*, upeču	to bake, I'll bake, to roast, I'll roast
uvařit *pf.*	to cook, to boil
vana	bath(tub)
ven	out(wards)
vonět	to smell good
vyhodit *pf.*	to throw out, to dismiss
vykřiknout* *pf.*, vykřiknu	to cry out, I'll cry out, to give a cry, I'll give a cry
vyletět *pf.*	to fly out
vyprávět	to tell
vytřít* *pf.*, vytřu	to wipe (out), I'll wipe (out)
zařvat* *pf.*, zařvu	to shout out, I'll shout out

zašpinit *pf.*	to make dirty
zažít* *pf.*, zažiju	to experience, I'll experience

A pak/potom?	And then?
Co se stalo pak/potom?	What happened then?
Jak to dopadlo?	How did it turn out?
Nakonec...	Finally...
Nejdřív...	First...
Pak.../Potom...	Then.../Then...
Všechno dobře dopadlo.	Everything turned out well.

• *Page 47*

péct*, peču	to roast, I roast, to bake, I bake
pokoj	room
vytírat	to wipe (out)

• *Page 48*

koberec	carpet
kytka	flower *(coll.)*
lampa	lamp
model	model
mýt*, myju	to wash, I wash
naplánovat *pf.*	to plan
opravit *pf.*	to repair
prádlo	linen
prach	dust
skříň	wardrobe, cupboard, closet
utřít* *pf.*, utřu	to wipe, I'll wipe, to dry, I'll dry
vánoční	Christmas *(adj.)*
víkend	weekend
vyluxovat *pf.*	to vacuum, to hoover
vyprat* *pf.*, vyperu	to wash, I'll wash
vyžehlit *pf.*	to press, to iron
zalít* *pf.*, zaliju	to water, I'll water

Stihnete všechno udělat?	Will you manage to get everything done?

• *Page 49*

automechanik	car mechanic
bezpečný	safe
byt	flat, apartment
doktorka	(female) doctor
dokument	document
doručovatelka	postwoman
elektrikář	electrician
elektřina	electricity
farmář	farmer
fungovat	to work, to run
hasič	fireman
hořet	to burn
instalatér	plumber
lékařka	(female) doctor

malíř	painter
málo	little, few
nábytek	furniture
někde	somewhere, anywhere
nudný	boring, dull
pošťačka	postwoman (coll.)
poštovní	postal
povolání	occupation, profession
pracovnice	(female) worker
prodavačka	(female) shop assistant, saleswoman
profese	profession
přísloví	proverb
rozdělit pf.	to divide
téct*, teče	to flow, it flows
truhlář	joiner
uklízeč	cleaner
úřední	official
úřednice	(female) clerk
vědecký	scientific
vědkyně	(female) scientist
veterinářka	(female) vet(erinarian)
vydělávat	to earn
vymalovat pf.	to paint, to decorate
zdravotní	health (adj.)
zeď	wall
zedník	mason, bricklayer

Nefunguje elektřina.	The electricity isn't working.
Nejezdí auto.	The car won't go.
Neteče voda.	There's no water.
Potřebuju postavit v bytě zeď.	I need to build a wall in my flat.
Potřebuju udělat nový nábytek.	I need to make some new furniture.
Potřebuju vymalovat.	I need to paint.

• Page 50

akademie	academy
čistá mzda	net pay, take-home pay
daň	tax
dokdy	till when, how long
hrubá mzda	gross pay
kolega	colleague
kolegyně	(female) colleague
kontakt	contact
městský	city, town
ministerstvo	ministry
modelka	model
mzda	pay, salary
nyní	now
oblast	area, region
odbor	department, section
plánování	planning

plat	pay, salary
plavání	swimming
plný úvazek	full-time job
počítač	computer
pohovor	job interview
pojistit pf.	to insure
pojištění	insurance
projekt	project
přesčas	overtime
rozšířený	widespread
služební cesta	business trip
smlouva	contract
sociální	social
školení	schooling, training
tanec	dance
turistika	tourism, walking
volejbal	volleyball
výpověď	notice
výpovědní lhůta	period (term) of notice
výuka	teaching, classes
vzdělání	education
zájem	interest
zaměstnání	job, occupation
zkrácený úvazek	part-time job
zkušební doba	probationary period
ZŠ = základní škola	primary school
životopis	CV, resumé

Jaký budu mít plat/mzdu?	What will my salary be?
Jakou budu mít pracovní dobu?	What will my working hours be?
Musím pracovat přesčas?	Will I have to work overtime?
Můžu pracovat na zkrácený úvazek?	Can I work part-time?
Jaká je zkušební doba?	How long is the trial period?

• Page 51

bankéř	banker
druh	sort, kind
fluktuant	drifter, floater, job-hopper
jakto	how come
je mi líto	I am sorry
praxe	practice
prodavač	shop assistant
půjčit pf.	to lend
řidič	driver
takhle	like this
úředník	clerk, civil servant

Můžeš mi půjčit...?	Would you lend me...?
Nikdy jsem sám nedal výpověď.	I never gave notice.
Vy jste fluktuant!	You're a job-hopper!

Vždycky mě vyhodili.　　They always fired me.
Zítra jdu na pohovor.　　I'm going for an interview
　　　　　　　　　　　　tomorrow.

• *Page 52*
doručovatel　　　　　postman
květina　　　　　　　flower

• *Selected Imperfective/Perfective Verbs*
luxovat/vyluxovat　　　to vacuum, to hoover
mýt*/umýt*　　　　　　to wash
nakupovat/nakoupit　　to buy
opravovat/opravit　　　to repair
péct*/upéct*　　　　　to bake, to roast
plánovat/naplánovat　　to plan
pojišťovat/pojistit　　　to insure
prát*/vyprat*　　　　　to wash
půjčovat/půjčit　　　　to lend
uklízet/uklidit　　　　to tidy up, to clean up
utírat/utřít *　　　　　to wipe
vařit/uvařit　　　　　　to cook, to boil
vydělávat/vydělat　　　to earn
vyhazovat/vyhodit　　　to throw out, to dismiss
vytírat/vytřít*　　　　to wipe (out)
zalívat/zalít*　　　　　to water
zažívat/zažít*　　　　　to experience
žehlit/vyžehlit　　　　to press, to iron

Appendix to lesson 7

■ 7.1 *Use of the conditional to express politeness*

In the coursebook on page 54 you can see:

Co byste potřeboval? What do you need? "What would you need?"

Dala bych si něco sladkého. I would like something sweet. "I would give myself something sweet."

Mohla bys mi pomoct? Could you help me?

In polite conversation we often use verbs in the conditional (see the underlined forms above).

In the table you can see the conjugation of forms of the conditional for the example verb být:

	-l form of any verb	conditional auxiliary form
I	**byl/byla/bylo**[1]	**bych**[2]
you	**byl/byla/bylo**	**bys**
he/she/it	**byl/byla/bylo**	**by**
we	**byli**[3]	**bychom/bysme**[4]
you	**byli**	**byste**
they	**byli**	**by**

Formal form of address (vykání):

Byl byste tak hodný? Would you be so kind? *Used when addressing a man.*

Byla byste tak hodná? Would you be so kind? *Used when addressing a woman.*

Note:

With reflexive verbs in the you-form (= in the 2nd person sg.) there is a shift of the ending **-s** *to the reflexive pronoun, for example:*

Dal bys si čaj? > **Dal by sis čaj?** Would you like some tea?

[1] *Notice that in the conditional we use the same -l form (technically called the past participle) as in the past tense, for example* byl, měl, chtěl, mohl *atd.*

[2] *Just like the auxiliary verb in the past tense, the words* bych, bys, by, bychom/bysme, byste, by *occupy the second position in the sentence in the conditional. You can find more information about the second position in the sentence on page 69.*

[3] *In written Czech the following endings of the -l form may occur in the plural according to the gender of the subject:* byli by (muži), byly by (banány), byly by (ženy), byla by (auta). *The last form (neuter) can also be heard in the spoken form of standard Czech. At this stage of your studies, however, for the sake of simplicity, we will use only the form* byli.

[4] *The word* bychom *is typical of standard Czech, the word* bysme *is used in the everyday spoken language. Nowadays in the I-form (1st person sg.) the colloquial form* bysem *occurs, and in the you-form (2nd person sg.) the form* bysi.

■ 7.2 *The modal meaning of the verb* mít

Watch out for the two meanings of the verb mít, *the concrete (e.g. ownership of something) and the modal (e.g. advice, suggestion or recommendation). Compare:*

a) *concrete meaning, expressing ownership (both physical and abstract). For example:*

Neměla bys mléko? Do you have any milk?

Měla bys čas zítra odpoledne? Will you have any time tomorrow afternoon?

b) *modal meaning, expressing advice, suggestion or recommendation. For example:*

Měl bys zavolat Petrovi. You should call Petr.

You can find further examples of expression with the modal verb **mít** *here in the Appendix, at point 5. 2.*

■ 7.3 Budoucnost, současnost, minulost

In the coursebook on page 56 you can see:

Myslíte, že někdy bude možné cestovat do minulosti nebo do budoucnosti? Do you think it will ever be possible to travel to the past or to the future?

Memorise these useful expressions:
budoucnost future – **do budoucnosti** to/for the future, **v budoucnosti** in the future
současnost the present – **do současnosti** into the present, **v současnosti** at present/in the present
minulost the past – **do minulosti** to/into the past, **v minulosti** in the past

Note that nouns ending in -ost are very frequently feminine with an abstract meaning (others include **radost** *joy/happiness,* **starost** *trouble,* **trpělivost** *patience,* **zodpovědnost** *responsibility...). They decline following the pattern of* **místnost** *room (the 3rd declension group). You can find an overview of the declensions of nouns on pages 96 and 97.*

■ 7.4 Conditional „kdyby-sentences"

In the coursebook on page 56 you can see:
Co <u>byste dělali</u>, <u>kdybyste mohli</u> cestovat v čase? What would you do if you could travel in time?
<u>Kdybych mohl</u> cestovat v čase, <u>vrátil bych</u> se o dva dny zpátky... If I could travel in time, I would go back two days...

The following table shows the construction of conditional „kdyby-sentences": The verb být *is used here only as an example. Every other verb works similarly.*

	Clause 1		Clause 2	
	conditional auxiliary form (kdybych...)	*-l form of any verb*	*-l form of any verb*	*conditional auxiliary form (bych...)*
I	**kdybych**[2]	**byl/byla/bylo**[1]	**byl/byla/bylo**	**bych**[2]
you	**kdybys**	**byl/byla/bylo**	**byl/byla/bylo**	**bys**
he, she, it	**kdyby**	**byl/byla/bylo**	**byl/byla/bylo**	**by**
we	**kdybychom/kdybysme**[4]	**byli**[3]	**byli**	**bychom/bysme**
you	**kdybyste**	**byli**	**byli**	**byste**
they	**kdyby**	**byli**	**byli**	**by**

Compare the order of clauses in a question. As you see, they can be reversed as well:
Co <u>byste dělali</u>, <u>kdybyste mohli</u> cestovat v čase? What would you do if you could travel in time?
<u>Kdybyste mohli</u> cestovat v čase, co <u>byste dělali?</u> If you could travel in time, what would you do?

Addressing people formally (vykání):
Co byste dělal, kdybyste mohl cestovat v čase? What would you do if you could travel in time? *used if addressing a man*
Co byste dělala, kdybyste mohla cestovat v čase? What would you do if you could travel in time? *used if addressing a woman*
Co byste dělali, kdybyste mohli cestovat v čase? What would you do if you could travel in time? *used if addressing more than one person*

[1] *Notice that we use the same -l form in the conditional (technically known as the past participle) as in the past tense, for example* byl, měl, chtěl, mohl *etc.*

[2] Kdybych, kdybys... *etc. stand at the beginning of the sentence or clause, but* bych, bys... *etc.is always in the second position in the sentence or clause. You can find out more about the second position in Czech sentences here in the Appendix on page 69.*

[3] *In written Czech the following endings of the -l form may occur in the plural according to the gender of the subject:* byli by (muži), byly by (banány), byly by (ženy), byla by (auta). *The last form (neuter) can also be heard in the spoken form of standard Czech. At this stage of your studies, however, for the sake of simplicity we will use only the form* byli.

[4] *The words* kdybychom, bychom *are typical of standard Czech, the words* kdybysme, bysme *are used in everyday spoken Czech. Nowadays in the I-form (the 1st person sg.) the colloquial forms* kdybysem, bysem *also occur, and the form* kdybysi, bysi *in the you-form (the 2nd person sg.).*

■ 7.5 Ordinal numbers

In the coursebook on page 56 you can see:
Asi bych podnikla výlet do <u>čtrnáctého</u> století a navštívila bych Karla IV. (*read:* <u>čtvrtého</u>) na Karlštejně. I would probably go on a trip to the fourteenth century and I'd visit Charles IV (read: fourth) at Karlštejn.
The marked words are ordinal numbers. Ordinal numbers mostly decline like -ý adjectives (=hard adjectives), only a few of them like -í adjectives (= soft adjectives).

Ordinal numbers: **Kolikátý?** What/which (from a list)

0.	**nultý**	zero
1.	**první**	first
2.	**druhý**	second
3.	**třetí**	third
4.	**čtvrtý**	fourth
5.	**pátý**	fifth
6.	**šestý**	sixth
7.	**sedmý**	seventh
8.	**osmý**	eighth
9.	**devátý**	ninth
10.	**desátý**	tenth
11.	**jedenáctý**	eleventh
12.	**dvanáctý**	twelfth
13.	**třináctý**	thirteenth
14.	**čtrnáctý**	fourteenth
15.	**patnáctý**	fifteenth
16.	**šestnáctý**	sixteenth
17.	**sedmnáctý**	seventeenth
18.	**osmnáctý**	eighteenth
19.	**devatenáctý**	nineteenth
20.	**dvacátý**	twentieth
21.	**dvacátý první...**	twenty-first

100.	**stý**	hundredth
1 000.	**tisící**	thousandth
100 000.	**stotisící**	hundred thousandth
1 000 000.	**miliontý**	millionth

Note: You also need ordinal numbers when you are talking about a date. For example: **Kolikátého je dneska?** What is the date today? – **Dneska je prvního první/prvního ledna.**[1] Today is the first of the first / first of January.

[1] *The words* prvního *and* ledna *are in the genitive sg.*

◼ 7.6 Přestat × skončit

In the coursebook on page 58 you can see:

Keith <u>přestal</u> pracovat. Keith stopped working.
... a Keith <u>přestal</u> věřit lidem. ... and Keith stopped trusting people.
Později mě to ale <u>přestalo</u> bavit. But later I stopped enjoying it.
×
Hodně jeho milionů <u>skončilo</u> ve špatných investicích. A lot of his millions ended up in bad investments.

The verbs **přestávat/přestat** *stop and* **končit/skončit** *finish/end are used differently. Remember that the infinitive cannot be used with the verb* **končit/skončit***.*

◼ 7.7 Měl/a jsem... Neměl/a jsem...

In the coursebook on page 58 you can see:
Keith <u>neměl</u> začít pít. Keith should not have started drinking.

In this phrase we use the verb mít *in its modal sense (in the case in connection with expressing regret for something that happened or didn't happen). Similarly, you can say for instance:*
<u>Měl/a jsem</u> se učit cizí jazyky. I should have studied foreign languages.
<u>Neměl/a jsem</u> začít kouřit. I shouldn't have started smoking.

Wordlist for lesson 7

• Page 53

cestování	travelling
kdyby	if
loterie	lottery
vyhrát* *pf.*, vyhraju	to win, I'll win
zdvořilý	polite

Kdyby chyby.	Fine words bitter no parsnips.

• Page 54

fráze	phrase
mítink	meeting
pan	Mr.
pepř	pepper
podat *pf.*	to pass, to hand
představit *pf.*	to introduce
ředitel	director, manager
schůzka	appointment
situace	situation
tabulka	table, chart
ukázat* *pf.*, ukážu	to show, I'll show

Co byste potřeboval/a?	What would you need? (What can I help you with?)
Mohl/a bych mluvit s panem ředitelem?	May I speak with the director?
Mohl/a bys mi pomoct?	Would you help me?
Podal/a bys mi sůl?	Would you pass the salt?
To bys byl/a moc hodný/á.	That's very kind of you.
Ukázal/a bys mi, jak tady udělat tabulku?	Would you show me how to make a table here?

• Page 55

bohužel	unfortunately
cukr	sugar
čtvrtek	Thursday
dárek	present, gift
dovolená	holiday
exotický	exotic
fotbal	football
fotka	photo
fotografovat	to photograph
hausbót	houseboat
loď	ship
mobil	mobile (phone) *(coll.)*
narozeniny *(only pl.)*	birthday
počítačový	computer
prezentace	presentation
prezidentka	(female) president
prezident	president
svět	world
technik	technician
vesmír	universe, cosmos

volný	free
zavolat *pf.*	to phone, to call
zvíře	animal

Chtěl/a bys jít do kina?	Would you like to go to the movies?
Měl/a bys zavolat Petrovi.	You should call Petr.
Měl/a bys čas zítra odpoledne?	Would you have time tomorrow afternoon?
Neměl/a bys mléko?	Would you have any milk?

• Page 56

anketa	opinion poll
budoucnost	future
cestovat	to travel
časopis	magazine, journal
čtenář	reader
čtrnáctý	fourteenth
dinosaurus	dinosaur
dobrodružný	adventurous
hudební	music
matematika	math(ematic)s
narodit se *pf.*	to be born
nikam	nowhere, anywhere
podniknout* *pf.*, podniknu	to undertake, I'll undertake
populární	popular
pravěk	prehistory
prý	they say, allegedly
připadat	to fall
slyšet	to hear
století	century
stroj	mashine
svůj	my, your, his etc.
téma	topic, theme
zajímat	to interest
zpátky	back
zůstat* *pf.*, zůstanu	to remain, to stay, I'll remain, I'll stay
živě	live

Co byste dělali, kdybyste mohli cestovat v čase?	What would you do if you could travel in time?
Myslíte, že někdy bude možné cestovat do minulosti nebo do budoucnosti?	Do you think it will ever be possible to travel to the past or to the future?
Šel/šla bys taky na koncert Beatles?	Would you also go to a Beatles concert?

• Page 57

deset	ten
doklad	document
dolar	dollar
italsky	Italian

milion	million
moře	sea
multimilionářka	(female) multimillionaire
peněženka	purse, wallet
pršet	to rain
ročně	yearly, per year
ukrást* *pf.*, ukradnu	to steal, I'll steal
vegetariánka	(female) vegetarian
volno, mít volno	free time/leisure, to be free

• Page 58

aby	(in order) to
doporučit *pf.*	to recommend
fotbalový	football
hazardní hry *(pl.)*	gambling
hra	play
charita	charity
investice	investment
kůň	horse
libra	pound
lóže	loge, box
luxusní	luxurious
najmout* *pf.*, najmu	to hire, I'll hire
nudit se	to be bored
podnikat	to do business
podvést* *pf.*, podvedu	to deceive, I'll deceive
pořídit si *pf.*	to buy, to get
potkat *pf.*	to meet
prohrávat	to lose
přestat* *pf.*, přestanu	to stop, I'll stop
přiznat *pf.*	to admit, to confess
rozdat *pf.*	to give away
rozhovor	talk, chat, dialogue
rozvést se* *pf.*, rozvedu se	to get divorced, I'll get divorced
sen	dream
skončit *pf.*	to end, to finish
snažit se	to try, to do o's best
snít	to dream
společně	together
společník	partner, companion
stadión	stadium
suma	amount, sum
šofér	driver
štěstí	happiness
text	text
výhra	win
vypít* *pf.*, vypiju	to drink up, I'll drink up
zahradník	gardener
závodní kůň	racehorse
zbýt* *pf.*, zbyde (zbude)	to remain, it'll remain, to be left, it'll be left

zemřít* *pf.*, zemřu	to die, I'll die
Keith neměl začít pít.	Keith shouldn't have started drinking.

• Page 59

bazén	swimming pool
diamant	diamond
jachta	yacht
los	lot
milionář	millionaire
pot	sweat
prsten	ring
spousta	a lot (of), a great many
teda	well then *(coll.)*
úplně	fully, completely

A nebo něco úplně jiného?	Or something completely different?
Co bys chtěla koupit, kdybych vyhrál v loterii?	What would you buy if you won the lottery?
Kdybych vyhrál, koupil bych něco Áje.	If I won, I'd buy something for Aja.
Kdybys neutrácel peníze za losy, byli bychom milionáři.	If you hadn't spent money on the lottery, we would be millionaires.

• Selected Imperfective/Perfective Verbs

fotografovat/vyfotografovat	to photograph
končit/skončit	to end, to finish
najímat/najmout*	to hire
podávat/podat	to pass, to hand
podnikat/podniknout*	to undertake, to make
podvádět/podvést*	to deceive
pořizovat si/pořídit si	to buy, to get
potkávat/potkat	to meet
prohrávat/prohrát*	to lose
představovat/představit	to introduce
přestávat/přestat*	to stop
přiznávat/přiznat	to admit, to confess
rozdávat/rozdat	to give away
rozvádět se/rozvést se*	to get divorced
ukazovat/ukázat*	to show
vyhrávat/vyhrát*	to win
zůstávat/zůstat*	to remain, to stay

Declension

▪ *Declension groups*

The acquisition of case endings is a long-term process and for many students it is the most difficult aspect of learning Czech. To make them easier to remember and to allow gradual learning we have divided the models of nouns into three declension groups:

Declension group I
The nouns whose nominative singular ends in a consonant, consonant *(apart from those ending in a consonant with hook, -c, -j, -tel), -a, -*o *belong to this group.*

Declension group II
Nouns whose nominative sg. ends in a consonant with hook, -e/-ě, -c, -j, -tel* belong in this group.
It may help you to remember the endings of declension gorup II if you realise that put very simply, in the singular of this declension the endings -e and -i predominate.

Declension group III
*Nouns whose nominative sg. ends in -*a, *-st**, -*e/-ě *(model* kuře*) and -*í *belong here.*

*   *Several M nouns ending in -tel (e.g. hotel, kostel) belong in declension group I.*

** *Watch out for F nouns ending in a consonant! Most of them belong in declension group II (very often ending in a hook, -el, -del, -ev), others belong to declension group III (very often ending -st). Some F nouns (e.g. věc, řeč) are declined like místnost, but others (e.g. moc, pomoc, nemoc, noc, paměť, zeď, odpověď, loď, myš, smrt, sůl) vary between the models of kancelář and místnost.*

To help you to master noun endings there are not only detailed tables of declensions with models, which are set out for individual cases, but also model sentences which are given on page 67.

▪ *Nominative* (nominativ, první pád)

The nominative is used:
a) *to express the subject*
   Adam pracuje. Adam works.
b) **with some verbs:**
   být to be: **Adam je student.** Adam is a student.
   jmenovat se to be called: **Adamova přítelkyně se jmenuje Eva.** Adam's girlfriend is called Eva.

Indentification of gender according to the nominative sg.

The nominative singular is the basic form of a noun, which you can find in the dictionary. Sometimes it is also called the "dictionary form" of a noun. Nouns have 4 types of grammatical gender:

masculine animate (Ma)*	masculine inanimate (Mi) *	feminine (F)	neuter (N)
student	banán	káva	auto

* *All nouns which are or were alive are in the masculine animate, for example:* student, muž, pes, kapr...

How do you recognise the gender of a new noun? The ending of the noun in the first case singular (noun in the nominative sg.) can help you.

Majority endings – *Most (about 66%) nouns have the endings:*

masculine animate (Ma)	masculine inanimate (Mi)	feminine (F)	neuter (N)
consonant	**consonant**	**-a**	**-o**
student, muž, pes	banán, dům, jogurt	káva, studentka, žena	auto, pivo, metro

Minority endings – *The minority (about 34%) of nouns have the endings:*

masculine animate (Ma)	masculine inanimate (Mi)	feminine (F)	neuter (N)
-a **-e**	- - -*	**-e** *(very often)* **consonant**	**-í** **-e/-ě** **-um** *(only foreign words)*
kolega soudce		restaurace kancelář	nádraží moře muzeum

It is important to know the gender of a noun! For more on the role of the grammatical gender in the language system see page 46.

* *The word* chleba, *which is in the masculine inanimate, is simply an exception.*

■ *The role of grammatical gender in the language system*

Why is it important to know the grammatical gender of each new noun that you learn (that means knowing if it is masculine, feminine or neuter)? Because the gender of a noun affects not only the case endings of each noun, but also some other parts of speech. For example, compare these sentences:

Byl jednou jeden dobrý král a ten se jmenoval Karel.
Once there was a good king and he was called Karel.
Byl jednou jeden velký hrad a ten se jmenoval Karlštejn.
Once there was a big castle and it was called Karlštejn.
Byla jednou jedna dobrá královna a ta se jmenovala Anna.
Once there was a good queen and she was called Anna.
Bylo jednou jedno velké město a to se jmenovalo Brno.
Once there was a big city and it was called Brno.

You can see the grammatical features that the gender of the noun affects

a) in the singular

	masculine animate	*masculine inanimate*	*feminine*	*neuter*
noun	student	**banán**	studentka	auto
adjective	**dobrý/dobrej***	**dobrý/dobrej***	**dobrá**	**dobré/dobrý***
past tense	**byl** jsem, jsi, ---	**byl** jsem, jsi, ---	**byla** jsem, jsi, ---	**bylo** jsem, jsi, ---
conditional form	**byl** bych, bys, by	**byl** bych, bys, by	**byla** bych, bys, by	**bylo** bych, bys, by
numeral jedna	**jeden**	**jeden**	**jedna**	**jedno**
possessive pronoun	**můj, tvůj, náš, váš**	**můj, tvůj, náš, váš**	**moje, tvoje, naše, vaše**	**moje, tvoje, naše, vaše**
demonstrative pronoun	ten, tenhle	ten, tenhle	ta, tahle	to, tohle
descriptive passive form	je **dělán**	je **dělán**	je **dělána**	je **děláno**

b) in the plural

noun	**studenti**	**banány**	**studentky**	auta
adjective	**dobří/dobrý***	**dobré/dobrý***	**dobré/dobrý***	**dobrá/dobrý***
past tense	**byli** jsme, jste, ---	**byly** jsme, jsi, ---	**byly** jsme, jste, ---	**byla/byly*** jsme, jste, ---
conditional form	**byli** bychom, byste, by	**byly** bychom, byste, by	**byly** bychom, byste, by	**byla/byly*** bychom...
numeral dva	**dva**	**dva**	**dvě**	**dvě**
possessive pronoun	**moji, tvoji, naši, vaši**	**moje, tvoje, naše, vaše**	**moje, tvoje, naše, vaše**	**moje, tvoje, naše, vaše**
demonstrative pronoun	ti, tihle/tyhle*	ty, tyhle	ty, tyhle	ta/ty*, tahle/tyhle*
descriptive passive form	jsou **děláni**	jsou **dělány**	jsou **dělány**	jsou **dělána**

* These forms are typical of everyday spoken language.

Nominative singular (first case singular) – standard Czech (colloquial Czech)

Ma *masculine animate* | Mi *masculine inanimate* | F *feminine* | N *neuter*

gender	kdo, co	ten, ta, to	jeden, jedna, jedno	possessive pronouns	-ý adjectives (hard adjectives)	-í adjectives (soft adjectives)	majority nouns — declension group I¹ Nominative singular ending in: consonant, consonant, -a, -o	declension group II¹ Nominative singular ending in: -e/-ě, hook, -c, -j, -tel*	minority nouns + majority masculine ending in the nominative singular in a hook, -c, -j, -tel* — declension group III¹ Nominative singular ending in: -a, -st, -e/-ě (model kuře), -í
Ma	kdo	ten²	jeden	můj tvůj jeho její / náš váš jejich	dobrý (dobrej)	kvalitní	student	muž	kolega
Mi	co	ten²	jeden	můj tvůj jeho její / náš váš jejich	dobrý (dobrej)	kvalitní	banán	čaj	---
F		ta²	jedna	moje/má³ tvoje/tvá³ jeho její / naše vaše jejich	dobrá	kvalitní	káva	restaurace, kancelář**	místnost
N		to²	jedno	moje/mé³ tvoje/tvé³ jeho její / naše vaše jejich	dobré (dobrý)	kvalitní	auto	moře	kuře, nádraží

* Several M nouns ending in -tel (hotel, kostel) belong to declension group I.

** Most F nouns ending in a consonant belong to declension group II, but F ending in -st are declined following the model of místnost from declension group III. Other F nouns ending in a consonant (pomoc, nemoc, sůl, loď, odpověď...) vary especially in the plural between the models kancelář and místnost.

Notes:
1. For the division of nouns into declension groups I, II and III see p. 45.
2. Tento, tato, toto and tenhle, tahle, tohle are declined like ten, ta, to.
3. The shorter forms of possessive pronouns, such as má, mé are literary. When we speak, we use the long forms more often, for example moje.

Note: Some M nouns ending in -l, -s and -z belong to declension group II (for instance král, Francouz).

Nominative plural (first case plural) – standard Czech (colloquial Czech)

gender: Ma masculine animate | Mi masculine inanimate | F feminine | N neuter

kdo, co / gender	ten, ta, to	dva/dvě, tři, čtyři	possessive pronouns		-ý adjectives (hard adjectives)	-í adjectives (soft adjectives)	nouns – majority nouns: I declension group I — Nominative singular ending in: consonant, consonant, -a, -o	minority nouns + majority masculine ending in the nominative singular in a hook, -c, -j, -tel* — declension group II — Nominative singular ending in: -e/-ě, hook, -c, -j, -tel*	declension group III — Nominative singular ending in: -a, -st, -e/-ě (model kuře), -í
Ma (kdo, co)	ti² (ty)	dva, tři, čtyři	moji/mí³, tvoji/tví³, jeho, její	naši, vaši, jejich	dobří⁴ (dobrý)	kvalitní	studenti⁴,⁵	muži⁵	kolegové⁵
Mi	ty²	dva, tři, čtyři	moje/mé³ (mý), tvoje/tvé³ (tvý), jeho, její	naše, vaše, jejich	dobré (dobrý)	kvalitní	banány	čaje	---
F	ty²	dvě, tři, čtyři	moje/mé³ (mý), tvoje/tvé³ (tvý), jeho, její	naše, vaše, jejich	dobré (dobrý)	kvalitní	kávy	restaurace, kanceláře**	místnosti
N	ta² (ty)	dvě, tři, čtyři	moje/má³ (mý), tvoje/tvá³ (tvý), jeho, její	naše, vaše, jejich	dobrá (dobrý)	kvalitní	auta	moře	kuřata, nádraží

* Several M nouns ending in -tel (hotel, kostel) belong to declension group I.

** Most F nouns ending in a consonant belong to declension group II, but F ending in -st are declined following the model of místnost from declension group III. Other F nouns ending in a consonant (pomoc, nemoc, sůl, loď, odpověď...) vary especially in the plural between the models kancelář and místnost.

Notes:

1. For the division of nouns into declension groups I, II and III see p. 45.
2. Tento, tato, toto and tenhle, tahle, tohle are declined like ten, ta, to.
3. The shorter forms of possessive pronouns, such as mí, mé, má are literary. When we speak, we use the long forms more often, for example moji, moje.
4. With Ma adjectives and substantives some sounds become soft, for example: r>ř, k>c, ch>š (e.g. dobrý doktor – dobří doktoři, hezký kluk – hezcí kluci).
5. Some Ma have the endings -é or -ové: Ma ending in -tel and some other words take the ending -é (e.g. učitelé, Španělé). Foreign Ma ending in -f, -g, -l, -m and some short Ma have the ending -ové (e.g. kolegové, fotografové, Rusové).

Note:

– Some nouns have changes when they take case ending: pes – psi, dům – domy.

– Some nouns have irregular forms, for example oko – oči, ucho – uši, ruka – ruce, dítě – děti, člověk – lidé/lidi.

■ *Genitive (genitiv, druhý pád)*

The genitive is used:

a) *to express possession (= that something is someone's) or authorship*

To je slovník <u>Evy</u>. It is Eva's dictionary.

To je kniha <u>Adama</u>. It is Adam's book.

b) *to express a partitive meaning*

- *after words expressing a part, measure or weight*

Musím koupit láhev <u>vína</u>. I have to buy a bottle of wine.

- *after words expressing quantity:* trochu, moc, hodně, málo, dost, míň, víc, většina...

Dám si ještě trochu <u>polévky</u>. I'll have a little more soup.

- *after numbers 5 and higher (only genitive plural)*

Koupil jsem 10 <u>rohlíků</u>. I bought 10 rolls.

c) *after some verbs and verbs with prepositions*

bát se to be afraid of: **Bojím se <u>toho psa</u>, je zlý.** I'm afraid of that dog.

mít strach z to be afraid of: **Nemám strach z <u>testu</u>, všechno umím.** I'm not afraid of the test, I know everything.

ptát se/zeptat se to ask: **Zeptám se <u>kamaráda</u>, jestli chce jít taky do kina.** I'll ask my friend if he wants to go to the cinema too.

účastnit se/zúčastnit se to take part in: **Chci se účastnit <u>konference</u>, zajímá mě to téma.** I want to take part in the conference, I'm interested in the topic.

všímat si/všimnout si to notice: **Promiňte, nevšiml jsem si <u>problému</u> v projektu.** Sorry, I didn't notice the problem in the project.

d) *after these prepositions*

bez without: **Piju kávu bez <u>mléka</u>.** I drink coffee without milk.

během during: **Během <u>léta</u> jsem zhubl.** I lost weight during the summer.

blízko near: **Bydlím blízko <u>školy</u>.** I live near school.

do to: **Jdeš do <u>práce</u>?** Are you going to work?

kolem past: **Jděte kolem <u>supermarketu</u>.** Go past the supermarket.

kromě except: **Na party jsme byli všichni kromě <u>kamarádky</u>.** We were all at the party except my friend.

místo instead of: **Půjdu do divadla místo <u>sestry</u>, je nemocná.** I'm going to the theatre instead of my sister, she's ill.

od/ode from: **Dostala jsem květiny od <u>manžela</u>.** I got some flowers from my husband.

podle according to, following: **Doplňte věty podle <u>modelu</u>.** Complete the sentences following the model.

u at, on: **Náš dům je u <u>silnice</u>.** Our house is on the main road.

uprostřed in the middle of: **Stůl je uprostřed <u>obýváku</u>.** The table is in the middle of the living room.

vedle next to: **Chtěl bych sedět vedle <u>bratra</u>.** I would like to sit next to my brother.

z/ze from, of: **Na víkend pojedeme pryč z <u>města</u>.** At the weekend we're going out of the city.

e) *in a date*

<u>Kolikátého</u> je dneska? What is the date today? – **<u>20.</u>** (*read:* **<u>dvacátého</u>**) **<u>května</u>.** The 20th of May.

Ma masculine animate **Mi** masculine inanimate **F** feminine **N** neuter

Genitive singular (second case singular) – standard Czech (colloquial Czech)

kdo, co	ten, ta, jeden, jedna, jedno	possessive pronouns	adjectives -ý adjectives (hard adjectives)	adjectives -í adjectives (soft adjectives)	nouns — majority nouns — declension group I Nominative singular ending in: consonant, -a, -o	nouns — minority nouns + majority masculine ending in the nominative singular in a hook, -c, -j, -tel* — declension group II Nominative singular ending in: -e/-ě, hook, -c, -j, -tel*	nouns — declension group III Nominative singular ending in: -a, -st, -e/-ě (model kuře), -i	gender
koho² / čeho²								
	toho³	mého (mýho) tvého (tvýho) jeho jejího	našeho vašeho jejich	dobrého (dobrýho)	kvalitního	studenta	muže	kolegy	**Ma**
	toho³	mého (mýho) tvého (tvýho) jeho jejího	našeho vašeho jejich	dobrého (dobrýho)	kvalitního	banánu/lesa⁵	čaje	---	**Mi**
	té³ (ty) jedné (jedný)	moji/mé⁴ (mý) tvoji/tvé⁴ (tvý) jeho její	naší vaší jejich	dobré (dobrý)	kvalitní	kávy	restaurace, kanceláře**	místnosti	**F**
	toho³ jednoho	mého (mýho) tvého (tvýho) jeho jejího	našeho vašeho jejich	dobrého (dobrýho)	kvalitního	auta	moře	kuřete, nádraží	**N**

(Ma/Mi/N "jednoho"; F "jedné (jedný)")

* Several M nouns ending in -tel (hotel, kostel) belong to declension group I.

** Most F nouns ending in a consonant belong to declension group II, but F ending in -st are declined following the model of místnost from declension group III. Other F nouns ending in a consonant (pomoc, nemoc, sůl, loď, odpověď...) vary especially in the plural between the models kancelář and místnost.

Notes:
1. For the division of nouns into declension groups I, II and III see p. 45.
2. If you memorise the declension of the pronouns kdo, co, it will help you to use the M and N pronouns ten, to, jeden, jedno and adjectives. The yellow highlighting in the table will draw your attention to this.
3. Tento, tato, toto and tenhle, tahle, tohle are declined like ten, ta, to.
4. The shorter forms of possessive pronouns, such as mé are literary. When we speak more we use longer forms more often, such as moji.
5. Some Mi from declension group I have the ending -a (modelles), for example some names of months (od ledna, února, března...), other time expressions (do čtvrtka, od oběda), some names of cities and countries (do Londýna, do Egypta), some words for places (do lesa, kolem světa, u rybníka) and other nouns (kousek chleba a sýra).

Note:
– Some noun have changes when they take case ending: pes – bez psa, dům – do domu.
– Some male names ending in -y or -i/-í decline like the adjective kvalitní (Jiří – bez Jiřího, Johnny – bez Johnnyho). Female names ending in -y, -i, -o or a consonant do not decline (Ivy – bez Ivy, Maiako – bez Maiako, Carmen – bez Carmen).
– Some M nouns ending in -l, -s and -z decline according to declension group II (král – bez krále, Francouz – bez Francouze).

Genitive plural (second case plural) – Standard Czech (colloquial Czech)

Legend: Ma *masculine animate* | Mi *masculine inanimate* | F *feminine* | N *neuter*

gender	kdo, co / koho čeho	ten, ta, to	dva/dvě, tři, čtyři, pět	possessive pronouns	-ý adjectives (hard adjectives)	-í adjectives (soft adjectives)	majority nouns — declension group I: Nominative singular ending in: consonant, consonant, -a, -o	minority nouns + majority masculine ending in the nominative singular in a hook, -c, -j, -tel* — declension group II: Nominative singular ending in: -e/-ě, hook, -c, -j, -tel*	declension group III: Nominative singular ending in: -a, -st, -e/-ě (model kuře), -í
Ma	koho čeho	těch	dvou (dvouch) tři/třech čtyř/čtyřech pěti	mých (mejch) tvých (tvejch) jeho jejích / našich vašich jejich	dobrých (dobrejch)	kvalitních	studentů	mužů	kolegů
Mi		těch	dvou (dvouch) tři/třech čtyř/čtyřech pěti	mých (mejch) tvých (tvejch) jeho jejích / našich vašich jejich	dobrých (dobrejch)	kvalitních	banánů	čajů	---
F		těch	dvou (dvouch) tři/třech čtyř/čtyřech pěti	mých (mejch) tvých (tvejch) jeho jejích / našich vašich jejich	dobrých (dobrejch)	kvalitních	káv[3]	restaurací[4], kanceláří**	místností
N		těch	dvou (dvouch) tři/třech čtyř/čtyřech pěti	mých (mejch) tvých (tvejch) jeho jejích / našich vašich jejich	dobrých (dobrejch)	kvalitních	aut[3]	moří[4]	kuřat, nádraží

* Some M nouns ending in -tel (hotel, kostel) belong to declension group I.

** Most F nouns ending in a consonant belong to declension group II, but F ending in -st decline following the model of místnost from declension group III. Other F nouns ending in a consonant (pomoc, nemoc, sůl, loď, odpověď...) vary between the models of kancelář and místnost especially in the plural.

Notes:

1. For the division of nouns into declension groups I, II and III see p. 45.
2. Tento, tato, toto and tenhle, tahle, tohle are declined like ten, ta, to.
3. F and N nouns from declension group I that end in two or more consonants add a mobile -e- between the final consonants. (e.g. sestra – bez sester, okno – bez oken).
4. F from declension group II which end in the suffix -ice and N ending in -iště have a zero ending (e.g. učebnice – bez učebnic, sídliště – bez sídlišť).

Note:

— Some nouns have changes when they take case endings: pes – bez psů, dům – bez domů.
— Some nouns have irregular forms, for example peníze – bez peněz, vejce – bez vajec, houba – bez hub, oko – bez očí, ucho – bez uší, dítě – bez dětí, člověk – bez lidí.
— Some plural place names and other plural words have zero endings, for example: České Budějovice – do Českých Budějovic, Krkonoše – do Krkonoš, Vánoce – do Vánoc, Velikonoce – do Velikonoc.

■ *Dative (dativ, třetí pád)*

The dative is used:

a) *after some verbs to express the indirect object*

dávat/dát to give: **Chci dát <u>synovi</u> nějaký hezký dárek.** I want to give my son a nice present.

doporučovat/doporučit to recommend: **Doktor doporučil <u>pacientovi</u> nový lék.** The doctor recommended new medicine to his patient.

krást/ukrást to steal: **Někdo ukradl <u>sousedovi</u> auto.** Someone stole my neighbour's car.

kupovat/koupit to buy: **Nevím, co koupit <u>kamarádce</u>.** I don't know what to buy for my friend.

posílat/poslat to send: **Poslal jsem esemesku <u>kamarádovi</u>.** I sent my friend a text.

psát/napsat to write: **Napsala jsem e-mail <u>kolegyni</u>.** I wrote my colleague an email.

půjčovat/půjčit to lend: **Půjčila jsem peníze <u>kamarádce</u>.** I lent my friend some money.

říkat/říct to say/tell: **Řekla jsem <u>manželovi</u>, že budeme mít dítě.** I told my husband that we're going to have a baby.

telefonovat/zatelefonovat to telephone/call: **Zatelefonuju <u>mamince</u>, že přijdu domů později.** I called my mother to say that I would come home late.

volat/zavolat to call: **Zavolám <u>manželovi</u> později.** I'll call my husband later.

vyřizovat/vyřídit to give/pass on: **Můžete prosím vyřídit vzkaz <u>kolegyni</u>?** Could you pass a message on to your colleague, please?

vysvětlovat/vysvětlit to explain: **Učitel vysvětluje <u>studentovi</u> matematický problém.** The teacher explains a mathematical problem to the student.

b) *after some verbs and adjectives to express the object*

být podobný to be like: **Náš syn je podobný <u>dědečkovi</u>.** Our son is like granddad.

děkovat/poděkovat to thank: **Musím poděkovat <u>kolegovi</u> za pomoc.** I must thank my colleague for his help.

pomáhat/pomoct to help: **Učitelka pomáhá <u>studentce</u>.** The teacher helps the student.

rozumět/porozumět to understand: **Už rozumím <u>gramatice</u>.** I already understand grammar.

c) *after these prepositions*

díky thanks to: **Udělal jsem zkoušku díky <u>kamarádce</u>, moc mi pomohla.** I passed the test thanks to my friend, she helped me a lot.

k/ke to: **Půjdeš k <u>doktorovi</u>?** Are you going to the doctor?

kvůli because of: **Kvůli <u>demonstraci</u> jsem přišla pozdě do práce.** Because of the demonstration, I got to work late.

naproti opposite: **Bydlím naproti <u>poště</u>.** I live opposite the post office.

proti against: **Kdo je proti <u>návrhu</u>?** Who is against the proposal?

d) *in object constructions with verbs*

být ... let to be ... years old: **<u>Evě</u> je 25 let.** Eva is 25 years old.

být dobře, špatně to be well, sick: **<u>Sestře</u> je špatně.** My sister is sick.

být teplo, zima to be warm, cold: **<u>Bratrovi</u> je zima.** My brother is cold.

hodit se to suit/be convenient for: **<u>Manželovi</u> se schůzka zítra v 15. 30 nehodí.** A meeting at 15.30 tomorrow doesn't suit my husband.

chutnat to like the taste of : **<u>Manželce</u> nechutná brokolice.** My wife doesn't like broccoli.

chybět to miss: **<u>Kolegovi</u> tady chybí jídlo, na které je zvyklý.** My colleague misses the food that he's used to here.

líbit se to be pleasing to: **<u>Mamince</u> se tady líbí.** My mum likes it here.

slušet to suit: **<u>Kamarádce</u> sluší červená barva.** Red suits my friend.

Vadit to bother: **<u>Kolegyni</u> vadí, že se v restauraci kouří.** It bothers my colleague that people are smoking in the restaurant.

Dative singular (third case singular) – Simplified rules[1] for nouns

You can use simplified rules[1] for the dative singular of nouns (apart from Ma = masculine animate nouns) – "the rule of the last consonant or vowel". This rule does not work one hundred percent but can help you in general use. You should find the last consonant or vowel in the word that you want to use in the dative singular, for example: le**s**, restaura**c**e, kancelá**ř**, ok**n**o, hospod**a**...

Then proceed as follows:

rule	ending
1. All consonants except group 2 (below) and the noun is Mi or N	**-u**
2. The last consonant is ž, š, č, ř, ď, ť, ň, c, j	**-i**[2]
3. The last vowel is a and the noun is F	**-e/-ě**[3, 4]
Watch out for: Ma	**-ovi**[2]

Notes:

1. Standard table of the dative sg. > p. 53.

2. Ma ending in -ž, -š, -č, -ř, -ď, -ť, -ň, -c, -j and -tel and some Ma nouns ending in -l, -s and -z also take the ending -i (e.g. k muži, k učiteli, ke králi).

3. In the case of F nouns where the last vowel is a, some sounds are softened, for example k>c, h>z (e.g. doktorka – k doktorce, Praha – k Praze).

4. We use the ending -ě after d, t, n, m, p, b, v or f. After other consonants we use the ending -e. Compare: ke kávě × ke škole.

Note:

– Some nouns have changes when they take case endings: pe**s** – k psovi, dů**m** – k domu.

– Watch out for irregular forms: dcera – k dceři.

– Note that nouns in the dative sg. have similar endings to the locative sg.

Dative singular (third case singular) – Standard Czech (colloquial Czech)

gender: Ma masculine animate | Mi masculine inanimate | F feminine | N neuter

kdo, co — komu²/čemu²	gender	ten, ta, to	jeden, jedna, jedno	possessive pronouns	adjectives: -ý adjectives (hard adjectives)	-í adjectives (soft adjectives)	nouns: majority nouns — declension group I — Nominative singular ending in: consonant, -a, -o	minority nouns + majority masculine ending in the nominative singular in a hook, -c, -j, -tel* — declension group II — Nominative singular ending in: -e/-ě, hook, -c, -j, -tel*	declension group III — Nominative singular ending in: -a, -st, -e/-ě, -í (model kuřeovi)
komu² čemu²	Ma	tomu³	jednomu	mému (mýmu) tvému (tvýmu) jeho jejímu / našemu vašemu jejich	dobrému (dobrýmu)	kvalitnímu	studentu/ovi⁵	muži/ovi⁵	kolegovi
	Mi	tomu³	jednomu	mému (mýmu) tvému (tvýmu) jeho jejímu / našemu vašemu jejich	dobrému (dobrýmu)	kvalitnímu	banánu	čaji	--
	F	tě³ (ty)	jedné (jedný)	moji/mé⁴ (mý) tvoji/tvé⁴ (tvý) jeho její / naší vaší jejich	dobré (dobrý)	kvalitní	kávě⁶,⁷	restauraci, kanceláři	místnosti
	N	tomu³	jednomu	mému (mýmu) tvému (tvýmu) jeho jejímu / našemu vašemu jejich	dobrému (dobrýmu)	kvalitnímu	autu	moři	kuřeti, nádraží

* Some M nouns ending in -tel (hotel, kostel) belong to declension group I.

** Most F nouns ending in a consonant belong to declension group II, but F ending in -st decline following the model of místnost from declension group III. Other F nouns ending in a consonant (pomoc, nemoc, sůl, loď, odpověď...) vary between the models of kancelář and místnost especially in the plural.

Notes:

1. For the division of nouns into declension groups I, II and III see p. 45.
2. If you memorise the declensions of the pronouns kdo, co, it will help you to use M and N pronouns ten, to, jeden, jedno and adjectives. The yellow highlighting in the table will draw your attention to this.
3. Tento, tato, toto and tenhle, tahle, tohle are declined like ten, ta, to.
4. The shorter forms of possessive pronouns such as mé are more literary. When speaking, we use the longer forms more often, for example moji.
5. For Ma nouns from declension group I the ending -ovi is more frequent (e.g. Telefonuju studentovi.). For Ma nouns from declension group II the ending -i is more common (e.g. Telefonuju muži.) with the exception of names and surnames, where we use the ending -ovi (e.g. Telefonuju Tomášovi.). When there are two or more nouns together, the last noun takes the ending -ovi, for example Telefonuju panu doktoru Novákovi.
6. We use the ending -ě after d, t, n, m, p, b, v or f. After other consonants we use the ending -e. Compare: ke kávě × ke škole.
7. For F nouns from declension group I some sounds are softened, for example k>c, h>z (e.g. doktorka – k doktorce, Praha – k Praze).

Note:

– Some nouns have changes when they take case endings: pes – k psovi, dům – k domu.
– Some male names ending in -y or -i/-í decline like the adjective kvalitní (Jiří – k Jiřímu, Johnny – k Johnnymu). Female names ending in -y, -i, -o or a consonant do not decline (Ivy – k Ivy, Maiako – k Maiako, Carmen – ke Carmen).
– Some M nouns ending in -l, -s and -z decline following declension group II (král – ke králi, Francouz – k Francouzi).
– Watch out for irregular forms: dcera – k dceři.
– Notice that nouns in the dative sg. have similar endings to the locative sg.

Dative plural (third case plural) – Standard Czech (colloquial Czech)

Gender legend: **Ma** masculine animate · **Mi** masculine inanimate · **F** feminine · **N** neuter

kdo, co / komu, čemu	ten, ta, to	dva/dvě, tři, čtyři, pět	possessive pronouns	-ý adjectives (hard adjectives)	-í adjectives (soft adjectives)	majority nouns — declension group I (Nom. sg. ending in a.: consonant, -a, -o)	declension group II (Nom. sg. ending in: -e/-ě, hook, -c, -j, -tel*)	declension group III (Nom. sg. ending in: -a, -st, -e/-ě (model kuře), -í)
Ma	těm	dvěma (dvoum), třem, čtyřem, pěti	mým (mejm), tvým (tvejm), jeho, jejím / našim, vašim, jejich	dobrým (dobrejm)	kvalitním	studentům	mužům	kolegům
Mi	těm	dvěma (dvoum), třem, čtyřem, pěti	mým (mejm), tvým (tvejm), jeho, jejím / našim, vašim, jejich	dobrým (dobrejm)	kvalitním	banánům	čajům	---
F	těm	dvěma (dvoum), třem, čtyřem, pěti	mým (mejm), tvým (tvejm), jeho, jejím / našim, vašim, jejich	dobrým (dobrejm)	kvalitním	kávám	restauracím, kancelářím**	místnostem
N	těm	dvěma (dvoum), třem, čtyřem, pěti	mým (mejm), tvým (tvejm), jeho, jejím / našim, vašim, jejich	dobrým (dobrejm)	kvalitním	autům	mořím	kuřatům, nádražím

* Some M nouns ending in -tel (hotel, kostel) belong to declension group I.

** Most F nouns ending in a consonant belong to declension group II, but F ending in -st decline following the model of místnost from declension group III. Other F nouns ending in a consonant (pomoc, nemoc, sůl, loď, odpověď...) vary between the models of kancelář and místnost especially in the plural.

Notes:
1. For the division of nouns into declension groups I, II and III see p. 45.
2. Tento, tato, toto and tenhle, tahle, tohle are declined like ten, ta, to.

Note:
- Some nouns have changes when they take case endings: pes – k psům, dům – k domům.
- Some nouns have irregular forms, for example oko – k očím, ucho – k uším, dítě – k dětem, člověk – k lidem.

■ *Accusative (akuzativ, čtvrtý pád)*

The accusative is used:

a) *after some verbs to express a direct object*

dávat si/dát si to have/take: **Dám si <u>kávu</u>.** I'll have coffee.

mít to have: **Mám <u>bratra</u> a <u>sestru</u>.** I have a brother and sister.

chtít to want: **Děkuju, <u>čaj</u> nechci.** Thank you, I don't want any tea.

mít rád to like: **Mám rád <u>čokoládu</u>.** I like chocolate.

hledat to look for: **Hledám <u>pana</u> <u>Nováka</u>.** I'm looking for Mr Novák.

jíst/sníst to eat: **Ty nejíš <u>zeleninu</u>?** You don't eat vegetables?

kupovat/koupit to buy: **Koupil jsi <u>máslo</u>?** Did you buy butter?

pít/vypít to drink: **Jsem abstinent, nikdy nepiju <u>alkohol</u>.** I'm a teetotaller, I never drink alcohol.

potřebovat to need: **Nepotřebuju <u>svetr</u>, je teplo.** I don't need a sweater, it's warm.

používat/použít to use: **Často používám <u>slovník</u>.** I often use a dictionary.

studovat to study: **Studuju <u>češtinu</u>.** I study Czech.

vidět/uvidět to see: **Vidíte <u>ten</u> <u>dům</u> tam vlevo?** Can you see that house on the left there?

pamatovat (si)/zapamatovat (si) to remember: **Pamatuješ si <u>to</u> telefonní <u>číslo</u>?** Do you remember that telephone number?

zapomínat/zapomenout to forget/leave behind: **Zapomněl jsem doma <u>peněženku</u>.** I've left my purse at home.

b) *after some verbs with the prepositions* na, o *and* za *to express the object*

být zvyklý na to be used to: **Jsem zvyklá na <u>děti</u>.** I'm used to children.

čekat/počkat na to wait for: **Čekám před školou na <u>dceru</u>.** I'm waiting for my daughter in front of the school.

dívat se/podívat se na to look at/to watch: **Dívali jsme se na <u>televizi</u>.** We were watching television.

mít chuť na to feel like having/to fancy: **Mám chuť na <u>kávu</u>.** I feel like a coffee.

těšit se na to look forward to: **Těším se na <u>víkend</u>.** I'm looking forward to the weekend.

zapomínat/zapomenout na to forget about: **Zapomněl jsem na <u>nákup</u>.** I forgot about the shopping.

zlobit se/rozzlobit se na to get angry with: **Zlobil jsem se na <u>syna</u>.** I got angry with my son.

bát se o to be worried about: **Bojím se o <u>přítelkyni</u>.** I'm worried about my friend.

prosit/poprosit o to ask for: **Chtěla bych poprosit o <u>vodu</u>.** I'd like to ask for some water.

starat se/postarat se o to look after: **Staráme se o <u>babičku</u>.** We look after grandma.

zajímat se o to be interested in: **Zajímáš se o <u>politiku</u>?** Are you interested in politics?

žádat/požádat o to apply for: **Požádám o <u>povolení</u> k pobytu.** I'm applying for a residence permit.

děkovat/poděkovat za to thank for: **Děkuju za <u>hezký večer</u>.** Thank you for a lovely evening.

utrácet/utratit za to spend on: **Utratili jsme všechny peníze za <u>oblečení</u>.** We spent all our money on clothes.

c) *after these prepositions*

mezi between: **Obraz dáme mezi <u>knihovnu</u> a <u>polici</u>.** Let's put the picture between the bookcase and the shelf.

na on, for, to: **To je šampon na <u>vlasy</u>, nebo tělový šampon?** Is this shampoo for hair, or body shampoo?

Večer půjdeme na <u>koncert</u>. This evening we're going to a concert.

nad above: **Obraz, který se nám líbí, dáme nad <u>gauč</u>.** We'll put the picture that we like above the sofa.

pod under: **Obraz, který se nám nelíbí, dáme pod <u>gauč</u>.** We'll put the picture that we don't like under the sofa.

pro for: **Koupili jsme dárky pro <u>dceru</u>.** We bought presents for our daughter.

před in front of: **Dáme auto před <u>dům</u>?** Shall we put the car in front of the house?

v/ve in, on: **Ve <u>středu</u> nebudu v práci.** I won't be at work on Wednesday.

za behind, for, in: **Dáme auto za <u>dům</u>?** Shall we put the car behind the house?

Co dneska můžete koupit za <u>korunu</u>? What can you buy for a crown these days?

Přijdu za <u>hodinu</u>. I'll come in an hour.

The prepositions na *and* v/ve *are also used with the locative – see page 61 here in the Appendix.*

The prepositions nad, pod, před, za *and* mezi *are also used with the instrumental – see page 64 here in the Appendix.*

d) *in object constructions with verbs*

těšit to be pleased/to enjoy: **Těší <u>mě</u>.** Pleased to meet you.

bolet to hurt: **<u>Adama</u> bolí hlava.** Adam's head hurts.

bavit to enjoy: **<u>Evu</u> baví tenis.** Eva enjoys tennis.

zajímat to interest: **<u>Kamarádku</u> zajímá historie.** History interests my friend./My friend is interested in history.

e) *to express time*

<u>Každou</u> <u>středu</u> chodím plavat. Every Wednesday I go swimming.

<u>Příští</u> <u>sobotu</u> půjdeme na večeři do restaurace. Next Saturday we're going to a restaurant for dinner.

<u>Minulý</u> <u>týden</u> jsem byla nemocná. I was ill last week.

Legend: Ma = masculine animate · Mi = masculine inanimate · F = feminine · N = neuter

Accusative singular (fourth case singular) – Standard Czech (colloquial Czech)

gender	kdo, co / koho², co	ten, ta, to	jeden, jedna, jedno	possessive pronouns	-ý adjectives (hard adjectives)	-í adjectives (soft adjectives)	majority nouns — declension group I¹ Nominative singular ending in: consonant, -a, -o	minority nouns + majority masculine ending in the nominative singular in a hook, -c, -j, -tel* — declension group II¹ Nominative singular ending in: -e/-ě, hook, -c, -j, -tel*	declension group III¹ Nominative singular ending in: -a, -st, -e/-ě, -í (model kuře)
Ma	koho²	toho³	jednoho	mého (mýho) / tvého (tvýho) / jeho / jejího / našeho / vašeho / jejich	dobrého (dobrýmu)	kvalitního	studenta	muže	kolegu
Mi	co	ten³	jeden	můj / tvůj / jeho / jejímu / náš / váš / jejich	dobrý (dobrej)	kvalitní	banán	čaj	--
F		tu³	jednu	moji/mou⁴ / tvoji/tvou⁴ / jeho / její / naši / vaši / jejich	dobrou	kvalitní	kávu	restauraci, kancelář	místnost
N		to³	jedno	moje/mé⁴ (mý) / tvoje/tvé⁴ (tvý) / jeho / její / naše / vaše / jejich	dobré (dobrý)	kvalitní	auto	moře	kuře, nádraží

* Some M nouns ending in -tel (hotel, kostel) belong to declension group I.

** Most F nouns ending in a consonant belong to declension group II, but F ending in -st decline following the model of místnost from declension group III. Other F nouns ending in a consonant (pomoc, nemoc, sůl, loď, odpověď...) vary between the models of kancelář and místnost especially in the plural.

Notes:

1. For the division of nouns into declension groups I, II and III see p. 45.
2. If you memorise the declension of the pronouns kdo, co, it will help you to use the M and N pronouns ten, to, jeden, jedno and adjectives. The yellow highlighting in the table will draw your attention to this.
3. Tento, tato, toto and tenhle, tahle, tohle are declined like ten, ta, to.
4. The shorter forms of possessive pronouns such as mou, mé are literary. When speaking, we use the longer forms more often, for example moji, moje.

Note:

– Some nouns have changes when they take case endings: pes – vidím psa.
– Some male names ending in -y or -i/-í decline like the adjective kvalitní (Jiří – vidím Jiřího, Johnny – vidím Johnnyho). Female names ending in -y, -i, -o or a consonant do not decline (Ivy – vidím Ivy, Maiako – vidím Maiako, Carmen – vidím Carmen).
– Some M nouns ending in -l, -s and -z decline following declension group II (král – vidím krále, Francouz – vidím Francouze).

Accusative plural (fourth case plural) – Standard Czech (colloquial Czech)

Legend: **Ma** masculine animate · **Mi** masculine inanimate · **F** feminine · **N** neuter

gender	kdo, co / koho, co (ten, ta, to)	dva/dvě, tři, čtyři	possessive pronouns	adjectives -ý (hard adjectives)	adjectives -í (soft adjectives)	majority nouns — declension group I (Nominative singular ending in: consonant, -a, -o)	minority nouns + majority masculine ending in the nominative singular in a hook, -c, -j, -tel* — declension group II (Nominative singular ending in: -e/-ě, hook, -c, -j, -tel*)	declension group III (Nominative singular ending in: -a, -st, -e/-ě (model kuře), -í)
Ma	ty²	dva tři čtyři	moje/mé³ (mý) tvoje/tvé³ (tvý) jeho její · naše vaše jejich	dobré (dobrý)	kvalitní	studenty	muže	kolegy
Mi	ty²	dva tři čtyři	moje/mé³ (mý) tvoje/tvé³ (tvý) jeho její · naše vaše jejich	dobré (dobrý)	kvalitní	banány	čaje	---
F	ty²	dvě tři čtyři	moje/mé³ (mý) tvoje/tvé³ (tvý) jeho její · naše vaše jejich	dobré (dobrý)	kvalitní	kávy	restaurace, kanceláře**	místnosti
N	ta² (ty)	dvě tři čtyři	moje/má³ (mý) tvoje/tvá³ (tvý) jeho její · naše vaše jejich	dobrá (dobrý)	kvalitní	auta	moře	kuřata, nádraží

* Some M nouns ending in -tel (hotel, kostel) belong to declension group I.

** Most F nouns ending in a consonant belong to declension group II, but F ending in -st decline following the model of místnost from declension group III. Other F nouns ending in a consonant (pomoc, nemoc, sůl, loď, odpověď…) vary between the models of kancelář and místnost especially in the plural.

Notes:
1. For the division of nouns into declension groups I, II and III see p.45.
2. Tento, tato, toto and tenhle, tahle, tohle are declined like ten, ta, to.
3. The shorter forms of possessive pronouns such as mě, má are literary. When speaking, we use the longer forms more often, for example moje.

Note:
– Some nouns have changes to their root when they take case endings: pes – vidím psy, dům – vidím domy.
– Some M nouns ending in -l, -s and -z decline following declension group II (král – vidím krále, Francouz – vidím Francouze).
– Some nouns have irregular forms, for example oko – vidím oči, ucho – vidím uši, ruka – vidím ruce, dítě – vidím děti, člověk – vidím lidi.

■ *Vocative (vokativ, pátý pád)*

The vocative is used to address somebody.

a) *First names in the vocative*

Adam Adam – **<u>Adame</u>!** Adam!

Eva Eva – **<u>Evo</u>!** Eva!

In Czech familiar forms of first names or diminutive forms are used very frequently. For example: **Adam – Adám<u>e</u>k, Eva – Evča, Evička.** *These forms also have vocative forms:* **Adámku! Evčo! Evičko!**

b) *Surnames in the vocative*

We usually use surnames together with the titles pan, paní *or* slečna *(also see below).*

pan Novák Mr Novák – **pane Nováku!** Mr Novák! *(in every day spoken language* **pane Novák!***)*

paní Nováková Mrs Nováková – **paní Nováková!** Mrs Nováková!

slečna Nováková Miss Nováková – **slečno Nováková!** Miss Nováková!

c) *Other forms of address in the vocative*

To address unfamiliar people we use the terms:

pan Sir – **pane!** Sir!

paní Madam – **paní!** Madam!

slečna Miss – **slečno!** Miss!

A less formal polite form of address: **mladá paní** Young lady – **mladá paní!** Young lady!

d) *Titles in the vocative*

We always use titles with the words pan *or* paní. *For example:*

pan doktor Doctor "Mr Doctor" – **pane doktore!** Doctor! "Mr Doctor!"

pan inženýr Engineer "Mr Engineer" – **pane inženýre!** Engineer! "Mr Engineer!"

pan magistr Master "Mr Master" – **pane magistře!** Master! "Mr Master!"

pan profesor Professor "Mr Professor" – **pane profesore!** Professor! "Mr Professor!"

pan ředitel Director "Mr Director" – **pane řediteli!** Director! "Mr Director!"

paní doktorka Doctor "Madam Doctor" – **paní doktorko!** Doctor! "Madam Doctor!"

paní inženýrka Engineer "Madam Engineer" – **paní inženýrko!** Engineer! "Madam Engineer!"

paní magistra Master "Madam Master" – **paní magistro!** Master! "Madam Master!"

paní profesorka Professor "Madam Professor" – **paní profesorko!** Professor! "Madam Professor!"

paní ředitelka Director "Madam Director" – **paní ředitelko!** Director! "Madam Director!"

Vocative singular (fifth case singular) – Standard Czech (colloquial Czech)

Gender legend: **Ma** masculine animate · **Mi** masculine inanimate · **F** feminine · **N** neuter

gender	kdo, co	ten, ta, to	jeden, jedna, jedno	possessive pronouns	adjectives — -ý adjectives (hard adjectives)	adjectives — -í adjectives (soft adjectives)	nouns — majority nouns — declension group I[1] Nominative singular ending in: consonant, -a, -o	nouns — majority nouns — declension group II[1] Nominative singular ending in: -e/-ě, hook, -c, -j, -tel*	nouns — minority nouns + majority masculine ending in the nominative singular in a hook, -c, -j, -tel* — declension group II[1] / declension group III[1] Nominative singular ending in: -a, -st, -e/-ě (model kuře), -í
Ma	—	—	jeden	náš / můj	dobrý (dobrej)	kvalitní	studente! Marku![3]	muži![4]	kolego!
Mi	—	—	jeden	náš / můj	dobrý (dobrej)	kvalitní	banáne!	čaji!	---
F	—	—	jedna	naše / moje/má[2]	dobrá	kvalitní	kávo! studentko!	restaurace! kolegyně! kanceláři! neteři!**	místnosti!
N	—	—	jedno	naše / moje/mé[2] (mý)	dobré (dobrý)	kvalitní	auto!	moře!	kuře! nádraží!

* Some M nouns ending in -tel (hotel, kostel) belong to declension group I.

** Most F nouns ending in a consonant belong to declension group II, but F ending in -st decline following the model of mistnost from declension group III. Other F nouns ending in a consonant (pomoc, nemoc, sůl, loď, odpověď...) vary between the models of kancelář and mistnost especially in the plural.

Notes:

1. For the division of nouns into declension groups I, II and III see p. 45.
2. The shorter forms of possessive pronouns such as má, mé are literary. When speaking, we use the longer forms more often, for example moje.
3. M nouns from declension group I ending in -k, -g, -h, -ch take the ending -u, for example Marek– Marku! Greg – Gregu!
4. Ma from declension group II ending in -e do not change, for example soudce – soudce!

Note:

– We can form the vocative from any noun, but we usually only use it with people or the names of animals. Therefore we present other forms as well in the feminine part of the table, such as Marku!, studentko!, kolegyně!
– Some nouns have changes when they take case endings: pes – pse! Marek – Marku!
– Some male names ending in -y or -i/-í decline like the adjective kvalitní (Jiří – Jiří!, Johnny – Johnny!). Female names ending in -y, -i, -o or a consonant do not decline (Ivy – Ivy!, Maiako – Maiako!, Carmen – Carmen!).
– Some M nouns ending in -l, -s and -z decline following declension group II (král – králi!, Francouz – Francouzi!).
– Notice other changes: Petr – Petře!, otec – otče!

Ma masculine animate **Mi** masculine inanimate **F** feminine **N** neuter

Vocative plural (fifth case plural) – Standard Czech (colloquial Czech)

gender	kdo, co	ten, ta, to	dva/dvě, tři, čtyři	possessive pronouns	-ý adjectives (hard adjectives)	-í adjectives (soft adjectives)	majority nouns — declension group I (Nominative singular ending in: consonant, -a, -o)	minority nouns + majority masculine ending in the nominative singular in a hook, -c, -j, -tel* — declension group II (Nominative singular ending in: -e/-ě, hook, -c, -j, -tel*)	declension group III (Nominative singular ending in: -a, -st, -e/-ě (model kuře), -í)
Ma	—	—	dva tři čtyři	moji/mí[2] ... naši	dobré (dobrý)	kvalitní	studenti[3,4]	muži[4]	kolegové[4]
Mi	—	—	dva tři čtyři	moje/mé[2] (mý) ... naše	dobré (dobrý)	kvalitní	banány!	čaje!	--
F	—	—	dvě tři čtyři	moje/mé[2] (mý) ... naše	dobré (dobrý)	kvalitní	kávy! studentky!	restaurace! kolegyně! kanceláře! neteře!**	místnosti!
N	—	—	dvě tři čtyři	moje/má[2] (mý) ... naše	dobrá (dobrý)	kvalitní	auta!	moře!	kuřata! nádraží!

* Some M nouns ending in -tel (hotel, kostel) belong to declension group I..
** Most F nouns ending in a consonant belong to declension group II, but F ending in -st decline following the model of místnost from declension group III. Other F nouns ending in a consonant (pomoc, nemoc, sůl, loď, odpověď...) vary between the models of kancelář and místnost especially in the plural.

Notes:
1. For the division of nouns into declension groups I, II and III see p. 45.
2. The shorter forms of possessive pronouns such as mí, mé, má are literary. When speaking, we use the longer forms more often, for example moji, moje.
3. In the case of Ma adjectives and nouns some sound are softened, for example r>ř, k>c, ch>š (e.g. dobrý doktor – dobří doktoři!, hezký kluk – hezcí kluci!).
4. Some Ma take the endings -é or -ové: Ma ending in -tel and some other words take the ending -é (e.g. učitelé!, Španělé!). Foreign Ma nouns ending in -r, -g, -l, -m and some short Ma take the ending -ové (e.g. kolegové!, fotografové!, Rusové!).

Note:
– We can form the vocative from any noun, but we usually only used it for people or the names of animals. Therefore we present other "living" forms in the feminine part of the table, for example studentky!, kolegyně!.
– Some nouns have changes when they take case endings: pes – psi!
– Some nouns have irregular forms, for example dítě – děti!, člověk – lidi.

■ *Locative (lokál, šestý pád)*

*The locative is **always** used with a preposition. It is used:*

a) after some verbs with the prepositions o and na

bavit se/pobavit se o to talk about: **Bavili jsme se o <u>filmu</u>, který jsme viděli včera.** We were talking about the film we saw yesterday.

číst (si)/přečíst (si) o to read about: **Četl jsem o <u>historii</u> České republiky.** I was reading about the history of the Czech Republic.

mluvit o to talk/speak about: **Mluvili jsme o <u>kamarádovi</u>, který měl nedávno svatbu.** We were talking about our friend, who got married recently.

myslet si/pomyslet si o to think about/of: **Co si myslíte o <u>prezidentovi</u>?** What do you think about the President?

povídat (si)/popovídat (si) o to talk about: **Povídali jsme si o <u>škole</u>.** We were talking about school.

psát o/napsat o to write about: **Noviny psaly o <u>skandálu</u>.** The newspapers wrote about the scandal.

říkat/říct o to speak about: **Řekla jsem kolegovi o <u>projektu</u>. Byl překvapený, ještě o tom nevěděl.** I spoke to my colleague about the project. He was surprised, he hadn't known about it till then.

slyšet o to hear about: **Už jsi o <u>tom</u> slyšela?** Have you heard about that already?

vyprávět o to tell/talk about: **Kamarádka mi vyprávěla o <u>babičce</u>. Měla zajímavý život.** My friend was telling me about her grandmother. She had an interesting life.

záležet na to depend on: **Nevím, jestli půjdeme do kina. To záleží na <u>manželovi</u>, jestli bude mít čas.** I don't know if we'll go to the cinema. It depends on my husband, whether he has time.

b) after prepositions

na on: **Včera jsme byli na <u>výletě</u>.** Yesterday we were on a trip.

v/ve in, at: **Proč jsi včera nebyl ve <u>škole</u>?** Why weren't you at school yesterday?

po after: **Po <u>obědě</u> ráda spím.** I like to sleep after lunch.

při while, during: **Při <u>práci</u> rád poslouchám hudbu.** I like listening to music while working.

o about, at: **O <u>víkendu</u> půjdeme na koncert.** We're going to a concert at the weekend.

The prepositions na and v/ve are also used with the accusative – see page 55 here in the Appendix.

Locative singular (sixth case singular) – Simplified rules[1] for nouns

You can use simplified rules[1] for locative singular nouns (apart from Ma *= masculine animate nouns) – the "last consonant rules". These rules do not work in one hundred percent of cases, but they can help you in general use. You should find the final consonant in the word which you want to use in the locative sg., for example* le**s***, restaura*c**e***, hospod*a**,** *kancelá*ř**,** *ok*n**o***... Then you proceed as follows:*

rule	ending
1. Final consonant is h, ch, k, r or g and the noun is Mi or N	**-u**[2]
2. The last consonant is ž, š, č, ř, ď, ť, ň, c, j	**-i**[3]
3. The last vowel is other than in group 1 and 2	**-e/-ě**[4, 5]
WATCH OUT FOR: Ma	**-ovi**[3]

Notes:
1. Standard table of the locative sg. > p. 62.
2. Foreign Mi and N words also take the ending -u, for example supermarket – v supermarketu.
3. Ma nouns ending in -ž, -š, -č, -ř, -ď, -ť, -ň, -c, -j and -tel and some Ma nouns ending in -l, -s and -z also take the ending -i (e.g. mluvím o muži, mluvím o učiteli, mluvím o králi).
4. All F nouns ending in a take the same ending. With these nouns some sounds are softened, for example k>c, h>z (e.g. doktorka– mluvím o doktorce, Praha – mluvím o Praze).
5. We use the ending -ě after d, t, n, m, p, b, v or f. After other consonants we use the ending -e. Compare: Mluvím o kávě. × Mluvím o škole.

Note:
– Some nouns have changes when they take case endings: pe̱s – mluvím o psovi, dů̱m – mluvím o domu.
– Watch out for irregular forms: dcera – mluvím o dceři.
– Notice that nouns in the locative sg. have similar endings to the dative sg.

Locative singular (sixth case singular) – Standard Czech (colloquial Czech)

Gender legend: **Ma** masculine animate | **Mi** masculine inanimate | **F** feminine | **N** neuter

gender	kdo, co / kom² čem²	ten, ta, to / jeden, jedna, jedno	possessive pronouns	-ý adjectives (hard adjectives)	-í adjectives (soft adjectives)	majority nouns — declension group I (Nominative singular ending in: consonant, consonant, -a, -o)	declension group II (Nominative singular ending in: -e/-ě, hook, -c, -j, -tel*)	minority nouns + majority masculine ending in the nominative singular in a hook, -c, -j, -tel* — declension group III (Nominative singular ending in: -a, -st, -e/-ě (model kuře), -í)
Ma	tom³	jednom	mém (mým) tvém (tvým) jeho jejím / našem vašem jejich	dobrém (dobrým)	kvalitním	studentu/ovi⁵	muži/ovi⁵	kolegovi
Mi	tom³	jednom	mém tvém jeho jejím / našem vašem jejich	dobrém (dobrým)	kvalitním	banánu/ě⁶,⁷	čaji	--
F	té³	jedné	mojí/mé⁴ (mý) tvojí/tvé⁴ (tvý) jeho její / naši vaši jejich	dobré	kvalitní	kávě⁷,⁸	restauraci, kanceláři**	místnosti
N	tom³	jednom	mém (mým) tvém (tvým) jeho jejím / našem vašem jejich	dobrém (dobrým)	kvalitním	autu/ě⁶,⁷	moři	kuřeti, nádraží

* Some M nouns ending in -tel (hotel, kostel) belong to declension group I.

** Most F nouns ending in a consonant belong to declension group II, but F ending in -st decline following the model of mistnost from declension group III. Other F nouns ending in a consonant (pomoc, nemoc, sůl, loď, odpověď...) vary between the models of kancelář and mistnost especially in the plural.

Notes:
1. For the division of nouns into declension groups I, II and III see p. 45.
2. If you memorise the declension of the pronouns kdo, co, it will help you to use the M and N pronouns ten, to, jeden, jedno and adjectives. The yellow highlighting in the table will draw your attention to this.
3. Tento, tato, toto and tenhle, tahle, tohle are declined like ten, ta, to.
4. The shorter forms of possessive pronouns such as mé are literary. When speaking, we use the longer forms more often, for example moji.
5. With Ma nouns from declension group the ending -ovi is more frequent (e.g. Mluvím o studentovi.). With Mi nouns from declension group II the ending -i is more frequent (e.g. Mluvím o muži.) with the exception of names and surnames, where we use the ending -ovi (e.g. Mluvím o Tomášovi.). When there are two or more nouns together, the last noun takes the ending -ovi, for example Mluvím o panu doktoru Novákovi.
6. With Mi and N nouns from declension group I we often use either the ending -u, or also -e/-ě (e.g. v obchodu/v obchodě, v autu/v autě). Some nouns, such as foreign words or nouns ending in -h, -ch, -k, -r, -g only take the ending -u (e.g. vlak – ve vlaku, supermarket – v supermarketu). Most months also take the ending -u (e.g. v lednu, v únoru, v březnu).
7. We use the ending -ě after d, t, n, m, p, b, v or f. After other consonants we use the ending -e. Compare: Mluvím o kávě × Mluvím o škole.
8. With F nouns from declension group I some sounds are softened, for example k>c, h>z (e.g. doktorka – mluvím o doktorce, Praha – mluvím o Praze).

Note:
- Some nouns have changes when they take case endings: pes – mluvím o psovi, dům – mluvím o domu.
- Some male names ending in -y or -i/-í decline like the adjective kvalitní (Jiří – mluvím o Jiřím, Johnny – mluvím o Johnnym). Female names ending in -y, -i, -o or a consonant do not decline (Ivy – mluvím o Ivy, Maiako – mluvím o Maiako, Carmen – mluvím o Carmen).
- Some M nouns ending in -l, -s and -z decline following declension group II (král – mluvím o králi, Francouz – mluvím o Francouzi).
- Watch out for irregular forms: dcera – mluvím o dceři.
- Notice that nouns in the locative sg. have similar endings to the dative sg.

Locative plural (sixth case plural) – Standard Czech (colloquial Czech)

gender: Ma *masculine animate* | Mi *masculine inanimate* | F *feminine* | N *neuter*

kdo, co / kom, čem	gender	ten, ta, to	dva/dvě, tři, čtyři, pět	possessive pronouns	-ý adjectives (hard adjectives)	-í adjectives (soft adjectives)	**nouns** majority nouns — declension group I Nominative singular ending in: *consonant, consonant, -a, -o*	minority nouns + majority masculine ending in the nominative singular in a hook, -c, -j, -tel* — declension group II Nominative singular ending in: -e/-ě, hook, -c, -j, -tel*	declension group III Nominative singular ending in: -a, -st, -e/-ě (model kuře), -í
kom čem	Ma	těch²	dvou (dvouch) třech čtyřech pěti	mých (mejch) tvých (tvejch) jeho jejich / našich vašich jejich	dobrých (dobrejch)	kvalitních	studentech³	mužích	kolezích³
	Mi	těch²	dvou (dvouch) třech čtyřech pěti	mých (mejch) tvých (tvejch) jeho jejich / našich vašich jejich	dobrých (dobrejch)	kvalitních	banánech	čajích	- - -
	F	těch²	dvou (dvouch) třech čtyřech pěti	mých (mejch) tvých (tvejch) jeho jejich / našich vašich jejich	dobrých (dobrejch)	kvalitních	kávách	restauracích, kancelářích**	místnostech
	N	těch²	dvou (dvouch) třech čtyřech pěti	mých (mejch) tvých (tvejch) jeho jejich / našich vašich jejich	dobrých (dobrejch)	kvalitních	autech⁴	mořích	kuřatech, nádražích

* Some M nouns ending in -tel (hotel, kostel) belong to declension group I.

**Most F nouns ending in a consonant belong to declension group II, but F ending in -st decline following the model of místnost from declension group III. Other F nouns ending in a consonant (pomoc, nemoc, sůl, loď, odpověď...) vary between the models of kancelář and místnost especially in the plural.

Notes:

1. For the division of nouns into declension groups I, II and III see p. 45.
2. Tento, tato, toto and tenhle, tahle, tohle are declined like ten, ta, to.
3. In M nouns from declension groups I and III, some sounds are softened, for example k>c, ch>š, g>z and the ending -ích is used (e.g. kluk – mluvím o klucích, Čech – mluvím o Češích, kolega – mluvím o kolezích).
4. In N nouns from declension group I, nouns ending in some sounds take the ending -ách, for example -ko > kách (mléko – mluvím o mlékách).

Note:

– Some nouns have changes when they take case endings: pes – mluvím o psech, dům – mluvím o domech.
– Some M nouns ending in -l, -s and -z decline following declension group II (král – mluvím o králích, Francouz – mluvím o Francouzích).
– Some nouns have irregular forms, for example: peníze – mluvím o penězích, oko – mluvím o očích, ucho – mluvím o uších, dítě – mluvím o dětech, člověk – mluvím o lidech.

■ *Instrumental (*instrumentál, sedmý pád*)*

The instrumental is used:

a) *to express something being used as a tool*
Píšu <u>tužkou</u>. I'm writing with a pencil.

b) *to express motion with the help of a method of transport*
Pojedeme na výlet <u>autem</u>. We'll go on a trip in the car.

c) *to express motion through a certain place*
Musíme projít <u>lesem</u> a pak uvidíme hrad. We have to go through the forest and then we'll see the castle.

d) *to express a movement of the body*
Kýval <u>hlavou</u>. He nodded his head.

e) *to express time (with the terms* začátek *and* konec*)*
<u>Začátkem</u> července budeme mít svatbu. We're having the wedding at the beginning of July.
Přijedu na návštěvu <u>koncem</u> léta. I'll come to visit at the end of the summer.

f) *after some verbs and adjectives*
stávat se/stát se to become: **Stal jsem se <u>doktorem</u>.** I became a doctor.
být + *profese* to be + *profession*: **Byla jsem <u>učitelkou</u>.** I was a teacher.

In the expression to be + profession *it is also possible to use the verb* být + nominative (first case)*:* Byla jsem učitelka. I was a teacher. *This way of saying it is less formal.*

g) *after some verbs and adjectives with the preposition* s/se
chodit s to go out with: **Adam už rok chodí s <u>Evou</u>.** Adam has been going out with Eva for a year now.
mít svatbu s to get married to: **Eva bude mít svatbu s <u>Adamem</u>.** Eva is going to get married to Adam.
rozcházet se/rozejít se s to split up with: **Rozešla jsem se s <u>přítelem</u>.** I split up with my boyfriend.
rozvádět se/rozvést se s to get divorced from: **Rozvedl jsem se s <u>manželkou</u>.** I got divorced from my wife.
seznamovat se/seznámit se to meet/get to know: **Kde ses se seznámil s <u>přítelkyní</u>?** Where did you meet your girlfriend?
scházet se/sejít se s to meet up with: **Sešel jsme se s <u>bratrem</u>.** I met up with my brother.
souhlasit s to agree with: **Souhlasím s <u>tatínkem</u>, že se musíš víc učit.** I agree with Dad that you have to study harder.

h) *after prepositions:*
mezi between: **Auto stojí mezi <u>domem</u> a garáží.** The car is between the house and the garage.
nad above, over: **Obraz je nad <u>gaučem</u>.** The picture is above the sofa.
pod under: **Obraz, který se nám nelíbí, je pod <u>gaučem</u>.** The picture that we don't like is under the sofa.
před in front of, before, ago: **Auto stojí před <u>domem</u>.** The car is in front of the house.
Přišla jsem před <u>hodinou</u>. I came an hour ago.
s/se with: **Byla jsem v kině s <u>kamarádkou</u>.** I went to the cinema with a friend.
za behind: **Auto stojí za <u>domem</u>.** The car is behind the house.

The prepositions nad, pod, před, za *and* mezi *are also used with the accusative – see page 55 here in the Appendix.*

Instrumental singular (seventh case singular)– Standard Czech (colloquial Czech)

| Ma masculine animate | Mi masculine inanimate | F feminine | N neuter |

gender	kdo, co	ten, ta, to	jeden, jedna, jedno	possessive pronouns	-ý adjectives (hard adjectives)	-í adjectives (soft adjectives)	nouns — majority nouns: declension group I (Nominative singular ending in: consonant, -a, -o)	minority nouns + majority masculine ending in the nominative singular in a hook, -c, -j, -tel*: declension group II (Nominative singular ending in: -e/-ě, hook, -c, -j, -tel*)	declension group III (Nominative singular ending in: -a, -st, -e/-ě (model kuře), -í)
Ma	kým[2], čím[2]	tím[3]	jedním	mým (mým) / tvým (tvým) / jeho / jejím ; naším / vaším / jejich	dobrým	kvalitním	studentem	mužem	kolegou
Mi		tím[3]	jedním	mým / tvým / jeho / jejím ; naším / vaším / jejich	dobrým	kvalitním	banánem	čajem	–
F		tou[3]	jednou	mojí/mou[4] / tvojí/tvou[4] / jeho / její ; naší / vaší / jejich	dobrou	kvalitní	kávou	restaurací, kanceláří**	místností
N		tím[3]	jedním	mým / tvým / jeho / jejím ; naším / vaším / jejich	dobrým	kvalitním	autem	mořem	kuřetem, nádražím

* Some M nouns ending in -tel (hotel, kostel) belong to declension group I.

**Most F nouns ending in a consonant belong to declension group II, but F ending in -st decline following the model of místnost from declension group III. Other F nouns ending in a consonant (pomoc, nemoc, sůl, loď, odpověď...) vary between the models of kancelář and místnost especially in the plural.

Notes:
1. For the division of nouns into declension groups I, II and III see p. 45.
2. If you memorise the declension of the pronouns kdo, co, it will help you to use the M and N pronouns ten, to, jeden, jedno and adjectives. The yellow highlighting in the table will draw your attention to this.
3. Tento, tato, toto and tenhle, tahle, tohle are declined like ten, ta, to.
4. The shorter forms of possessive pronouns such as mou are literary. When speaking, we use the longer forms more often, for example mojí.

Note:
– Some nouns have changes when they take case endings: pes – se psem, dům – s domem.
– Some male names ending in -y or -i/-í decline like the adjective kvalitní (Jiří – s Jiřím, Johnny – s Johnnym). Female names ending in -y, -i, -o or a consonant do not decline (Ivy – s Ivy, Maiako – s Maiako, Carmen – s Carmen).

Instrumental plural (seventh case plural) – Standard Czech (colloquial Czech)

Gender legend: **Ma** masculine animate · **Mi** masculine inanimate · **F** feminine · **N** neuter

gender	kdo, co / kým, čím	ten, ta, to	dva/dvě, tři, čtyři, pět	possessive pronouns	-ý adjectives (hard adjectives)	-í adjectives (soft adjectives)	majority nouns — declension group I¹ (Nominative singular ending in: consonant, -a, -o)	minority nouns + majority masculine ending in the nominative singular in a hook, -c, -j, -tel* — declension group II¹ (Nominative singular ending in: -e/-ě, hook, -c, -j, -tel*)	declension group III¹ (Nominative singular ending in: -a, -st, -e/-ě (model kuře), -í)
Ma	kým, čím	těmi² (těma)	dvěma (dvouma) třemi (třema) čtyřmi (čtyřma) pěti	mými (mejma) tvými (tvejma) našimi (našima) vašimi (vašima) jeho jejich jejími (jejíma)	dobrými (dobrejma)	kvalitními (kvalitníma)	studenty (studentama)	muži (mužema)	kolegy (kolegama)
Mi		těmi² (těma)	dvěma (dvouma) třemi (třema) čtyřmi (čtyřma) pěti	mými (mejma) tvými (tvejma) našimi (našima) vašimi (vašima) jeho jejich jejími (jejíma)	dobrými (dobrejma)	kvalitními (kvalitníma)	banány (banánama)	čaji (čajema)	--
F		těmi² (těma)	dvěma (dvouma) třemi (třema) čtyřmi (čtyřma) pěti	mými (mejma) tvými (tvejma) našimi (našima) vašimi (vašima) jeho jejich jejími (jejíma)	dobrými (dobrejma)	kvalitními (kvalitníma)	kávami (kávama)	restauracemi (restauracema) kancelářemi (kancelářema)**	místnostmi (místnostma)
N		těmi² (těma)	dvěma (dvouma) třemi (třema) čtyřmi (čtyřma) pěti	mými (mejma) tvými (tvejma) našimi (našima) vašimi (vašima) jeho jejich jejími (jejíma)	dobrými (dobrejma)	kvalitními (kvalitníma)	auty (autama)	moři	kuřaty (kuřatama) nádražími (nádražíma)

* Some M nouns ending in in-tel (hotel, kostel) belong to declension group I.

** Most F nouns ending in a consonant belong to declension group II, but F ending in -st decline following the model of místnost from declension group III. Other F nouns ending in a consonant (pomoc, nemoc, sůl, loď, odpověď...) vary between the models of kancelář and místnost especially in the plural.

Notes:
1. For the division of nouns into declension groups I, II and III see p. 45.
2. Tento, tato, toto and tenhle, tahle, tohle are declined like ten, ta, to.

Note:
– Some nouns have changes when they take case endings: pes – se psy, dům – s domy.
– Some M nouns ending in -l, -s and -z decline following declension group II (král – s králi, Francouz – s Francouzi).
– Some nouns have irregular forms, for example: peníze – s penězi, oko – s očima, ucho – s ušima, dítě – s dětmi, člověk – s lidmi.

Model sentences

The preceding tables of cases with isolated forms do not suit some students. If you are one of these, try memorising and mastering some frequently used adjective and noun case endings with the help of these model sentences for individual cases. (At this stage of your studies we are presenting model sentences only for declension groups I and II.)

Above the model sentences you can see the numbers of the declension groups to which the given nouns belong.

Model sentences for the genitive sg.:

       I.   *I.*   *II.*   *I.*

Jdu do <u>supermarketu</u>, do <u>školy</u>, do <u>restaurace</u> a do kina**.**

Model sentences for the dative sg.:

      I.   *I.*

Jdu k doktorovi **nebo <u>doktorce</u>.**

      II.   *II.*

Telefonuju příteli **a <u>přítelkyni</u>.**

Model sentences for the accusative sg.:

      I.   *I.*   *I.*   *II.*   *I.*

Dám si <u>grilovaného</u> lososa**, <u>černý</u> <u>čaj</u>, <u>černou</u> <u>kávu</u>, <u>dušenou</u>** rýži **a <u>černé</u>** pivo**.**

      I.   *I.*

Mám <u>staršího</u> bratra **a <u>mladší</u> <u>sestru</u>.**

Model sentences for the locative sg.:

      I.   *I.*   *II.*   *I.*

Byl jsem v <u>supermarketu</u>, ve <u>škole</u>, v <u>restauraci</u>, a v kině**.**

Model sentences for the instrumental sg.:

      I.   *II.*   *I.*

Jedu autobusem, tramvají a metrem**.**

      I.   *I.*   *I.*

Dám si chleba se salámem, se šunkou a s máslem**.**

You can, of course, make up your own model sentences.

Declensions of personal pronouns

case	types of pronoun	forms of pronouns							
1. N		já	ty	---	on, ono	ona	my	vy	oni
2. G	short forms	mě	tě	sebe	ho	jí	nás	vás	jich
	forms after prepositions	mě	tebe	sebe	něho/něj	ní	nás	vás	nich
	stressed forms	mě	tebe	sebe	jeho	jí	nás	vás	jich
3. D	short forms	mi/mně	ti	si	mu	jí	nám	vám	jim
	forms after prepositions	mně	tobě	sobě	němu	ní	nám	vám	nim
	stressed forms	mně	tobě	sobě	jemu	jí	nám	vám	jim
4. A	short forms	mě	tě	se	ho	ji	nás	vás	je
	forms after prepositions	mě	tebe	sebe	něho/něj	ni	nás	vás	ně
	stressed forms	mě	tebe	sebe	jeho/jej	ji	nás	vás	je
6. L	forms after prepositions	mně	tobě	sobě	něm	ní	nás	vás	nich
7. I	short forms	mnou	tebou	sebou	jím	jí	námi	vámi	jimi
	forms after prepositions	mnou	tebou	sebou	ním	ní	námi	vámi	nimi
	stressed forms	mnou	tebou	sebou	jím	jí	námi	vámi	jimi

■ The dynamic and static concept: Direction × location

Směr Direction		Lokace Location
Odkud? Where from?	**Kam?** Where (to)?	**Kde?** Where?
jít to go (on foot), **jet** to go (by vehicle), **letět** to fly... **být** to be...	**jít** to go (on foot), **jet** to go (by vehicle), **letět** to fly...	**být** to be, **pracovat** to work, **studovat** to study, **bydlet** to live/stay, **žít** to live, **čekat** to wait...
odtud from here **odtamtud** from there **shora** from above **zdola** from below **zprava** from the right **zleva** from the left **zprostředka** from the middle **zepředu** from the front **zezadu** from the back **odjinud** from elsewhere **z domova** from home	**sem** (to) here **tam** (to) there **nahoru** up **dolů** down **doprava/napravo** to the right/right **doleva/nalevo** to the left/left **doprostřed** into the middle **dopředu** forwards **dozadu** backwards **jinam** (to) somewhere else **domů** (to) home	**tady** here **tam** there **nahoře** above **dole** below **vpravo/napravo** on the right **vlevo/nalevo** on the left **uprostřed** in the middle **vpředu** at the front **vzadu** at the back **jinde** somewhere else **doma** at home
z + G **ze školy** from school	**do + G** **do školy** to school	**v/ve + L** **ve škole** at/in school
z + G **z koncertu** from a/the concert	**na + A** **na koncert** to a/the concert	**na + L** **na koncertě** at a/the concert
od + G **od školy** from school, **od doktora** from the doctor's	**k/ke + D** **ke škole** towards school, **k doktorovi** to the doctor's	**u + G** **u školy** near school, **u doktora** at the doctor's
---	**nad, pod, před, za, mezi + A**	**nad, pod, před, za, mezi + I**
		po + L

The prepositions **z – do – v** are usually used in relation to closed or limited spaces, e.g. continents, most countries, cities, villages and shops.

The prepositions **z – na – na** are usually used in relation to open or unlimited space and with a surface, but are also used for events and activities, some public institutions, islands and peninsulars.

The prepositions **od – k – u** are usually used when expressing direction from outside a place to outside a place (**od – k**) and for being outside a place (**u**). So logically we use these prepositions with people as well – see the examples in the table.

The prepositions **nad, pod, před, za** *and* **mezi** *are used:*
a) with the accusative after verbs expressing direction of movement, e.g. **Dám lampu nad stůl.** I'll put the light above the table.
b) or with the locative after verbs expressing location, e.g. **Lampa je nad stolem.** The light is above the table.
The preposition **po** *expresses both location and movement around this location, e.g.* **Chodím po náměstí.** I walk about the square.
Cestuju po Evropě. I travel around Europe.

The second position in a Czech sentence

	Second position				
Sentence...	auxiliary verb in the past tense and conditional	reflexive pronouns se or si	short personal pronouns in the dative	short personal pronouns in the accusative + often to	...sentence.
Bál	**jsem**	**se**	**mu**	**to**	dát.

Czech has a flexible word order. Known information is usually at the beginning of the sentence, new information is at the end of the sentence.
Be careful: Some words (called **enclitics***, in Czech* **příklonky***) are not accented and are collected in a sentence in what is called the second position (but not necessarily as the second word). This is very important for comprehension. The sentence in the table, which illustrates this feature, is* **Bál jsem se mu to dát**. I was afraid to give it to him.

Audio Tapescripts

■ *Lesson 1*

Track 1

Dobrý den.

Dobrý den. Já bych se chtěla přihlásit na češtinu.

A už jste se učila česky?

Ano, chodila jsem 8 měsíců na kurz češtiny v českém centru v Londýně.

A na jaký kurz byste chtěla chodit?

Na ty skupinové lekce, dvakrát týdně dvě hodiny.

Ano, to je možné. Je to kurz na úrovni A2, vždycky v pondělí a ve středu od 17.30 do 19 hodin. Musíte si ale ještě udělat vstupní test na internetu.

Aha. A jaká je adresa?

Adresa je www.terno.cz. A pak klikněte na kurzy češtiny, vstupní test.

Dobře. A kolik to stojí?

Zapisujeme vždycky na půl roku, a celkem to stojí 9 350 korun. Chcete platit hotově?

Hm... Můžu platit kartou?

Ano, můžete kartou nebo bankovním převodem.

Tak prosím kartou.

Track 2

dováží a prodává oblečení, zařídil jsem si pracovní povolení, líbí se mi české písničky, učím se česky

Track 3

Jmenuju se Viktor Škromach. Jsem elektroinženýr a celý život jsem pracoval jako technik. Na vysoké škole jsem se učil anglicky a rusky. Po škole jsem začal pracovat v jedné české firmě a ta mě poslala do Egypta. Tam jsem si zlepšil angličtinu a také jsem se naučil arabsky. Když jsem se vrátil z Egypta, odjel jsem do Německa, kde jsem samozřejmě musel mluvit německy. Jazyky mě vždycky bavily, a tak jsem se ještě naučil francouzsky a italsky. A protože moje manželka je Vietnamka, mluvíme doma i vietnamsky. Teď plánujeme, že pojedeme na dovolenou do Japonska, a tak jsem se začal učit japonsky.

Nejsem žádný samouk, vždycky jsem měl nějakého učitele nebo jsem chodil do jazykové školy. Mám rád učitele, kteří nemluví česky, ale jenom jazykem, který se učím. Vím, že jsem vizuální typ studenta – to znamená, že nová slova a fráze musím víckrát vidět. Používám takové papírové kartičky, na kte-

ré si píšu nová slova a věty. Kartičky mám na nábytku v kuchyni a v koupelně a dívám se na ně, když si třeba vařím kávu nebo si čistím zuby. Každý den se naučím 5 nových slov nebo frází.

Pomáhá mi také dívat se na filmy, a to vždycky dvakrát nebo třikrát, nejdřív bez titulků, jenom v cizím jazyce, a teprve pak s titulky. Baví mě taky číst v cizím jazyce detektivky, které už jsem předtím četl česky. Nikdy si totiž nepamatuju, jak detektivka skončí!

Track 4

Pája se učí anglicky

Chtěl bych umět anglicky!

Musím hodně studovat.

Už umím anglicky!

Napíšu anglicky dopis Áje!

Moje drahá Ájo! My expensive Ája!

Studuju gymnázium. I study gymnasium.

Bydlím vedle trafiky. I live next to a traffic.

Ten Pája se asi zbláznil!!!

A nebo neumí moc anglicky!

Track 5

hledám nějakou dobrou jazykovou školu, soukromé lekce, houskové knedlíky, jít se koupat, jazykové zkoušky, platit kartou, mám velkou firmu, mám českou přítelkyni, na shledanou

■ *Lesson 2*

Track 6

Dobrý den, co si dáte k pití?

Prosím vás, já tady čekám dvacet minut na jídelní lístek! Tohle není normální!

No, promiňte, omlouvám se. Já jsem vás nějak neviděla. Tak co si dáte?

Dám si jenom cibulovou polévku a černé pivo. Na jídlo už nemám čas.

Hm, tak ještě jednou promiňte, hned to bude.

Track 7

Tak co si dáš? Už máš vybráno?

Já pořád nevím, ale asi si dám nějakou rybu. Nechceš taky?

A jakou rybu mají?

Tak je tady smažený kapr s bramborovým salátem, pečený pstruh a vařené brambory... Co třeba tohle? Máš ráda grilovaného lososa?

No, lososa miluju.

Tak dobře, dáme si grilovaného lososa a hranolky.

Ne, já hranolky nechci, dám si jenom brambory.

Track 8

Dobrý den, tak máte vybráno? Co si dáte k pití?

Chtěla bych červené víno a neperlivou vodu.

A budete jíst?

Ještě nevím... Možná později. A nebo víte co? Vezmu si jenom zeleninový salát.

Malý, nebo velký?

Malý, nemám moc hlad.

Track 9

Tak, tady je ta polévka a to pivo.

Díky.

Dobrou chuť!

Prosím vás!

Ano?

Ta polévka není dost slaná a to pivo je moc teplé.

Aha, promiňte, omlouvám se. Tady je sůl a hned přinesu jiné pivo.

Track 10

Ten grilovaný losos byl výborný.

Taky mi moc chutnal. Dáš si ještě něco?

Uf, asi ne. Už nemůžu. A ty?

Ne, už mám dost. Dám si ještě víno, ale jenom trochu.

Track 11

Tak, tady je ten zeleninový salát. Ještě jednou tu vodu?

Ne, děkuju... Ale ještě mám chuť na něco sladkého...

Prosím, tady je jídelní lístek.

Tak já si dám ty palačinky s ovocem a se šlehačkou.

Track 12

léčivé minerální vody, olomoucké syrečky, karlovarské oplatky, domažlické koláče, nejvyšší české hory

Track 13

Ta restaurace je špatná!

Ájin a Pájův kamarád Tom je Angličan. Teď je na návštěvě v České republice.

Ahoj Tome!

Čau Ájo a Pájo!

Tady blízko je restaurace U Tygra.

Půjdeme tam na oběd, ano?

Ne! Ta restaurace je špatná!

Byl jsem tam včera a bylo to strašné...

Ale proč? Ale proč?

Přišel jsem tam a...

K pití si dám červené pivo.

Eee... To nemáme!

Jako předkrm si dám kravaty.

Eee... To taky nemáme!!

A jako hlavní jídlo si dám kočku s vajíčkem.

No to už vůbec nemáme!

Tak si dám guláš s knedlíkem a zaplatím.

Devadesát korun.

Dvacet. To je v pořádku!

Ne, to není v pořádku!

Aha, tak už rozumíme!

Ale špatná asi nebyla ta restaurace!

Track 14

č – š – ž

český, čokoládový, červený, černý, čekat, čas, koláče, syrečky, tučný, pečený

šlehačka, špagety, šunka, Štědrý den, Španělsko, španělsky, špatný, halušky

žízeň, živý, že, jižní, smažený, Domažlice, domažlické koláče

◼ Lesson 3

Track 15

Jmenuju se David Havlík, je mi 8 let a bydlím v Kolíně. Mám velkou rodinu.

Moje máma je moc hodná, jenom je někdy nervózní a křičí – to když je moc unavená a my s bratrem zlobíme a nechceme uklízet. Maminku mám asi radši než tatínka, protože táta je docela přísný. Když je doma, musím se učit a pomáhat. Naštěstí je skoro pořád v práci.

Můj brácha se jmenuje Jakub, ale říkáme mu Kuba. Máma někdy říká, že je strašný a že je typický puberťák. Moje ségra se jmenuje Karolína, ale říkáme jí Kájinka. Je ještě miminko, pořád jenom spí, jí nebo brečí.

Mám dva dědečky a tři babičky. Dědeček Karel a babička Dana bydlí na vesnici. Jezdíme tam někdy na návštěvu. Děda Petr bydlí daleko, ale babi Hanka bydlí u nás. Jsou rozvedení. Děda Petr má novou manželku, to je moje nevlastní babička. Jmenuje se Věra.

Mám taky tetu a strejdu. Teta Jana je mámina sestra. Žije sama a má jednu dceru. To je moje sestřenice Adéla. Adéla je skoro stejně stará jako já, je jí 7 a půl. Strejda Lukáš je tátův bratr. Je moc fajn – má vždycky dobrou náladu a je s ním legrace.

Strejda Lukáš není ženatý, ale má přítelkyni Elišku. Budou mít brzo svatbu a slíbili mi, že budu mít nového bratrance nebo sestřenici.

Mám rád celou naši rodinu, dokonce i Jakuba, i když se někdy hádáme. Nejradši mám ale našeho psa Fíka. Je velký a chlupatý, má mě rád a poslouchá mě!

Track 16

Tak co, Aleno, jak se máš? A co dělá ten tvůj přítel?

Roman? Ale jo, pořád jsme spolu.

Vy jste se chtěli rozejít, ne?

No, chtěli, ale víš, žijeme spolu už tři roky a já Romana miluju, i když je líný a strašně nepořádný. No jo, každý má chyby... Často se ale teď hádám s Martinou.

Počkej, to je ta tvoje mladší sestra?

Ano, ta. Bydlí teď u nás, protože tady pracuje. A je strašně rozmazlená! Představ si, vůbec neuklízí, a když jí něco řeknu, tak je ještě drzá! Občas ji fakt nesnáším. Doufám, že si brzo najde vlastní byt.

No jo, to znám, taky mám mladší sestru. Ale ty máš ještě bráchu, ne?

No, mám. Ondřej je o dost starší než já a máme spolu opravdu výborný vztah. Když mám nějaké problémy, vždycky mu volám. Je moc hodný a vždycky mi pomůže.

Hm... A je ženatý?

No, máš smůlu! Už je ženatý. Vzal si Barboru, moji kolegyni z práce. Tu taky znáš, vid? Víš, ale já ji nemám moc ráda.

A proč, prosím tě?

Je moc zvědavá. Pořád co Roman a co já a kdy budeme mít svatbu...

A mají děti?

Mají malého kluka, Šimona. Ten je strašně roztomilý. Jsou mu dva roky. Mám ho asi nejradši z celé rodiny!... Víš, Ondřej dřív chodil s mojí kamarádkou Nikolou. Škoda, že se rozešli.

Jo aha, Nikola! Tu znám...

No, ona je taková trochu bláznivá, ale já ji stejně obdivuju. Víš, co plánuje? Příští měsíc pojede na rok do New Yorku. Chce si tam hledat práci jako modelka.

Ty jo, to je fajn! Bude slavná a budeme k ní jezdit na návštěvu!

Track 17

Inspektor Holmík se probudil a podíval se na hodinky. Bylo sedm hodin ráno a venku byla ještě tma. Najednou zazvonil telefon. Inspektor řekl: „Holmík, prosím?"

„Dobrý den, tady Jana Bednářová. Prosím vás, můžete sem přijet? Můj manžel je zavřený v pracovně a neodpovídá mi. Mám strach, že se mu něco stalo." – «A kde bydlíte, paní

Bednářová?" – „Karlovo náměstí 7."

Za dvacet minut byli inspektor Holmík s detektivem Vacíkem na místě. Zazvonili a paní Bednářová přišla otevřít. „Rychle, prosím vás! Tady je manželova pracovna." Inspektor se zeptal: „Vy nemáte klíč?" – „Ne, klíč má jenom manžel. V pracovně se vždycky zamyká." – „To je divné, ne?"– „No, on je dost nervózní a chce mít klid. Navíc jsme se včera večer hádali o peníze a..." – „Aha, tak to musíme udělat jinak." Inspektor vyrazil dveře. V místnosti byla úplná tma, protože na okně byly tmavé závěsy. Když inspektor rozsvítil, uviděl muže, který seděl u stolu. Byl mrtvý. Na stole stála sklenička se zbytkem nějakého pití. Vedle ležely prášky na spaní. Všechny tablety byly pryč. Muž měl v ruce pero a před ním ležel nějaký papír.

Inspektor vzal papír do ruky a četl: Jano, náš vztah už nemá cenu. Už nemůžu dál. Rozhodl jsem se, že to vyřeším odchodem. Sboh... Poslední slovo nebylo dopsané. Paní Bednářová se rozplakala: „Proč jsi to udělal, Martine! Proč jsi spáchal sebevraždu?"

Ale inspektor Holmík řekl: „Nezdá se mi, že to byla sebevražda, paní Bednářová! To ještě uvidíme...!"

Track 18

Ája a kamarádka

Jé, tamhle je moje kamarádka Monika!

Už jsem ji neviděla sto let!

Ahoj Moniko!

Ahoj Ájo! Jak se máš?

Dobře, a ty?

Já taky dobře. Tohle je můj syn Jakub. Je mu 7 let.

Tohle je moje dcera Adélka. Je jí 5 let.

A tady je další miminko!

Jé, gratuluju! A co byste chtěly, děti? Bratříčka nebo sestřičku?

Já chci bratříčka.

Budeme si hrát na kosmonauty!

A já chci sestřičku.

Budeme si hrát na princezny!

Hm, to je těžké. Každý chce něco jiného. A co chce tatínek?

Tatínek?

Ten chce nové auto!

Track 19

ti, tí: v místnosti byla tma, inspektor rozsvítil, se zbytkem nějakého pití

ni, ní: sklenička, zazvonili, prášky na spaní, je dost nervózní

di, dí: Holmík se probudil, podíval se na ho-

dinky, ale to ještě uvidíme
Pozor na cizí slova: gramatika, tenis, diktát

Lesson 4

Track 20
jsme zvyklí dojíždět, přímo před domem, bydlím pod hradem Karlštejn, mezi základní školou a obecním úřadem, vzadu za domem, nad zahradou, ve starém domě, před naším domem, za naším domem

Track 21
Co budeš dělat o víkendu, Lindo?
Hm, právě že nevím. Chtěla bych jet někam na výlet... Neznáš něco zajímavého blízko Prahy?
A byla jsi už někdy na Karlštejně?
Ne, nebyla!
Tak to tam musíš jet! Teď na jaře tam ještě není tolik lidí jako v létě.
Aha, a nechceš jet taky?
No, chtěl bych, ale nemůžu. Musím se učit na zkoušku.
Hm, to je škoda. Ale můžu navštívit Dalibora, jestli bude doma. Říkal, že bydlí přímo pod hradem.
A prosím tě, jak se tam jede? Vlakem, nebo autobusem?
Musíš jet vlakem ze Smíchovského nádraží. Vlak myslím jezdí tak dvakrát za hodinu.¨
A je hrad daleko od nádraží?
No, ani daleko, ani blízko. Asi třicet minut pěšky.
A jak se tam jde?
Takže, když vyjdeš z nádraží, musíš jít doprava. Pak zahneš doleva a přejdeš most. Za mostem musíš jít kousek doprava a pak doleva nahoru, jo? Tam je takový kopec. A když vyjdeš nahoru na ten kopec...
Ahoj Lindo! Čau Radime! O čem se bavíte?
No, Linda chce jet na Karlštejn, tak jí vysvětluju, jak se tam z nádraží dostane.
Prosím tě, to jí nemusíš vůbec vysvětlovat! Je to úplně jednoduché. Lindo, když budeš ve vlaku sedět napravo ve směru jízdy, tak hrad uvidíš už z vlaku a hned budeš vědět, kam jít!

Track 22
Ája a Pája v Budapešti
Ája a Pája jsou na výletě v Budapešti.
Budapešť je krásná! Půjdeme se projít po městě.
Ale musíme si pamatovat jméno našeho hotelu a ulice!
Hotel se jmenuje Szálló.

Ulice se jmenuje Egyirányú utca.
To najdeme, máme mapu.
Za pět hodin.
Už jsem unavená.
Vrátíme se do hotelu, ano?
Ale kde jsme?
Ztratili jsme se!
Naštěstí máme mapu!
Hm, to je divné!
Naše ulice není na mapě.
Podívám se do slovníku. Moment...
Proč se směješ?
Víš, co znamená „Egyirányú utca"?
Jednosměrná ulice.
A víš, co znamená „szálló"? Hotel!
Tak to na mapě asi nenajdeme...
Velvyslanectví České republiky

Track 23
jít na oběd, jít pěšky, věž, náměstí, město, všimněte si, děti, dojíždět, v obchodě, dělat, chtěla bych jet na výlet, jet někam na výlet chtěla bych jet na výlet, jet někam na výlet

Lesson 5

Track 24
Martine, nezapomněl jsi, že večer jdeme do divadla?
Jasně, že ne. Jdeme na tu operu do Národního, viď?
No, už se těším. Jenom nevím, co si mám obléct. Hm, asi ty fialové šaty. A nebo ne, radši si vezmu tu černou sukni a růžovou halenku. A co si vezmeš ty?
Jakto, co si vezmu? Vezmu si to, co mám teď na sobě, ne?
Cože? Ty ses zbláznil! To chceš jít do Národního v kostkované košili?
Ale já jsem ztloustl a ten starý oblek je mi malý. A stejně dneska do divadla každý nosí, co chce, ne?
Ne, ne, to nejde. Musíš si koupit nové sako a košili.

Track 25
Tak já nevím.... Mám si vzít tohle černé sako, nebo to šedé?
Hm... Já myslím, že ti tmavá barva nesluší, tak asi to šedé. Zkus si to!
Tak jo. Tak. Ach jo. Ještě moment. Tak prosím, jak vypadám?
Hm, ta šedá barva ti moc sluší. Mám dojem, že v tom vypadáš mladší. Ale víš co, zkus si taky to tmavé sako.
Ne, já už nechci. Když mi to šedé sako sluší, tak ho koupíme a jdeme, ne?

Ne, ne, ne, ještě potřebuješ novou košili. Co třeba tahle zelená košile a k tomu tahle kravata?
Zelená? Ale mně se zelená moc nelíbí. A co třeba nějaká modrá?

Track 26
No ahoj Mileno, jak se máš? Ty jsi nějak zhubla, ne? Držela jsi dietu?
Ne, jenom jsem měla strašně moc práce a taky nějaké problémy v rodině....
No, vypadáš nějaká unavená.
Ach jo, už jsem asi stará.
Cože, ty a stará? A co budeš říkat, až ti bude devadesát? Hm, ale fakt je, že bys mohla vypadat mladší. Kdy jsi třeba byla naposled u holiče?
U holiče? Na to já nemám vůbec čas.
Nemáš čas, nemáš čas... Já myslím, že bys určitě měla mít kratší vlasy, to ti víc sluší. A taky nějaký výraznější make-up.
Manžel mi to taky říká, ale když...
Já vím, nemáš čas! Ale na holiče a na kosmetiku si ženská musí udělat čas vždycky. Říkám ti to jako kamarádka: jsi krásně štíhlá a máš hezkou postavu, ale měla bys nosit modernější oblečení a hlavně nějaké hezčí barvy. Tahle hnědá a šedá ti vůbec nesluší. A promiň, ale taky by sis měla koupit nějaké elegantnější boty.
Já vím, Simono, ale...
Žádné ale! Víš co? Objednám tě k holičce a na kosmetiku. A pak spolu půjdeme nakupovat nějaké boty a oblečení!

Track 27
Musím říct, že nejdřív jsem se proměny dost bála. Mám už svůj vlastní styl a navíc nerada utrácím peníze – obvykle nakupuju oblečení v second handu nebo ve slevě. Nakonec jsem ale byla příjemně překvapená. Jsem ráda, že jsem si nechala ostříhat vlasy – ty kratší vlasy mě určitě dělají mladší. Ještě ale nevím, jestli budu mít čas chodit k holičce a nechat si vlasy barvit... Ale to nové oblečení a make-up se mi moc nelíbí a nevím, jestli si na tyhle barvy zvyknu. Hlavně ta červená je pro mě myslím moc výrazná.

Track 28
Ája nemá co na sebe
Ájo, zítra jdeme na koncert. Začíná Pražské jaro!
Ale co si mám obléct?
Nemám co na sebe!
Džíny si do divadla vzít nemůžu.

A šortky taky ne.

Tyhle šaty jsou nemoderní.

Tahle sukně je mi malá...

tahle halenka je mi velká...

tahle barva se mi nelíbí...

a tohle už je vůbec hrozné.

To je katastrofa!

Druhý den.

Ájo, moc ti to sluší!

Ty sis koupila nové šaty?

Ne!

To je záclona!

Track 29

b – p

brýle, bratr, barvy, boty, barevnější oblečení, barvit si vlasy

postava, příbuzný, podobný, pleš, proměna, prodávat, používat, překvapit

Track 30

v – f

vypadat, výrazný, vlasy, velký, velikost, vybírat si, Vojtěch, vážně, vousy

fotografie, fakt, forma, fyzicky

Lesson 6

Track 31

pozvali jsme jeho rodiče poprvé na návštěvu, měli přijít na oběd, nakoupil jídlo a pití, uklidila celý dům, uvařila knedlíky, upekla velkou husu, vytřela podlahu na chodbě, dostala nápad, šla umýt nádobí, skoro celou husu snědl

Track 32

Hele, Dito, já v sobotu slavím narozeniny! Nechceš jet na k nám na chatu? Bude tam spousta lidí.

Jo? A kdy tam jedete?

Jedeme v sobotu odpoledne a vracíme se asi někdy v neděli večer. Můžu tě vzít autem.

Hm, to je škoda, ale já fakt nemůžu, nějak nestíhám. Už za týden jsou Vánoce, musím doma trochu uklidit.

Prosím tě, ten tvůj minibyt 2 + 1! To uklidíš za dopoledne!

Jo, za dopoledne! Víš, co všechno musím udělat? Tak počítej: umyju okna, vytřu podlahu, pak utřu prach, vyluxuju koberce, uklidím si oblečení ve skříni, vyperu prádlo, umyju nádobí, zaliju kytky – a bude večer! Jenom doufám, že to všechno stihnu.

Ale Dito, no tak...

Ne, ne, promiň, ale fakt nemůžu, nejde to. Na Vánoce přijedou rodiče a já jsem celý

měsíc neuklízela, byla jsem od rána do večera v práci. Tak spolu oslavíme ty narozeniny někdy jindy, jo? A máš u mě nějaký hezký dárek!

Track 33

Ahoj, Kamile! Tak co, jak se tam máte?

Čau, máme se skvěle! A co ty, Dito, pořád uklízíš?

Ne, už neuklízím, už mám skoro všechno hotové.

Moment, můžeš mluvit hlasitěji? Já tě neslyším! Počkej, já půjdu ven. No, už tě slyším.

Říkám, že už mám skoro všechno hotové! No, všechno... Nestihla jsem umýt okna a vyluxovat...

A taky jsem si ještě neuklidila ve skříni. Ale co, Vánoce jsou až za týden!

No jasně, to počká. A nechceš ještě přijet na chatu? Za půl hodiny ti jede vlak, to stihneš!

Super, tak já přijedu! A mám tady nějaké šampaňské, tak ho vezmu, jo?

Track 34

Pája a jeho pracovní kariéra

Jsem bez práce. Nemám peníze.

To je mi líto. Chceš půjčit 1000 korun?

Za dva týdny.

Ájo, můžeš mi půjčit 2000?

Za měsíc.

Ájo, můžeš mi půjčit 3000?

Pájo, takhle to dál nejde.

Musíš si najít práci.

Ájo, zítra jdu na pohovor!

Jakou máte praxi? Kde jste pracoval?

Pracoval jsem jako bankéř...

...jako učitel...

...jako úředník...

...jako řidič...

...jako prodavač...

...jako číšník...

Vy jste měl za posledních pět let deset zaměstnání? Vy jste fluktuant!

Jakto? Nikdy jsem sám nedal výpověď!

Vždycky mě vyhodili...

Track 35

t – d

táta, týden, trapas, telefonovat, turistika, tanec delší doba, knedlíky, dostat, doktor, daně

Track 36

s – c – z

sestra, chodit se sympatickým klukem, sníst

husu, mít strach, zeptat se, vypadat spokojeně, co se stalo, uklidit celý dům, sníst celou husu, domácí práce, služební cesta zažít trapas, uvařit zelí, zařvat, zalít kytky, zavřít Baryka do koupelny

Lesson 7

Track 37

Firma Balatech, prosím.

Dobrý den, Sivák. Mohl bych mluvit s panem ředitelem?

Dobrý den, pane Siváku, pan ředitel tady momentálně není. Co byste potřeboval?

Rád bych si s ním domluvil schůzku. Chtěl bych mu představit naše nové výrobky.

Dobře, vyřídím mu, že jste volal.

Děkuji, na shledanou.

Track 38

Evo, prosím tě, podala bys mi sůl? To jídlo není vůbec slané.

Na, tady je.

A budeš chtít ještě něco?

Dala bych si něco sladkého.

Já si dám zmrzlinu s ovocem, ta je moc dobrá. Nechceš taky?

Chtěla bych spíš něco s čokoládou.

Tak já zavolám číšníka, ať nám přinese lístek.

Track 39

Dano, mohla bys mi pomoct? Ten nový program mi nějak nefunguje a já nevím, kde je problém.

Určitě. Nejdřív musíš kliknout tady a napsat heslo. tady prosím přidat pár klapnutí klávesnice, jakože píše heslo. Vidíš?

Aha, už to funguje. A ukázala bys mi, jak tady udělat tabulku?

Teď nemám čas, ale můžeme se na to podívat odpoledne.

To bys byla moc hodná, díky.

Track 40

Kdybych vyhrál v loterii...

Nejvyšší výhra: 100 milionů Kč.

Teda, to je něco!

Koupím si los.

Nebo radši dva.

Prosím deset losů.

Kdybych vyhrál, koupil bych něco Áje.

Třeba jachtu...

krásný dům s bazénem...

prsten s diamantem...

cestu kolem světa...

spoustu oblečení...

a nebo něco úplně jiného?
Musím se zeptat Áji!
Ájo, co bys chtěla koupit, kdybych vyhrál
v loterii?
Nic!
Jakto?
Kdybys neutrácel peníze za losy,
byli bychom milionáři!

Track 41
v matematice
v nějaké jiné době
v loterii
z matematiky
z Velké Británie

Track 42
v kanceláři
v čase
v kuchyni
z kanceláře
z práce

Key

6/1 1. Jak se jmenuješ? 2. Odkud jsi? 3. Co děláš? 4. Kde pracuješ? 5. Kde bydlíš? 6. A jak se ti tady líbí? 7. Jak dlouho se už učíš česky? 8. Proč se učíš česky?

6/2 1. Jak se jmenujete? 2. Odkud jste? 3. Co děláte? 4. Kde pracujete? 5. Kde bydlíte? 6. A jak se vám tady líbí? 7. Jak dlouho se už učíte česky? 8. Proč se učíte česky?

7/6 1. Češtinu jako cizí jazyk, angličtinu, němčinu, španělštinu, francouzštinu. 2. Ano, pro A1 a B2. 3. Ano. 4. Roční intenzivní kurz. 5. Letní kurz. 6. Kurz zaměřený nejen na jazyk, ale i na českou kulturu a umění. 7. Skupinové lekce. 8. Letní kurzy jsou každý den jen v srpnu. / Roční intenzivní kurz je 5x týdně. 9. Letní. 10. Roční intenzivní kurz pro B2 úroveň.

7/7 1c, 2a, 3a, 4b

7/8 Jméno a příjmení: Monica Brown; datum narození: 15. 8. 1984; státní občanství: Velká Británie; bydliště v ČR, ulice, číslo: Husova 571/6; obec: Brno; PSČ: 602 00; telefon: 668 724 031; e-mail: monica.brown@hotmail.com

8/9 1. Alexej 2. Laura 3. Son 4. Halina

8/10 1. NE 2. ANO 3. ANO 4. NE 5. ANO 6. NE 7. NE 8. ANO 9. ANO 10. NE 11. ANO 12. NE

9/2 1. český, Čech 2. česky 3. česká, Češka 4. český 5. česky 6. česky 7. češtinu 8. čeština

9/4 Němec, Němka – Německo – německy; Francouz, Francouzka – Francie – francouzsky; Maďar, Maďarka – Maďarsko – maďarsky; Polák, Polka – Polsko – polsky; Rakušan, Rakušanka – Rakousko – německy; Rus, Ruska – Rusko – rusky; Slovák, Slovenka – Slovensko – slovensky; Španěl, Španělka – Španělsko – španělsky; Američan, Američanka – USA – anglicky; Ukrajinec, Ukrajinka – Ukrajina – ukrajinsky; Vietnamec, Vietnamka – Vietnam – vietnamsky

9/5 1. Č, Č, č, č 2. S, S, s, s 3. P, P, p, p 4. F, F, f, f 5. Š, Š, š, š 6. A, A, a, a 7. U, U, u, u 8. N, N, n, n 9. R, R, n, n

10/2 1. NE 2. ANO 3. NE 4. ANO 5. NE 6. NE

10/5 Učil se/učí se anglicky, rusky, arabsky, německy, francouzsky, italsky, vietnamsky, japonsky

10/6 1. Teď se učí japonsky. 2. Ne. 3. Nová slova a fráze musí vždycky vidět, používá papírové kartičky, na které si píše nová slova a věty a dívá se na ně… 4. Každý den se naučí 5 nových slov nebo frází. 5. Pomáhá mu dívat se na filmy v cizím jazyce a číst detektivky.

14/3 1H, 2J, 3D, 4I, 5L, 6K, 7F, 8A, 9B, 10E, 11G, 12C

14/Jazyk pod lupou *koncovky*

Mi: -ý konsonant

F: -á -a, -á -e

N: -é -o, -é -e

14/4 Ta gulášová polévka mi chutná. Ten zelený čaj mi chutná. To černé pivo mi chutná. Ta vanilková zmrzlina mi chutná. Ten zeleninový salát mi chutná. Ten smažený kapr mi chutná. Ten pečený pstruh mi chutná. To vepřové maso mi chutná. To pečené kuře mi chutná. Ten tvarohový dort mi chutná. Ta dušená rýže mi chutná.

15/1 2. Jana 3. Pavel 4. Zdeněk 5. Alena 6. Eva

15/2 1b, 2c, 3c

15/Jazyk pod lupou *koncovky nominativ > akuzativ*

F: -á > -ou, -a > -u, -e > -i

15/3 1. smaženého kapra 2. grilovaného pstruha 3. pečeného lososa

4. vanilkovou zmrzlinu 5. gulášovou polévku 6. tatarskou omáčku

16/4 1. slaná, teplé 2. Už nemůžu. 3. sladkého

16/5 1. Dobrou chuť! 2. slaná, teplé 3. Už nemůžu. 4. sladkého 5. palačinky

16/7 kousek, trochu, kousek, trochu

16/8 1. trochu 2. kousek 3. kousek 4. trochu

17/3 1. víno 2. syrečky 3. polévka kyselo 4. perník 5. halušky se zelím, slivovice 6. koláče 7. polévka kulajda 8. oplatky, likér Becherovka

18/5 1. Ne, likér. 2. Halušky se zelím. 3. Od roku 1807. 4. Podle města Domažlice. 5. Speciální sklep na víno. 6. V západních Čechách. 7. Víno. 8. Perník. 9. Kyselo. 10. Kapr. 11. Pivo. 12. Protože smrdí.

18/6 1. tajný 2. Krkonoše 3. chudý 4. minerální 5. lidové

18/Jazyk pod lupou *koncovky nominativ > instrumentál*

Mi: konsonant + -em

F: -a > -ou

N: -o > -em

18/10 Ve Francii se pěstuje víno. V Holandsku se vyrábí různé sýry. V Itálii se jí špagety s parmazánem. Ve Španělsku se jí paella. V Anglii a Rusku se hodně pije černý čaj.

22/4 strýc a teta, bratranec a sestřenice, synovec a neteř, tchán a tchyně, zeť a snacha, švagr a švagrová

23/6 1. Karolína 2. Jana Dubová 3. Jakub 4. Jana Dubová 5. Karel Havlík 6. Dana Havlíková

23/7 Evě je 37 let. Lukášovi je 34 let. Adamovi je 38 let. Jakubovi je 14 let. Davidovi je 8 let. Karolíně je půl roku.

23/9 máma, maminku, tatínka, táta, brácha, máma, ségra, dědeček, babička, děda, babi, děda, babička, tetu, strejdu, teta, sestra, strejda, bratr, strejda

23/10 1. Je moc hodná, někdy je nervózní. 2. Je docela přísný. 3. Jakub/Kuba. 4. Karolína/Kájinka. 5. Jedna je nevlastní. 6. Lukáš a Jana. 7. Adéla, je jí 7 a půl. 8. Je velký a chlupatý.

24/2 1. Alenin přítel je Roman, její bratr je Ondřej, její synovec je Šimon. 2. Alenina sestra je Martina, její švagrová je Barbora, její kamarádka je Nikola.

24/4 2F, 3B, 4E, 5G, 6J, 7H, 8C, 9D, 10A

24/Jazyk pod lupou *akuzativ:* přítele, sestru, švagrovou, synovce, kamarádku *dativ:* bratrovi *instrumentál:* přítelem, sestrou, bratrem

25/1 1B, 2D, 3F, 4E, 5A, 6C

25/2 2, 5, 7, 1, 6, 3, 4

25/3 1. Inspektor. 2. Podíval se na hodinky. 3. V 7 ráno. 4. O manželovi. 5. Na Karlově náměstí 7. 6. S detektivem Vacíkem. 7. Mrtvého muže. 8. Pero. 9. Jane. 10. Že si myslí, že už jejich vztah nemá cenu.

26/Jazyk pod lupou *zájmeno kdo:* komu, koho, kom, kým *zájmeno co:* co, co

26/5 2. S kým 3. Komu 4. S kým 5. O kom, o čem 6. Do koho 7. Koho 8. Do čeho

26/6 1. nikým 2. někomu 3. něčem, někom 4. někoho, někoho 5. někoho 6. někomu

26/7 1. nikým 2. Nikomu 3. nikom, ničem 4. Nikoho 5. Nikoho 6. nikomu

26/8 Pan Bednář nemohl psát dopis na rozloučenou, protože tmavé závěsy na okně byly zatažené a v místnosti byla tma.

30/3 1. Brno 2. Hodkov 3. Karlštejn

30/4 1. Dalibor Bouzar 2. Linda Maříková 3. Radim Bartošík 4. Radima Bartošíka 5. Linda Maříková 6. Daliboru Bouzarovi

31/8 1. divadlem 2. kavárnou 3. mostem 4. supermarketem 5. hotelem 6. kinem a bankou

31/9 1G, 2C, 3D, 4F, 5H, 6B, 7E, 8A

31/10 1. u 2. v 3. za 4. před 5. na 6. u 7. za 8. pod 9. na

32/1 Linda chce navštívit Dalibora.

32/2 1. ještě nikdy nebyla 2. vlakem 3. ani daleko ani blízko 4. doprava 5. doleva 6. doleva nahoru 7. napravo

32/Jazyk pod lupou nahoru, dole, dolů, vlevo/nalevo, doleva, vpravo/napravo, doprava

32/3 1. vlevo dole 2. doprava 3. doleva 4. doprava 5. zase doleva 6. nahoru

33/5 1B, 2F, 3H, 4D, 5A, 6G, 7E, 8C

33/6 1. do 2. před 3. k 4. do 5. na 6. před 7. k 8. do 9. na

34/2 1. Kdy je na hradě otevřeno? 2. Kdy začínají prohlídky? 3. Jak dlouho trvá prohlídka? 6. Kolik stojí vstupné? 9. Musím si vstupenku rezervovat předem? 10. Je na hradě průvodce? 11. Můžu jít na prohlídku bez průvodce? 12. Kdy je na hradě zavřeno?

34/4 Nesmí se tam fotografovat (fotit). Nesmí se tam telefonovat. Nesmí se tam kouřit. Nesmí se tam jíst a pít.

38/2 1. dívka číslo 2, 2. dívka číslo 3 a 1, 3. dívka číslo 1

38/3 1. Ema 2. Julie 3. Denisa

38/6 1. malý muž 2. hezký, krásný pes 3. krátké vousy 4. tmavé vlasy 5. mladý člověk 6. hubené, štíhlé dítě

38/7 1. světlé, kudrnaté, vysoké, mladé, tlusté, štíhlé 2. malé, slabé, hubené, silné, tlusté 3. krátká, tmavá, mladá, rovná, stará

39/Jazyk pod lupou světlé rovné vlasy, modré oči, hnědé oči, divné vlasy, krátké šedé vlasy, tmavé kudrnaté vlasy, dlouhé šedé vousy, tmavé brýle, dlouhé rovné vousy

39/9 1. dlouhé nohy 2. dlouhé vlasy 3. šedé vousy 4. štíhlé postavy 5. modré oči 6. krátké ruce 7. velké uši 8. hubené děti 9. starší sestry 10. mladší sestry

40/2 2. tričko 3. kravata 4. sako 5. ponožky 6. svetr 7. košile 8. bunda 9. šála 10. kalhoty 11. mikina 12. kabát

40/6 1. Do Národního divadla. 2. Černou sukni a růžovou halenku. 3. Nové sako a košili.

40/8 1. NE 2. ANO 3. NE 4. ANO 5. NE 6. NE

41/4 1. kratší 2. výraznější 3. modernější 4. hezčí 5. elegantnější

41/Jazyk pod lupou *pravidelné formy:* levnější – nejlevnější, modernější – nejmodernější, výraznější – nejvýraznější, zajímavější – nejzajímavější, světlejší – nejsvětlejší, tmavší – nejtmavší, dražší – nejdražší; *nepravidelné formy:* nejlepší, nejmenší, nejvyšší, nejhorší

42/8 1. NE 2. NE 3. ANO 4. ANO

42/9 1. Ano, je nadšený. 2. Kratší vlasy. 3. Na barevnější oblečení. 4. Dělá si legraci z toho, že s ním teď Milena nevydrží. Ptá se, jestli nedělají nějakou proměnu i pro muže. 5. Byla docela v šoku. 6. Není zvyklá, že se Milena maluje a barví si vlasy. 7. Protože je moc výrazná. 8. Přirozenější.

42/10 2. krátký – kratší – nejkratší 3. barevný – barevnější – nejbarevnější 4. hezký – hezčí – nejhezčí 5. moderní – modernější – nejmodernější 6. starý – starší – nejstarší 7. elegantní – elegantnější – nejelegantnější 8. výrazný – výraznější – nejvýraznější 9. jemný – jemnější – nejjemnější 10. světlý – světlejší – nejsvětlejší

46/3 1. Rodiče přítele Milanovy sestry. 2. Do koupelny do vany. 3. Snědl skoro celou husu.

46/4 1. ANO 2. NE 3. ANO 4. ANO 5. NE 6. ANO 7. ANO

46/5 1. Skoro rok. 2. Jakubovy rodiče. 3. Husu. 4. Protože v kuchyni nebylo místo. 5. Vytřela podlahu na chodbě. 6. Aby nezašpinil vytřenou podlahu. 7. Protože snědl skoro celou husu. 8. Protože byl mastný. 9. Protože šli do restaurace, i když doma voněla husa. 10. Do restaurace.

47/9 nakoupit jídlo a pití; udělat zelí, uvařit knedlíky, upéct husu; vytřít podlahu na chodbě, uklidit celý dům; sníst husu

47/10 nakupovat/nakoupit, vařit/uvařit, vytírat/vytřít, uklízet/uklidit, péct/upéct, jíst/sníst

47/11 uklízet pokoj – uklidit pokoj, péct husu – upéct husu, jíst husu – sníst husu, nakupovat jídlo a pití – nakoupit jídlo a pití, vytírat podlahu – vytřít podlahu, vařit knedlíky – uvařit knedlíky

48/4 Dita plánuje, že umyje okna, vytře podlahu, utře prach, vyluxuje koberce, uklidí si oblečení ve skříni, vypere prádlo, umyje nádobí, zalije kytky.

48/6 Dita utřela prach, ale neumyla okna. Dita vyprala prádlo, ale nevyluxovala koberce. Dita umyla nádobí, ale neuklidila si oblečení ve skříni. Dita zalila kytky a vytřela podlahu.

49/2 2. veterinářka 3. truhlář 4. úřednice 5. instalatér 6. zedník 7. doktorka 8. prodavačka 9. malíř 10. vědkyně 11. elektrikář 12. poštačka 13. hasič 14. zdravotní sestra 15. uklízeč 16. automechanik

49/5 Když nejezdí auto, pomůže mi automechanik. Když chci rozdělit jeden pokoj na dva a postavit v bytě zeď, pomůže mi zedník. Když potřebuju uklidit, pomůže mi uklízeč/ka. Když potřebuju nějaký úřední dokument, pomůže mi úředník/úřednice. Když chci udělat nový nábytek, pomůže mi truhlář. Když někde hoří, pomůže mi hasič. Když potřebuju vymalovat, pomůže mi malíř. Když je mi špatně, pomůže mi doktor/ka. Když u mě v bytě nefunguje elektřina, pomůže mi elektrikář. Když je můj pes nemocný, pomůže mi veterinář/ka.

50/8 ZŠ – základní škola, MPSV – ministerstvo práce a sociálních věcí, MÚ – městský úřad

50/9 Zaměstnání, Školení, Vzdělání, Jazyky, Práce s počítačem, Zájmy

50/12 2H, 3E, 4A, 5F, 6D, 7B, 8G

54/3 1. NE 2. ANO 3. NE 4. NE 5. ANO 6. ANO 7. NE 8. ANO 9. ANO

54/4 1. Rád bych si s ním domluvil schůzku. Mohl bych mluvit s panem ředitelem? Chtěl bych mu představit naše nové výrobky. 2. Dala bych si něco sladkého. Podala bys mi sůl? Chtěla bych spíš něco s čokoládou. 3. Mohla bys mi pomoct? To bys byla moc hodná. Ukázala bys mi, jak tady udělat tabulku?

54/Jazyk pod lupou nebyl bys; nebyl by; nebyli bychom, bysme; nebyli byste, nebyli by

54/5 1. byl bys 2. zavolal by 3. uvařil/i byste 4. potřeboval bych 5. uklidil bys 6. ukázal/i byste 7. chtěli by 8. mohli bychom, bysme 9. dala by si

55/6 1. Uvařil bys mi čaj? 2. Ukázal bys mi fotky? 3. Koupil/a bys mi nový mobil? 4. Opravil bys mi počítač? 5. Půjčil bys mi auto?

55/7 Prosím vás, uvařil byste mi čaj? Prosím vás, ukázal byste mi fotky? Prosím vás, koupil/a byste mi nový mobil? Prosím vás, opravil byste mi počítač? Prosím vás, půjčil byste mi auto?

55/8 Chtěla bys taky něco sladkého? A prosím tě, podala bys mi ještě cukr? Prosím tě, mohla bys mi pomoct? Co bys potřeboval? Ukázala bys mi, kde je? Nechtěla bys jít do kina? Měla bys čas zítra odpoledne? A hodilo by se ti to v 8?

55/10 1. Nechtěl bys 2. Nemohl/a bys 3. Nemohl/a bys 4. Chtěl bys 5. Mohl/a bys

56/2 1. Jana 2. Honza 3. Petra 4. Lukáš 5. Veronika 6. Pavel 7. Simona
56/Jazyk pod lupou napsal bych, podíval bych se, šla bych, podnikla bych, chtěla bych, navštívil bych, zůstala bych

57/5 1B, 2D, 3F, 4E, 5C, 6A

57/6 1. ty 2. on/ona/to 3. my 4. vy 5. já 6. my 7. ty 8. my 9. on/ona/to 10. my 11. vy 12. já

58/3 1. Keith společně s manželkou Louise vyhrál 9 milionů liber. 2. Začal utrácet. 3. 27 let. 4. Že to bylo to nejhorší, co ho mohlo potkat. 5. V roce 2010.

58/5 nenajal by si šoféra a zahradníka; nepořídil by si luxusní auta, závodní koně a VIP lóži na fotbalovém stadionu; nehrál by hazardní hry a neprohrával by velké sumy; hodně jeho milionů by neskončilo ve špatných investicích; nepodvedl by ho jeho společník, se kterým podnikal; nepřestal by věřit lidem; nezačal by pít a nerozvedl by se s manželkou.

62/2 1. Mám rád/a 2. Rád/a 3. Mám rád/a 4. Mám rád/a 5. Rád/a 6. Mám rád/a 7. Rád/a 8. Rád/a 9. Mám rád/a 10. Rád/a 11. Mám rád/a 12. Rád/a

62/3 1. Líbí se mi 2. Líbí se mi 3. Chutná mi 4. Líbí se mi 5. Chutná mi 6. Chutnají mi 7. Líbí se mi 8. Chutná mi 9. Líbí se mi 10. Chutná mi 11. Chutnají mi 12. Líbí se mi

62/4 1. Rád hraju volejbal. 2. Mám rád/Chutná mi červené víno. 3. Mám rád/Líbí se mi sportovní auta. 4. Mám rád/Chutná mi vanilková zmrzlina. 5. Rád cestuju. 6. Mám rád/Líbí se mi Paříž. 7. Mám rád/Líbí se mi fotbal. 8. Mám rád/Líbí se mi detektivky. 9. Mám rád/Chutná mi ananasový džus. 10. Rád tancuju. 11. Mám rád/Chutnají mi palačinky. 12. Mám rád/Chutná mi smažený sýr. 13. Mám rád/Líbí se mi moderní obrazy. 14. Mám rád/Chutná mi zelený čaj. 15. Mám rád/Líbí se mi jazz. 16. Rád vařím.

62/6 1. Mně taky. 2. Já taky. 3. Mně taky. 4. Já taky. 5. Mně taky. 6. Mně taky. 7. Já taky. 8. Já taky. 9. Mně taky. 10. Mně taky.

62/7 1. se mi líbí 2. mi chutnají 3. mi nechutná 4. se mi líbí 5. se mi nelíbí 6. mi chutná 7. se mi líbí 8. mi nechutná 9. mi chutná 10. se mi líbí

63/8 2K, 3I, 4A, 5L, 6G, 7J, 8H, 9E, 10F, 11B, 12C

64/11 2D, 3A, 4C

64/12 2. Co; Oblečení a další zboží, např. asijské potraviny. 3. Co; Je programátor v softwarové firmě. 4. Jak dlouho; 8 měsíců. 5. Kdy; Před půl rokem. 6. Co; České písničky a filmy. 7. Kde; Ve velké mezinárodní firmě. 8. Kam; Do České republiky.

64/13 2A, 3E, 4H, 5B, 6F, 7I, 8G, 9D

64/14 1. velkou firmu 2. Brně 3. práci, České republice 4. hory 5. univerzitě 6. literaturu 7. České republiky 8. Česka

64/15 1. z Vietnamu 2. z Ukrajiny 3. z Polska 4. z Francie

65/16 1. jako podnikatel 2. dováží 3. obchodní partner 4. pár měsíců 5. si zařídil 6. moc rád 7. studuje 8. seznámila 9. české písničky 10. v důchodu 11. české jídlo 12. držet dietu

65/17 být, byl jsem, budu; mít, měl jsem, budu mít; pracovat, pracoval jsem, budu pracovat; dovážet, dovážel, bude dovážet; prodávat, prodával, bude prodávat; umět, uměl jsem, budu umět; jezdit, jezdil jsem, budu jezdit; studovat, studoval jsem, budu studovat; bydlet, bydlel jsem, budu bydlet; žít, žil jsem, budu žít

66/19 1. Čech 2. české 3. česky 4. český 5. Česko 6. Česku 7. čeština 8. Češi 9. Česka 20. česky

66/20 8, 7, 12, 11, 5, 6, 10, 3, 1, 9, 2, 4

66/21 1. Ruska 2. Ukrajiny 3. Francie 4. Maďarska 5. Švédska 6. České republiky/Česka 7. Polska 8. Velké Británie 9. Rakouska 10. Itálie

66/22 Češka, česky; Angličan, anglicky; Francouz, Francouzska, francouzština; němčina, německy; Rakušan, německy; Ruska, ruština, rusky; ukrajinština, ukrajinsky; Polka, polsky; Američan, angličtina, anglicky; Vietnamka, vietnamsky

67/23 1. Člověk, který umí hodně jazyků. 2. Známý polyglot a archeolog. 3. Dvacet. 4. Za půl roku. 5. Studuje 15–18 hodin týdně – denně má hodinu s učitelkou, pracuje s jazykem doma a opakuje si nebo používá to, co se naučil. 6. Maďarská tlumočnice a překladatelka. 7. Mít motivaci a dělat to, co je pro vás zajímavé. 8. Třeba jen domluvit se v obchodě, na ulici, umět si objednat nějaké jídlo v restauraci a říct nějaké informace o sobě. 9. Chce např. rozumět, co říká moderátor v televizi, o čem mluví kamarádi v hospodě, o čem je článek v novinách. 10. Jen 20%.

67/24 1. polygloti 2. z řečtiny 3. žádný speciální talent 4. za půl roku 5. bez slovníku 6. mít motivaci 7. dělat chyby 8. domluvit se 9. později 10. ovlivňuje

67/25 2C, 3A, 4E, 5F, 6D

67/26 1. který 2. který 3. která 4. který 5. který 6. který

67/27 1. že 2. který 3. že 4. které 5. která 6. že 7. že 8. který

68/1 2A, 3C, 4E, 5F, 6D

68/2 1. na, v 2. v 3. u 4. v 5. v 6. na 7. u, na 8. u, na

68/3 1. ta 2. ty 3. ten 4. ty 5. ten 6. to 7. ty 8. ten 9. ta 10. ten 11. ta 12. ta 13. ta 14. ta 15. to 16. to

68/4 1. rajče 2. kuře 3. cibule 4. brokolice 5. hořčice 6. rýže

68/5 1. a) 2. b) 3. c) 4. b) 5. c)

69/6 *maskulinum animatum* – losos, pstruh; *maskulinum inanimatum* – řízek, kečup, sýr, tvaroh, salát, čaj; *femininum* – zmrzlina, zelenina, omáčka, šunka, houska, voda, brokolice, hořčice; *neutrum* – rajče, kuře, maso, víno

69/7 2H, 3E, 4K, 5L, 6B, 7F, 8J, 9D, 10I, 11A, 12G

69/9 banán s čokoládou, tatarská omáčka, houskové knedlíky, vepřový

70/11 a) 1. smaženého pstruha 2. smažený řízek 3. čokoládovou zmrzlinu 4. vepřové maso 5. zelený čaj 6. pečeného lososa 7. česnekovou polévku 8. maďarský guláš 9. okurkový salát 10. grilovaného pstruha 11. neperlivou vodu 12. tatarskou omáčku 13. smaženého kapra 14. černé pivo 15. dušenou zeleninu 16. bílé víno

70/11 b) 1. smaženou cibuli 2. vařenou brokolici 3. ostrou hořčici

70/11 c) 1. pomerančový džus 2. bramborovou polévku 3. zeleninový salát 4. smaženého kapra 5. grilované kuře 6. svíčkovou omáčku 7. smaženou brokolici 8. dušenou rýži 9. plnotučné mléko 10. zelený čaj 11. červenou cibuli 12. černou kávu 13. mexické jídlo 14. pečeného lososa

70/12 1. bych chtěl 2. mi nechutná 3. si dáme 4. si dám 5. bych chtěl 6. si dáme 7. mi nechutná 8. bych chtěla 9. si dám 10. mi nechutnají

71/13 1B, 2A, 3F, 4E, 5D, 6C

71/14 1. slaného 2. ostrého 3. malého 4. smaženého 5. teplého 6. kyselého 7. studeného 8. jiného

72/16 *dialog 1.* 1. dám si 2. Doporučuju *dialog 2.* 3. nechutná 4. hlad *dialog 3.* 5. hořčici *dialog 4.* 6. studený *dialog 5.* 7. Mám chuť 8. kávu *dialog 6.* 9. výborné 10. nechceš

73/19 2I, 3G, 4H, 5B, 6D, 7F, 8A, 9C

73/20 1. s mákem a tvarohem 2. v západních Čechách 3. víno 4. poslouchat 5. prodávají se 6. tajný 7. výborné 8. na rande 9. na návštěvu 10. se zelím 11. jižní Čechy 12. vaří se 13. pivo

73/21 Domažlice – domažlický, Pardubice – pardubický, Plzeň – plzeňský, Karlovy Vary – karlovarský, Olomouc – olomoucký, Krkonoše – krkonošský, Valašsko – valašský, jižní Morava – jihomoravský

73/22 1. trochu 2. trochu 3. kousek 4. trochu 5. trochu 6. kousek 7. kousek 8. trochu

74/23 Dám si chleba s máslem a se sýrem. Dám si čaj s citronem. Dám si koláče s mákem a s tvarohem. Dám si halušky se zelím a se slaninou. Dám si špagety se sýrem a s kečupem. Dám si housku s máslem a se sýrem. Dám si whisky s ledem. Dám si palačinky se šlehačkou a s čokoládou. Dám si kávu se šlehačkou/s mlékem.

74/24 1C, 2B, 3A

74/25 houskové knedlíky s masem, s gulášem, s kachnou, s omáčkou, se zelím, se špenátem; bramborové knedlíky s masem, s kachnou, se zelím, se špenátem; ovocné knedlíky s cukrem, s tvarohem, s mákem, s máslem, se šlehačkou

74/26 1. s máslem 2. se salámem 3. s čokoládou 4. se sýrem 5. s mlékem 6. s vodou 7. se salátem 8. se zeleninou 9. s rumem 10. s tvarohem

74/27 1. se jí 2. se pěstuje 3. se vyrábí 4. se dělá 5. se pěstuje

75/1 1. snacha 2. švagr 3. vnuk 4. sestřenice 5. teta 6. synovec 7. přítel 8. tchán

75/2 1. Můj bratr se nejmenuje Miroslav, ale Miloslav. 2. Můj tchán se jmenoval Bohumil. 3. Můj strýc se jmenuje Jakub, ale říkáme mu Kuba. 4. Naše vnučka se bude jmenovat Anežka. 5. Jak se jmenuje vaše tchyně? 6. Jak se jmenuje vaše přítelkyně? 7. Jmenuje se Rejsek nebo Rejšek?

75/3 1. dvě 2. dvě 3. dva 4. dva 5. dvě 6. dvě

75/4 a) 1. dcera 2. synovec 3. strýc 4. snacha 5. babička 6. tchán 7. vnuk 8. sestra 9. teta 10. švagr

75/4 b) 2. Adamův 3. Adamova 4. Adamova 5. Adamova 7. Evina 8. Evin 9. Evin 10. Evina

75/4 c) Ženatý je Petr Dub, Karel Havlík, Adam Havlík. Vdaná je Dana Havlíková, Eva Havlíková. Svobodný je Lukáš Havlík. Svobodná je Jana Dubová. Rozvedený/á je Hana Dubová a Petr Dub.

75/4 d) Nejstarší je Jakub, prostřední je David a nejmladší je Karolína.

75/4 e) 1. Je jí 37 let. 2. Je jí 58 let. 3. Je jí 30 let. 4. Je mu 14 let. 5. Je mu 72 let. 6. Je jí 63 let. 7. Je mu 34 let. 8. Je mu 64 let. 9. Je mu 8 let. 10. Je jí půl roku.

75/5 1. ti 2. mu 3. mi 4. jí 5. vám 6. mi 7. jí 8. mu

76/6 1. rok 2. roky 3. let 4. let 5. roky 6. let

76/7 1. tatínkův 2. maminčino 3. sestřin 4. bratrova 5. dědečkův 6. babiččin

76/8 moje, moje; tvůj, tvoje; jeho; její; naše, naše; váš, vaše; jejich

76/9 1. můj 2. tvoje 3. naše 4. váš 5. jejich 6. její 7. moje 8. jeho 9. tvoje 10. váš

76/10 2. otec, tatínek, táta, taťka 3. sestra, ségra 4. bratr, brácha 5. teta, tetička 6. strýc, strejda 7. děda, dědeček 8. babi/bábi, babička

76/11 a) 2E, 3A, 4B, 5D

76/11 b) 1. strýc 2. sestra 3. teta 4. babička, dědeček 5. pes 6. bratr 7. tatínek

77/13 a) 1. bratra, manžela, tatínka, dědečka, švagra, tchána, vnuka, kamaráda 2. Adama, Davida, Jakuba, Karla 3. sestru, manželku, maminku, babičku, snachu, vnučku, tetu, kamarádku 4. Evu, Janu, Hanu, Karolínu

77/13 b) 1. přítele, zetě, bratrance, synovce, učitele 2. Lukáše, Aleše, Tomáše, Ondřeje

77/13 c) 1. přítelkyni, tchyni, sestřenici, kolegyni 2. Alici, Marii, Lucii, Sylvii

78/16 1. Ondřej si vzal Evu, i když dlouho chodil s Janou. 2. Obdivuju kamaráda, i když je někdy bláznivý. 3. Alice často telefonuje mamince, i když jezdí domů často na návštěvu. Petr a Alena spolu chtějí žít, i když se znají jenom měsíc.

78/17 1. sestru, bratra 2. sestřenici 3. synovce 4. kolegyni 5. dědečka 6. kamarádku 7. mamince 8. švagrovi, tchánovi 9. babičce 10. tatínkem 11. manželkou 12. bratrem 13. přítelem 14. synem, dcerou

79/18 2G, 3B, 4A, 5D, 6F, 7H, 8E

79/20 1. čeho 2. co 3. komu 4. čem 5. čím 6. co 7. kým 8. kdo 9. komu 10. koho 11. koho 12. kom

79/22 1. něčem 2. někomu 3. někomu 4. někým 5. něčem 6. někom 7. něco 8. někoho 9. něčím 10. něco 11. někdo 12. něco 13. někým 14. něco

79/23 1. Nikomu. / Nekupuju dárek nikomu. 2. Nic. / Nepotřebuju nic. 3. O ničem. / Nemluvím o ničem. 4. Nikdo. / Není doma nikdo. 5. S nikým. / Nechodím s nikým. 6. Nikoho. / Neobdivuju nikoho. 7. O nikom. / Nepovídáme si o nikom. 8. Nikomu. / Nevolám každý den nikomu. 9. S ničím. / Nechci čaj s ničím. 10. Nic. / Nepíšu nic.

80/1 1. panelák 2. trh 3. cyklostezka 4. kostel 5. silnice 6. kopec 7. les 8. věž 9. křižovatka 10. rybník 11. zahrada 12. louka

80/3 1. která 2. dojíždět autem nebo vlakem 3. skvělé bydlení 4. velký rybník 5. pod hradem 6. mezi základní školou 7. chodíme na houby 8. jsem tady spokojený 9. od narození 10. výhoda 11. velké obchodní centrum 12. vysoký nájem

81/4 a) 1. před 2. nad 3. u 4. za 5. pod 6. na 7. mezi 8. v

81/4 b) 1. na 2. před 3. u 4. v 5. pod 6. mezi 7. za 8. nad

81/4 c) 1. v hotelu 2. v klubu 3. v supermarketu 4. v kanceláři 5. na konferenci 6. v restauraci 7. v kině 8. na návštěvě 9. v bance 10. v Praze

81/4 d) 1. domu 2. hotelu 3. školy 4. doktorky 5. města 6. divadla 7. nemocnice 8. silnice

81/4 e) 1. stromem 2. obchodem, kinem 3. městem 4. hospodou 5. poště

82/5 1C, 2B, 3A

82/6 nahoře, doprava, vlevo/nalevo, dolů, dole, doleva, vpravo/napravo, nahoru

82/7 1. doleva 2. vpravo 3. dolů 4. nahoře 5. vlevo 6. nahoru 7. dole

82/8 1. kam 2. kde 3. kde 4. kam 5. kam 6. kde 7. kam

82/9 2E, 3F, 4A, 5B, 6D

83/10 *Dialog 1:* 5. 12. 3. 1. 4. 8. 6. 13. 7. 11. 9. 2. 10. *Dialog 2:* 14. 10. 4. 9. 6. 1. 7. 3. 5. 11. 12. 2. 13. 8. 15.

84/14 1. restaurace 2. supermarket 3. hrad 4. hotel

85/16 a) 1. do 2. před 3. nad 4. k 5. za 6. před 7. na 8. mezi

85/16 b) 1. na 2. do 3. před/za 4. mezi 5. k 6. nad 7. před/za 8. pod

85/16 c) 1. do parku 2. do supermarketu 3. do kavárny 4. do školy 5. do Polska 6. do divadla 7. do nemocnice 8. do restaurace

85/16 d) 1. most 2. úřad, hospodu 3. poštu 4. město 5. vesnici 6. nemocnici

85/17 1. ke kamarádovi 2. k bratrovi 3. k dědečkovi 4. ke kamarádce 5. k učitelce 6. k babičce

86/18 1. V Kopřivnici. 2. Nejucelenější sbírku automobilů Tatra atd. 3. U Berouna. 4. Autem, vlakem nebo autobusem cca 30 km jihozápadně od Prahy, 5 km od Berouna. 5. V Technickém muzeu Tatra 6. Do Koněpruských jeskyní. 7. V Technickém muzeu Tatra 8. V muzeu platí dospělí za osobu 110 Kč nebo 85 Kč ve skupině nad 40 osob. V jeskyních platí dospělí 130 Kč. 9. V muzeu a v jeskyních neplatí děti do 6 let nic. 10. Ano, v muzeu mají důchodci a studenti slevu 40 Kč, platí 70 Kč. V jeskyních mají důchodci slevu 40 Kč, platí 90 Kč. Studenti mají v jeskyních slevu 70 Kč, platí 60 Kč. 11. 850 Kč. 12. Ne, za 40 Kč.

86/19 1. 30 km 2. 2 prac. dny 3. po–pá 4. 40 Kč 5. 65+

87/1 1. stará žena 2. ošklivý muž 3. tlustá kočka 4. ošklivý pes 5. rovné vlasy 6. malý muž 7. malý dům 8. dlouhé vlasy 9. tmavé vlasy 10. tmavé pivo

87/2 1. krátký 2. rovná 3. vysoké 4. krátké 5. vysoké

87/3 1. Kateřina 2. Karel 3. Milan 4. Carmen 5. Ivoš

87/4 1B, 2E, 3F, 4D, 5A

87/5 Kateřina, Milan a Ivoš jsou černovlasí, Carmen je blonďatá a Ivoš je potetovaný.

87/6 45 let, malá, vlasy, oči, postavu, 48 let, vysoký, rovné, hnědé, vousy, manžel

87/7 1. NE 2. ANO 3. NE 4. ANO 5. ANO 6. NE 7. NE 8. ANO

88/9 1. bunda 2. svetr 3. šála 4. mikina 5. sako 6. kravata 7. košile 8. sukně 9. ponožka 10. kabát

88/10 1F, 2M, 3F, 4F, 5N, 6F, 7F, 8F, 9F, 10M

88/11 1. Má na sobě tričko a sukni. 2. Má na sobě mikinu a kalhoty. 3. Má na sobě kabát a šálu. 4. Má na sobě bundu a kalhoty. 5. Má na sobě svetr, legíny a ponožky. 6. Má na sobě sako, košili, kravatu a kalhoty.

88/12 1. krásná bílá košile 2. ta žlutá mikina 3. černou ponožku 4. červenou bundu 5. ta zelená kravata 6. bílou košili 7. tu fialovou šálu 8. ta růžová sukně

89/14 sukně, kravaty, saka, ponožky, košile, mikiny, kabáty, šály, bundy, trička, kalhoty, svetry

89/15 1. kvalitní nové šály 2. kvalitní nová saka 3. kvalitní nové košile 4. kvalitní nová trička 5. kvalitní nové svetry 6. kvalitní nové kravaty 7. kvalitní nové kabáty 8. kvalitní nové bundy 9. kvalitní nové sukně 10. kvalitní nové mikiny

89/16 1. oranžové kabáty 2. moderní boty 3. krátké sukně 4. staré džíny 5. šedé kabáty 6. fialové mikiny 7. žluté šály 8. zelené bundy 9. růžové kravaty 10. bílé ponožky 11. červené košile 12. černé sukně 13. modrá trička 14. oranžová saka

90/17 1. stoly 2. židle 3. gauče 4. lampy 5. zrcadla 6. koberce 7. obrazy 8. květiny 9. skříně 10. knihovny 11. televize 12. fotografie 13. ledničky

90/18 1. dva domy 2. dvě auta 3. dvě zahrady 4. dva počítače 5. dvě ložnice 6. dva stoly 7. dvě kola 8. dva mobily 9. dvě terasy 10. dvě koupelny 11. dvě kanceláře 12. dvě garáže

90/19 dvě majonézy, dva tvarohy, tři červené cibule, tři okurky, dva saláty, čtyři banány, čtyři pomeranče, tři citrony, tři čokolády, čtyři piva, tři minerálky, dva pomerančové džusy, dvě bílá vína

91/20 1. nosím 2. mám na sobě 3. mám na sobě 4. nenosím 5. měla na sobě 6. nosil 7. nosit 8. mít na sobě

91/21 1. Ale víš, že zelená barva se mi moc nelíbí. 2. No dobře, tak já si ji zkusím. Na léto nemusí být špatná. 3. Tak co myslíš, jaká je lepší? 4. Hm, máš pravdu. Mám si vzít tu zelenou?

92/24 2G, 3F, 4B, 5E, 6A, 7D

92/25 levný – levnější – nejlevnější, tmavý – tmavší – nejtmavší, ošklivý – ošklivější – nejošklivější, zajímavý – zajímavější – nejzajímavější, hezký – hezčí – nejhezčí, moderní – modernější – nejmodernější, drahý – dražší – nejdražší, dobrý – lepší – nejlepší, špatný – horší – nejhorší

92/26 1. výraznější 2. modernější 3. světlejší 4. lepší 5. dražší 6. elegantnější 7. hezčí 8. horší

92/27 1. nejstarší 2. nejmladší 3. nejhezčí 4. nejdražší 5. nejdelší

92/28 1. příjemně překvapená 2. ostříhat vlasy 3. si zvykne 4. opravdu

92/28 (continued column 2) 5. moc sluší 6. barevnější oblečení 7. vypadá 8. barví si vlasy 9. ty tmavší vlasy

92/29 kratší, tmavší, výraznější, hezčí, modernější, mladší, elegantnější

93/33 1. mi 2. mu 3. nám 4. jí 5. vám 6. ti 7. mi 8. jim

93/34 1. mě 2. nás 3. ji 4. ho 5. tě 6. vás 7. ho 8. je

93/35 1. Moc ti to sluší. 2. Strašně se jí líbí ten kabát. 3. Moc mě překvapily ty tmavé vlasy. 4. Skoro jsem ji nepoznal. 5. Strašně mu sluší ty brýle. 6. Velmi ho překvapilo to drahé oblečení.

94/36 A4, B1, C2, D3, E5, F1

95/1 1. pěkný trapas 2. poprvé 3. uklidila 4. hotová 5. do koupelny do vany 6. zašpiní 7. nádobí 8. snědl 9. z koupelny 10. mastné 11. do restaurace

95/2 2A, 3E, 4I, 5B, 6F, 7J, 8C, 9H, 10G. Chodil/a jsem s klukem/holkou. Pozval/a jsem rodiče na návštěvu. Upekl/a jsem husu. Vytřel/a jsem podlahu. Měl/a jsem strach. Dostal/a jsem nápad. Vypadal/a jsem spokojeně. Vyhodil/a jsem psa ven. Stihl/a jsem uklidit.

95/3 1. Co jsi dělal včera? 2. Uklidila jsi? 3. Snědla jsi ten guláš? 4. Vytřela jsi tu podlahu? 5. Kde jsi byl na obědě? 6. Co jsi upekla? 7. Nakoupil jsi dneska? 8. Co jsi uvařil k večeři?

95/4 2. nakupovat/nakoupit 3. vařit/uvařit 4. jíst/sníst 5. vytírat/vytřít 6. uklízet/uklidit

96/5 jíst – jedl, sníst – snědl, vytřít – vytřel, péct – pekl, upéct – upekl

96/7 1. P, R. Jan už má hotovo a může odpočívat. 2. R, P. Šimon už má hotovo a může odpočívat. 3. P, R. Soňa už má hotovo a může odpočívat. 4. R, P. Aleš už má hotovo a může odpočívat. 5. P, R. Jiřina už má hotovo a může odpočívat. 6. R, P. Dan už má hotovo a může odpočívat.

96/8 Irena pekla kuře. – Irena upekla kuře. Radka jedla oběd, večeři… – Radka snědla oběd, večeři… Libor nakupoval jídlo a pití – Libor nakoupil jídlo a pití Petr vytíral podlahu. – Petr vytřel podlahu. Alice dělala knedlíky. – Alice udělala knedlíky.

97/10 2J, 3K, 4A, 5M, 6B, 7L, 8C, 9N, 10F, 11G, 12H, 13I, 14E

97/11 2. mýt/umýt 3. péct/upéct 4. vařit/uvařit 5. luxovat/vyluxovat 6. žehlit/vyžehlit 7. prát/vyprat 8. psát/napsat 9. nakupovat/nakoupit 10. opravovat/opravit 11. vytírat/vytřít 12. utírat/utřít 13. uklízet/uklidit 14. zalévat/zalít

97/12 vařit *impf.* – vařil/a jsem, vařím, budu vařit; uvařit *pf.* – uvařila jsem, uvařím; psát *impf.* – psal/a jsem, píšu, budu psát; napsat *pf.* – napsal/a jsem, napíšu; nakupovat *impf.* – nakupoval/a jsem, nakupuju, budu nakupovat; nakoupit *pf.* – nakoupil/a jsem, nakoupím; mýt *impf.* – myl/a jsem, myju, budu mýt; umýt *pf.* – umyl/a jsem, umyju; prát *impf.* – pral/a jsem, peru, budu prát; vyprat *pf.* – vypral/a jsem, vyperu; péct *impf.* – pekl/a jsem, peču, budu péct; upéct *pf.* – upekl/a jsem, upeču; utírat *impf.* – utíral/a jsem, utírám, budu utírat; utřít *pf.* – utřel/a jsem, utřu

98/15 2. vyžehlím oblečení 3. utřu prach 4. umyju okna 5. vyluxuju koberec 6. vytřu podlahu 7. uklidím oblečení, skříň… 8. opravím počítač 9. umyju nádobí 10. utřu nádobí 11. zaliju květiny 12. upeču dort, koláč…

98/16 1. Zítra uklidím dům. 2. V sobotu opravím staré křeslo. 3. Dopoledne umyju okna. 4. Večer zaliju zahradu. 5. Dneska napíšu vánoční přání. 6. Příští týden zaplatím nájem za byt.

98/17 4. 2. 5. 1. 3. 6.

98/18 *imperfektivní slovesa:* budeme utírat, budeme luxovat, budeme prát prádlo, budeme uklízet byt *perfektivní slovesa:* utřeme, vyluxujeme, vypereme, uklidíme, půjdeme

99/19 Když umyli okna, utírali prach. Když utřeli prach, luxovali. Když vyluxovali, prali prádlo. Když vyprali prádlo, uklízeli byt. Když uklidili byt, nešli do restaurace na večeři.

99/20 Když nakoupila, dělala těsto. Když udělala těsto, připravovala zeleninu. Když připravila zeleninu, pekla pizzu. Když upekla pizzu, snědla ji.

99/21 Až vypije víno, bude uklízet kuchyň. Až uklidí kuchyň, bude mýt nádobí. Až umyje nádobí, bude utírat nádobí. Až utře nádobí, půjde na procházku se psem.

99/25 1. Za chvíli bys měl/a udělat večeři. 2. Večer bys měl/a umýt nádobí. 3. Zítra bys měl/a vyprat prádlo. 4. O víkendu bys měl/a nakoupit. 5. Odpoledne bys měl/a utřít prach. 6. V pondělí bys měl/a zalít květiny.

100/26 1. Dialog 5, 2. Dialog 2, 3. Dialog 4, 4. Dialog 1, 5. Dialog 3. Dialog 1 – Paní Novotná mluví s instalatérem. Dialog 2 – Pan Jandák mluví se zdravotní sestrou. Dialog 3 – Paní Hromádková mluví s veterinářkou. Dialog 4 – Pan Kuthar mluví s úřednicí. Dialog 5 – Paní Moravcová mluví s malířem.

101/27 1. elektrikář 2. pošťačka 3. prodavač 4. uklízeč 5. hasič 6. zdravotní sestra 7. úřednice 8. instalatér 9. truhlář 10. zedník

101/28 1. ANO 2. NE 3. ANO 4. NE 5. ANO 6. NE 7. NE

101/30 1. Měla bys jít brzo spát 2. Neměla bys předtím pít alkohol. 3. Měla bys být optimistická. 4. Neměla bys přijít na pohovor pozdě. 5. Měla bys mít všechny doklady. 6. Neměla bys mít na sobě minisukni. 7. Neměla bys mluvit vulgárně. 8. Neměla bys kouřit při pohovoru. 9. Neměla bys mluvit špatně o šéfovi. 10. Měla by ses informovat o firmě. 11. Měla by ses obléknout elegantně. 12. Měla by ses namalovat.

101/31 1E, 2B, 3C, 4F, 5A, 6D

102/1 1. já 2. vy 3. ona 4. my 5. on 6. ty 7. oni 8. vy 9. já 10. oni 11. my 12. ty

102/2 1Ž, 2M, 3L, 4M, 5L, 6M, 7Ž, 8L

102/3 1. Podala byste mi ten formulář? 2. Uvařila bych ti čaj. 3. Zítra bychom mohli jít na výlet. 4. Petr by nám půjčil auto na víkend. 5. Rád bych si domluvil schůzku. 6. Dneska odpoledne by potřebovali pracovat. 7. To bys byl moc hodný. 8. Opravil byste mi rozbité brýle? 9. Lenka by si dala smažený sýr. 10. Nikdy bych si nekoupil tak drahý mobil.

102/4 1. Chtěl/a bych... 2. Ukázal/a bys... 3. Mohl/a by... 4. Půjčil/a by... 5. Dali bychom si... 6. Zavolal/i byste... 7. Potřebovali by...

102/5 2E, 3B, 4A, 5F, 6D

103/8 1. cestoval/a bych... 2. chodil/a bych... 3. učil/a bych se...

4. psal/a bych... 5. jedl/a bych... 6. cvičil/a bych... 7. koupil/a bych si... 8. nejezdil/a bych...

104/10 1. NE 2. ANO 3. ANO 4. NE 5. ANO 6. ANO 7. ANO 8. NE 9. ANO 10. ANO

104/11 2E, 3C, 4F, 5A, 6G, 7B

104/12 1. šel/šla bych – nešel/nešla bych na koncert Beatles 2. podíval/a bych se – nepodíval/a bych se do pravěku 3. zůstal/a bych – nezůstal/a bych tam, kde jsem 4. chtěl/a bych se – nechtěl/a bych se podívat do budoucnosti 5. navštívil/a bych – nenavštívil/a bych svého dědečka 6. podnikl/a bych – nepodnikl/a bych výlet do čtrnáctého století

104/13 1. šestnáctého 2. dvanáctého 3. osmnáctého 4. sedmého 5. dvacátého třetího/třiadvacátého 6. patnáctého 7. dvacátého 8. desátého

104/14 1. Kdybych měl/a dneska čas, jel/a bych na výlet. 2. Kdybych nepracoval/a, neměl/a bych peníze. 3. Kdybych jedl/a víc ovoce a zeleniny, byl/a bych zdravější. 4. Kdybych měl/a psa, musel/a bych chodit na procházky. 5. Kdybych byl/a nemocný/á, šel/šla bych k doktorovi. 6. Kdybych bydlel/a v Mexiku, učil/a bych se španělsky. 7. Kdybych neuměl/a vařit, chodil/a bych každý den do restaurace. 8. Kdybych pozval/a kamarády na návštěvu, uklidil/a bych byt. 9. Kdybych měl/a chuť na něco sladkého, dal/a bych si čokoládový dort. 10. Kdybych vyhrál/a milion dolarů, koupil/a bych si luxusní vilu.

105/16 *Iveta*: Kdybych vyhrála 100 milionů korun, postavila bych si dům na horách, nakupovala bych v módních obchodech, chodila bych na masáže a kosmetiku, dávala bych peníze na charitu, koupila bych si motorku.
Roman: Kdybych vyhrál 100 milionů korun, měl bych vlastní restauraci, udělal bych party pro kamarády, bydlel bych v New Yorku, měl bych uklízečku, koupil bych si porsche.

106/17 1. na charitu 2. vyhrál 3. utrácet 4. hrál 5. věřit lidem 6. nejhorší 7. začal jsem 8. populární 9. zemřel 10. zjistili

106/18 2. práce 3. charitu 4. velký dům 5. zahradníka 6. manželkou

106/19 1. přestal 2. přestal 3. skončily 4. přestalo 5. skončilo 6. skončil

106/20 Kdyby nematurovala z francouzštiny, nejela by do Paříže jako au-pair. Kdyby nejela do Paříže jako au-pair, neseznámila by se s Brazilkou Louisou. Kdyby se neseznámila s Louisou, nejela by ji navštívit do Brazílie. Kdyby nejela navštívit Louisu do Brazílie, neseznámila by se v Riu de Janeiru s Pablem. Kdyby se neseznámila s Pablem, nevzala by si Pabla. Kdyby si nevzala Pabla, nenarodila by se jí dcera Sofie.

Glossary

A

a	and
aby	(in order) to
adjektivum	adjective
adresa	address
aha	aha, I see
ahoj	hello, hi, bye, see you
akademie	academy
ale	but
alkohol	alcohol
anebo	or
anglicky	English
anglický	English
angličtina	English (language)
ani, ani-ani	not even, neither- nor
anketa	opinion poll
ano	yes
archeolog	archaeologist
asi	maybe, perhaps
asijský	Asian
aspoň	at least
atd.	and so on
auto	car
autobus	bus
automechanik	car mechanic
až	when, till

B

babi	granny, grandma (coll.)
babička	grandmother
banán	banana
banka	bank
bankéř	banker
bankovní	bank
bar	night club, bar
barák	house (coll.)
barevný	colo(u)rful, colo(u)r
barva	colo(u)r
barvit	to dye
bát se, bojím se	to be afraid, I am afraid
bavit	to be interested
bazén	swimming pool
během	during
bez	without
bezpečný	safe
bezplatný	free of charge
běžet	to run
bílý	white
bláznivý	crazy, foolish

blízko	near
bod	point
bohužel	unfortunately
bota	shoe
brácha	brother (coll.)
brambor	potato
bramborový	potato
bramborový knedlík	potato dumpling
bratr	brother
bratranec	cousin
bratříček	baby brother, little brother
brečet	to cry, to weep (coll.)
brýle (only pl.)	glasses
brzy	soon
budoucnost	future
bufet	snack bar, buffet
bunda	jacket, anorak
bydlení	living
bydlet	to live
bydliště	(place of) residence
byt	flat, apartment
být, jsem	to be, I am

C

celý	whole
cena, to nemá cenu	value, price, it's no use
centrum	centre, center
cesta	road, journey
cestování	travelling
cestovat	to travel
cibulový	onion
cíl	goal, aim
císař	emperor
císařský	imperial
citron	lemon
cizí	foreign
co	what
cukr	sugar
cukrárna	confectionery, sweet shop
cvičení	exercise
cyklostezka	cycle path

Č

čaj	tea
čajovna	tearoom
čas	time
časopis	magazine, journal
část	part
často	often

čekat	to wait
černý	black
červený	red
česky	Czech
český	Czech
česnekový	garlic
čeština	Czech (language)
čí	whose
číslo	number
číst*, čtu	to read, I read
čistá mzda	net pay, take-home pay
číšník	waiter
článek	article
člověk	person
čokoláda	chocolate
čokoládový	chocolate
ČR = Česká republika	CR = Czech Republic
čtenář	reader
čtrnáctý	fourteenth
čtvrt	quarter
čtvrtek	Thursday

D

dál	further, farther
daleko	far (away)
další	further, next
daň	tax
dárek	present, gift
dát *pf.*	to give
datum	date
dcera	daughter
děda	granddad, grandpa *(coll.)*
dědeček	grandfather
dějiny	history
děkovat	to thank
dělat	to do, to make
délka	length
den	day
denně	daily
deset	ten
detail	detail
detektiv	detective
detektivka	detective story
devadesát	ninety
diamant	diamond
dieta	diet
dietní	diet
díky	thank you, thanks
dinosaurus	dinosaur
dítě	child
divadlo	theatre

dívat se	to look, to watch
divit se	to wonder, to be surprised
dívka	girl
divný	strange, odd
dlouho	long
dlouhý	long
dnes	today
dneska	today *(coll.)*
do	to, into
doba	time
dobrodružný	adventurous
dobrý	good
dobře	well
docela	completely, quite
dojem	impression
dojíždět	to commute
dokdy	till when, how long
doklad	document
dokonce	even
doktor	doctor
doktorka	(female) doctor
dokument	document
dolar	dollar
dole	downstairs, at the bottom
doleva	to the left
dolů	down(wards)
doma	at home
domácí úkol	homework
domluvit se *pf.*	to make o.s. understood
domů	home
dopadnout* *pf.*, dopadne	to come out, it'll come out, to turn out, it'll turn out
dopis	letter
doplnit *pf.*	to complete
doporučit *pf.*	to recommend
doporučovat	to recommend
doprava	to the right
dopředu	forward(s), to the front
dopsaný	finished (by writing)
dort	cake
doručovatel	postman
doručovatelka	postwoman
dosáhnout* *pf.*, dosáhnu	to reach, I'll reach, to achieve, I'll achieve
dospělý	adult, grown-up
dost	enough
dostat se* *pf.*, dostanu se	to get (to), I'll get (to)
dostat* *pf.*, dostanu	to get, I'll get
dovážet	to import
dovolená	holiday
drahý	expensive, dear

druh	sort, kind
druhý	second, another
drzý	cheeky, rude
držet dietu	to keep to a diet
důchod	pension
důchodce	pensioner
důkaz	proof
důležitý	important
dům	house
dušený	steamed
dva	two
dvacet	twenty
dvakrát	twice
dveře (only pl.)	door
dvojče, dvojčata (pl.)	twin, twins
džíny (only pl.)	jeans

E

ekonomka	(female) economist
elegantní	smart, graceful
elektrikář	electrician
elektřina	electricity
evropský	European
exotický	exotic

F

fajn	fine (coll.)
fakt	really
farmář	farmer
film	film, movie
firma	company, firm
fluktuant	drifter, floater, job-hooper
forma	form
formát	size, format
formulář	form
fotbal	football
fotbalový	football
fotka	photo
fotografie	photo(graph)
fotografovat	to photograph
francouzsky	French
francouzština	French (language)
fráze	phrase
fuj	ugh
fungovat	to work, to run
fyzicky	physically

G

galerie	gallery
garáž	garage
gotický	Gothic
grafika	graphic (arts)
gratulovat	to congratulate
grilovaný	grilled
guláš	goulash
gulášový	goulash
gymnázium	grammar school, high school

H

hádat se	to argue, to quarrel
halenka	blouse
halušky (only pl.)	(Slovak) gnocchi
hasič	fireman
hausbót	houseboat
hazardní hry (pl.)	gambling
hezky	nice(ly)
hezký	nice, pretty, handsome
hlad	hunger
hlavně	mainly, above all
hlavní	main
hledat	to look for
hm	hm
hned	at once
hnědý	brown
hodina	hour, o'clock, lesson
hodinky (only pl.)	(wrist)watch
hodit se	to go with, to suit
hodně	much, many, a lot of
hodný	good, nice
holič	hairdresser, barber
honit	to chase, to drive
hora	mountain
horký	hot
horní	upper, top
hořet	to burn
hospoda	pub
host	guest
hotel	hotel
hotově	(in) cash
hotový	ready
houba	mushroom, sponge
houskový knedlík	bread dumpling
hra	play
hrad	castle
hradní	castle
hrát*, hraju	to play, I play
hrozný	horrible, terrible
hrubá mzda	gross pay
hubený	thin
hudební	music
husa	goose
hustý	thick

CH

chápat*, chápu	to understand, I understand, to comprehend, I comprehend
charita	charity
chlap	bloke, fellow, guy (coll.)
chléb, chleba	bread
chlupatý	hairy
chodba	hall, corridor
chodit	to walk, to go
chtít, chci	to want, I want
chudý	poor
chuť	appetite, taste
chutnat	to taste good, to be delicious
chutný	tasty
chvíle	while, moment
chyba	mistake

I

i	and
individuální	individual
informace	(a piece of) information
inspektor	inspector
instalatér	plumber
inteligentní	intelligent
intenzívní	intensive
internet	Internet
internetový	Internet
invalida	disabled person
investice	investment
investovat	to invest
inzerát	ad(vertisement)
italsky	Italian

J

já	I
jachta	yacht
jak	how
jako	like, as
jakto	how come
jaký	what (kind of)
jazyk	language
jazykový	language
jé	oh, dear me
je mi líto	I am sorry
jed	poison
jeden	one
jediný	only
jednosměrný	one-way
jednou	once
jeho	his
jemný	fine

jen	only
jenom	only
jestli	if, whether
ještě	still
jet*, jedu	to go, I go
jezdit	to go
jídelna	dining room
jídelní lístek	menu
jídlo	food, dish
jihočeský	South Bohemian
jinak	in another way, differently
jiný	(an)other
jíst, jím	to eat, I eat
jít*, jdu	to walk, I walk, to go, I go
jízda, ve směru jízdy	driving, riding, facing the engine
jižní	south(ern)
jméno	name
jmenovat se	to be called
jo	yeah (coll.)

K

k	to(wards)
kabát	coat
kalhoty	trousers, pants
kam	where (to)
kamarád	friend
kamarádka	(girl)friend
kancelář	office
kaple	chapel
kapr	carp
karamel	caramel
kariéra	career
karta	card
kašna	fountain
katastrofa	disaster
katedrála	cathedral
káva	coffee
kavárna	café, coffee-shop
každý	every, each
kde	where
kdo	who
kdy	when
kdyby	if
když	when
kečup	ketchup
kino	cinema
klenot	jewel
klíč	key
klid	peace, quiet
klub	club
kluk	boy (coll.)

knedlík	dumpling	**L**	
kniha	book	lampa	lamp
knihovna	library, bookcase	léčivý	healing
koberec	carpet	led	ice
kočka	cat	legrace	fun
koláč	cake	lékařka	(female) doctor
kolega	colleague	lekce	lesson
kolegyně	(female) colleague	lem	hem
kolem	(a)round	les	forest, wood
kolik	how much, how many	letět	to fly
kolikrát	how many times	letní	summer
kombinace	combination	léto	summer
komiks	comics, comic strip	levný	cheap
koncert	concert	ležet	to lie
konec	end	líbit se, to se mi líbí	to like, I like it
kontakt	contact	libra	pound
kontaktovat	to contact, to get in touch	likér	liqueur
kontrolovat	to check	lingvista	linguist
kopec	hill	líný	lazy
koruna	crown	literatura	literature
korunovační	crown	loď	ship
kosmetika	cosmetics	los	lot
kosmonaut	astronaut	losos	salmon
kostel	church	loterie	lottery
košile	shirt	louka	meadow
koupat se*, koupu se	to bath(e), I bath(e)	lóže	loge, box
koupelna	bathroom	luxusní	luxurious
koupit *pf.*	to buy	lyžovat	to ski
kousek	piece		
kraj	area, region	**M**	
král	king	maďarsky	Hungarian
královský	royal	maďarský	Hungarian
krásný	beautiful	mák	poppy seed
krátký	short	make-up	make-up
kravata	tie	malíř	painter
křičet	to cry, to shout	málo	little, few
kříž	cross	malovat se	to put on one's make-up
který	who, which	malý	small, little
kudrnatý	curly	máma	mum(my) *(coll.)*
kuchyně	kitchen	mámin	mother's *(coll.)*
kulatý	round	maminka	mum(my)
kultura	culture	mamka	mum(my) *(coll.)*
kůň	horse	manažerka	(female) manager
kupovat	to buy	manžel	husband
kurs	course	manželka	wife
kuře	chicken	manželův	husband's
květina	flower	mapa	map
kyselo	sour soup	marketingový	marketing
kyselý	sour	máslo	butter
kytka	flower *(coll.)*	maso	meat
		mastný	fatty, greasy

matematika	math(ematic)s	muset	to have to
matka	mother	muzeum	museum
maximálně	maximally, at the most	muž	man
měnit se	to change	myslet	to think
měsíc	month	mýt*, myju	to wash, I wash
měsíční	month(ly)	mzda	pay, salary
město	city, town		
městský	city, town		
mezi	between	**N**	
mezinárodní	international	na	on, at, for
mezitím	in the meantime	nabízet	to offer
mikina	sweatshirt	nábytek	furniture
milion	million	nad	over, above
milionář	millionaire	nádobí	dishes
milovat	to love	nádraží	railway station
miminko	baby	nadšení	enthusiasm
minerál	mineral	nadšený	enthusiastic, keen
minerální	mineral	nahoru	up(wards)
ministerstvo	ministry	nahoře	upstairs, at the top
minulost	past	najednou	suddenly
minulý	past, last	nájem	rent
minuta	minute	najíst se *pf.*, najím se	to eat, I'll eat
mírně pokročilý	(low) intermediate	najít* *pf.*, najdu	to find, I'll find
místnost	room	najmout* *pf.*, najmu	to hire, I'll hire
místo	place	nakonec	in the end
mít, mám	to have, I have	nakoupit *pf.*	to buy
mítink	meeting	nákup	shopping
mizera	rascal, scoundrel *(coll.)*	nakupovat	to do shopping
mladý	young	nálada	mood
mléko	milk	nalevo	on the left, to the left
mluvit	to speak	náměstí	square
mnohem	much, far	naopak	on the contrary
mnoho	much, many, a lot of	nápad	idea
mobil	mobile (phone) *(coll.)*	napadnout* *pf.*, napadne	to occur, it'll occur
moc	many, (very) much	naplánovat *pf.*	to plan
moct*, můžu	to be able, I can	napravo	on the right, to the right
móda	fashion	například	for example
model	model	napsat* *pf.*, napíšu	to write, I'll write
modelka	model	náročný	exacting, demanding
moderátor	moderator	narodit se *pf.*	to be born
moderní	modern	národnost	nationality
modrý	blue	narození	birth
moment	moment	narozeniny *(only pl.)*	birthday
moravský	Moravian	naštěstí	fortunately
moře	sea	naučit se *pf.*	to learn
most	bridge	navíc	moreover, besides
motivace	motivation	návštěva	visit
možný	possible	návštěvník	visitor
mrtvý	dead	navštívit *pf.*	to visit
můj	my, mine	názor	opinion
multimilionářka	(female) multimillionaire	nazývat se	to be called
		ne	no

nebo	or	obléct si* pf., obleču si	to put on, I'll put on
neboli	or	oblečení	clothing, outfit
něco	something, anything	oblíbený	favo(u)rite, popular
nechat pf.	to let, to leave	obvykle	usually
nějak	somehow	obývák	living room, sitting room
nějaký	some, a(n)	od	from, since
nejen	not only	odbor	department, section
někam	(to) somewhere, (to) anywhere	odejít* pf., odejdu	to leave, I'll leave
někde	somewhere, anywhere	odchod	leaving
někdo	somebody, anybody	odkdy	since when
někdy	sometimes	odkud	where from
němčina	German (language)	odpoledne	(in the) afternoon
německy	German	odpovídat	to answer
nemocný	ill, sick	odtud	from here
nervózní	nervous	ochutnat pf.	to taste
neteř	niece	okno	window
nevýhoda	disadvantage	oko	eye
než	than	okolí	surroundings, environs
nic	nothing	okurkový	cucumber
nikam	nowhere, anywhere	olomoucké syrečky (pl.)	Olomouc curd cheese
nikdo	nobody	omáčka	sauce
nikdy	never	omlouvat se	to apologize
no tak	well, come on	on	he
noha	leg, foot	opačný	opposite
normálně	normally	opakovat	to repeat, to revise
nosit	to wear, to carry	oplatka	wafer
novinář	journalist	opravdu	indeed, really
noviny (only pl.)	newspaper	opravit pf.	to repair
nový	new	oslovovat	to address
nudit se	to be bored	osm	eight
nudný	boring, dull	osoba	person
nutný	necessary	ostrý	spicy, hot, sharp
nyní	now	ostříhat pf.	to cut
		ošklivý	ugly
O		otázka	question
o	about, of, in	otec	father
oba	both	otevřený	open
obarvit pf.	to dye	otevřít* pf., otevřu	to open, I'll open
občanství	citizenship	ovlivňovat	to influence
občas	at times, now and then	ovoce	fruit
obdivovat	to admire	ovocný	fruit
obec	municipality	označit pf.	to mark, to label
obecní úřad	municipal (local) authority		
oběd	lunch, dinner	**P**	
obchod	shop, store	pak	then, afterwards
obchodní	business, commercial	palác	palace
obchodní centrum	shopping centre (center)	palačinka	pancake
objednat si pf.	to order	pamatovat si	to remember
objednávat	to order	pan	Mr.
objekt	object	pán	(gentle)man
oblast	area, region	paní	lady, Mrs.

87

papír	paper	pojištění	insurance
pár	a few, some	poklad	treasure
parmazán	Parmesan (cheese)	pokoj	room
partner	partner	pokračovat	to go on
pátek	Friday	pokročilý	proficient
patro	floor	polévka	soup
péct*, peču	to roast, I roast, to bake, I bake	polsky	Polish
pečený	roasted, baked	polský	Polish
pěkný	nice, pretty, handsome	polština	Polish (language)
peněženka	purse, wallet	polyglot	polyglot
peníze (only pl.)	money	pomáhat	to help
pepř	pepper	pomoct* pf., pomůžu	to help, I'll help
perfektně	perfectly	pondělí	Monday
perlivý	sparkling, effervescent	ponožka	sock
perník	gingerbread	poprvé	for the first time
pero	pen	populární	popular
pes	dog	pořád	all the time, always
pěstovat	to grow	pořádek, to je v pořádku	order, it's O.K.
pěšky	on foot	pořádný	orderly
písnička	song	pořídit si pf.	to buy, to get
pít*, piju	to drink, I drink	poslední	last
pití	drinking	poslech	listening
pivo	beer	poslouchat	to listen
pizza	pizza	postava	figure
plánování	planning	postavit pf.	to build
plánovat	to plan	pošta	post office
plat	pay, salary	pošťačka	postwoman (coll.)
platit	to pay	poštovní	postal
plavání	swimming	pot	sweat
plavat*, plavu	to swim, I swim	potkat pf.	to meet
pleš	bald spot	potom	then
plný úvazek	full-time job	potraviny (pl.)	foodstuffs
po	after, in	potřebovat	to need
pobyt	stay	pouze	only
počítač	computer	používat	to use
počítačový	computer	povídat si	to chat, to talk
pod	under, below	povolání	occupation, profession
podat pf.	to pass, to hand	povolení	permission, permit
podívat se pf.	to (have a) look	pozdě	late
podlaha	floor	poznat pf.	to know, to recognize
podle	according to	pozor	attention, look out
podnikat	to do business	pozvat* pf., pozvu	to invite, I'll invite
podnikatel	businessman	práce	work
podniknout* pf., podniknu	to undertake, I'll undertake	pracovat	to work
podobně	similarly	pracovna	study
podobný	similar	pracovní	work(ing)
podvést* pf., podvedu	to deceive, I'll deceive	pracovnice	(female) worker
pohoda	hunky-dory, swell	prádlo	linen
pohovor	job interview	prach	dust
pocházet	to originate	prarodiče (pl.)	grandparents
pojistit pf.	to insure	prášek	pill, tablet

pravda	truth, true	přestat* *pf.*, přestanu	to stop, I'll stop
právě	just (now)	přestoupit *pf.*	to change (traffic)
pravěk	prehistory	převod	transfer
pravidelně	regularly	příbuzný	relative
praxe	practice	přihlásit se *pf.*	to report, to register
prezentace	presentation	příhoda	story, incident, event
prezident	president	přijet* *pf.*, přijedu	to come, I'll come, to arrive, I'll arrive
prezidentka	(female) president	přijít* *pf.*, přijdu	to come, I'll come
princezna	princess	příjmení	surname, family name
pro	for	přímo	straight
problém	problem	přinést* *pf.*, přinesu	to bring, I'll bring,
probudit se *pf.*	to wake up		to get, I'll get, to fetch, I'll fetch
proč	why	připadat	to fall
prodavač	shop assistant	připojení	connection
prodavačka	(female) shop assistant, saleswoman	příprava	preparation
prodávat	to sell	příroda	nature
profese	profession	přirozený	natural
program	program(me)	přísloví	proverb
programátor	program(m)er	přísný	strict
prohlídka	sightseeing (tour)	přítel	friend
prohlídkový	sightseeing	přítelkyně	(girl)friend
prohrávat	to lose	přitom	at the same time
projekt	project	přiznat *pf.*	to admit, to confess
projít se* *pf.*, projdu se	to go for a walk, I'll go for a walk	psát*, píšu	to write, I write
proměna	change	PSČ = poštovní směrovací číslo	postcode, zipcode
prominout* *pf.*, prominu	to forgive, I'll forgive, to excuse, I'll excuse	pstruh	trout
prosit	to ask	ptát se	to ask
prostě	simply	puberta	puberty
proto	therefore	puberťák	adolescent *(coll.)*
protože	because	půjčit *pf.*	to lend
prsten	ring	půl	half
pršet	to rain		
průměrně	on average	**R**	
průvodce	guide	rád	glad, pleased, to like (doing sth.)
první	first	rande	date
prý	they say, allegedly	ráno	morning
pryč	away	reagovat	to react
přání	wish	recept	recipe, prescription
přečíst* *pf.*, přečtu	to read, I'll read	reklama	advertising, publicity
před	in front of, before, ago	republika	republic
předem	in advance	respektovat	to (have) respect
především	above all, first of all	restaurace	restaurant
předkrm	starter, appetizer	rezervace	reservation, booking
představit *pf.*	to introduce	rezervovat	to book
předtím, než	before	ročně	yearly, per year
přejít* *pf.*, přejdu	to cross, I'll cross, to go over, I'll go over	roční	yearly, annual
překladatelka	(female) translator	rodiče *(pl.)*	parents
překvapit *pf.*	to surprise	rodina	family
přesčas	overtime	rodinný	family
		rok	year
		rovně	straight

rovný	straight	servírka	waitress
rozdat *pf.*	to give away	seřadit *pf.*	to put in order
rozdělit *pf.*	to divide	sestra	sister
rozejít se* *pf.,* rozejdu se	to part, I'll part, to leave, I'll leave	sestřenice	(female) cousin
rozhodnout se *pf.,* rozhodnu se	to decide, I'll decide	sestřička	baby sister, little sister
		sešit	exercise book
rozhovor	talk, chat, dialogue	seznámit se *pf.*	to make acquaintance, to get to know
rozmazlený	spoiled		
rozplakat se* *pf.* rozpláču se	to start crying, I'll start crying	seznamovat se	to get to know, to make acquaintance
rozsvítit *pf.*	to switch on a light		
rozšířený	widespread	sezóna	season
roztomilý	nice, cute	scházet se	to meet
rozumět	to understand	schůzka	appointment
rozvedený	divorced	silnice	road
rozvést se* *pf.,* rozvedu se	to get divorced, I'll get divorced	silný	strong
rtěnka	lipstick	situace	situation
ruka	hand	sklenička	(small) glass
rusky	Russian	sklep	cellar
ruština	Russian (language)	sklípek	wine cellar
různý	various, different	skončit *pf.*	to end, to finish
ryba	fish	skoro	almost, nearly
rybník	(fish) pond	skříň	wardrobe, cupboard, closet
rychle	quickly, fast	skupina	group
rýže	rice	skupinový	group
		skvělý	splendid, marvellous
Ř		slabý	weak
řecký	Greek	sladký	sweet
řečtina	Greek (language)	slanina	bacon
ředitel	director, manager	slaný	salty, salted
řeka	river	slavný	famous
říct* *pf.,* řeknu	to say, I'll say, to tell, I'll tell	sledovat	to follow
řidič	driver	slíbit *pf.*	to promise
říkat	to say, to tell	slivovice	plum brandy
římský	Roman	slovensky	Slovak
		slovenština	Slovak (language)
S		slovní zásoba	vocabulary
s	with	slovník	dictionary
sako	jacket	slovo	word
salám	sausage, salami	slušet	to suit, to become
salát	salad	služební cesta	business trip
sám	alone, by o.s.	slyšet	to hear
samouk	auto-didact, self-learner	smát se*, směju se	to laugh, I laugh
sbírka	collection	smažený	fried
sebevražda	suicide	směr	direction
sedět	to sit	smět, smím	to be allowed, I may
sedm	seven	smlouva	contract
ségra	sister *(coll.)*	smrdět	to stink
sejít se* *pf.,* sejdu se	to meet, I'll meet	snacha	daughter-in-law
sem	here	snášet se	to get on well
sen	dream	snažit se	to try, to do o's best
seriál	serial	snídaně	breakfast

sníh	snow	studený	cold, cool
sníst *pf.*, sním	to eat up, I'll eat up	studium	study
snít	to dream	studovat	to study
sobota	Saturday	stůl	table, desk
sociální	social	sukně	skirt
softwarový	software	sůl	salt
soukromý	private	suma	amount, sum
sourozenec	sibling	supermarket	supermarket
spáchat *pf.*	to commit	suvenýr	souvenir
spaní	sleeping	svatba	wedding
spát, spím	to sleep, I sleep	svatý	holy, Saint
specialita	speciality	svět	world
specializovaný	specialized	světlý	bright, light
speciální	special	svetr	pullover, sweater
spíš(e)	rather	svobodný	single, unmarried, free
spokojeně	contentedly, happily	svůj	my, your, his etc.
spokojený	satisfied, contented	sympatický	nice, pleasant
společně	together	syn	son
společník	partner, companion	synovec	nephew
spolužačka	(female) classmate, schoolmate	sýr	cheese
spolužák	schoolmate, classmate		
spousta	a lot (of), a great many	**Š**	
správný	correct, right	šála	scarf, shawl
srpen	August	šaty *(only pl.)*	clothes, dress
stadión	stadium	šedý	grey
stánek	stand, stall, kiosk	šestnáct	sixteen
stanice	station	škola	school
starý	old	školení	schooling, training
stát se* *pf.*, stane se	to happen, it'll happen	školit	to train, to instruct
stát, stojí	1. to cost, it costs,	šlehačka	whipped cream
	2. to stand, it stands	šofér	driver
		šok	shock
státní občanství	citizenship	šortky *(only pl.)*	shorts
stejně	same	špagety *(pl.)*	spaghetti
stejný	the same, constant	španělsky	Spanish
stěžovat si	to complain	španělština	Spanish (language)
stihnout* *pf.* , stihnu	to manage, to catch,	špatně	bad(ly), wrongly
	I'll manage, I'll catch	špatný	bad, wrong
sto	hundred	Štědrý den (24. 12.)	Christmas Eve (December 24)
století	century	štěstí	happiness
strach	fear	štíhlý	slender, slim
stránka	page	šunka	ham
strašit	to haunt	švagr	brother-in-law
strašně	horribly, terribly	švagrová	sister-in-law
strašný	terrible, horrible		
strejda	uncle *(coll.)*	**T**	
stroj	mashine	tableta	tablet, pill
strýc	uncle	tabulka	table, chart
středa	Wednesday	tady	here
středně pokročilý	intermediate	tajný	secret
student	student	tak	so
studentka	(female) student		

také	as well, also, too	trvat	to last, to keep, to go on
takhle	like this	třeba	for example
takový	such (a), like this	tři	three
taky	also, as well, too	třicet	thirty
talent	talent	třítýdenní	three-week
tam	there	tučný	fat(ty)
támhle	over there (coll.)	turista	tourist
tanec	dance	turistika	tourism, walking
táta	dad(dy) (coll.)	tvaroh	cottage cheese
tatínek	dad(dy)	tvarohový koláč	cheesecake
taťka	dad(dy) (coll.)	tvrdý	hard
tátův	father's (coll.)	tvůj	your
taxík	taxi (coll.)	ty	you
téct*, teče	to flow, it flows	týden	week
teď	now	týdně	weekly
teda	well then (coll.)	tykat	to be on first-name terms
technik	technician	typický	typical
telefon	telephone		
telefonovat	to phone, to call	**U**	
televize	television	u	near, by, close to
téma	topic, theme	učebnice	textbook
tempo	pace	učit se	to learn
ten	the, this, that	učitel	teacher
tenhle	this	učitelka	(female) teacher
tento	this	udělat pf.	to do, to make
teplý	warm	uf	phew
teprve	only	ucho	ear
test	test	ukázat* pf., ukážu	to show, I'll show
těšit se	to look forward	ukázkový	sample, model
teta	aunt	úklid	tidying (up), cleaning (up)
tetička	auntie	uklidit pf.	to tidy up, to clean up
tetování	tattoo(ing)	uklízeč	cleaner
text	text	uklízet	to tidy up, to clean
těžký	difficult, heavy	ukrajinsky	Ukrainian
tchán	father-in-law	ukrajinština	Ukrainian (language)
tchyně	mother-in-law	ukrást* pf., ukradnu	to steal, I'll steal
ticho	silence	ulice	street
tlumočnice	(female) interpreter	uložený	stored, laid
tlustý	thick, fat	umění	art
tma	dark(ness)	umět, umím	to be able, I can, to know how, I know how
tmavý	dark		
tolikrát	so many times	umřít* pf. umřu	to die, I'll die
tradičně	traditionally	umýt* pf., umyju	to wash, I'll wash
trafika	tobacconist's (shop)	unavený	tired
trapas	embarrassing situation	univerzita	university
trasa	route	upéct* pf., upeču	to bake, I'll bake, to roast, I'll roast
trh	market (place)	úplně	fully, completely
tričko	T-shirt	úplný	complete, full
trochu	a little	uprostřed	in the middle
truhlář	joiner	určitě	certainly, sure
trvalý	permanent, lasting	úroveň	level

úřad	office
úřední	official
úřednice	(female) clerk
úředník	clerk, civil servant
úspěch	success
úterý	Tuesday
utrácet	to spend (money)
utřít* pf., utřu	to wipe, I'll wipe, to dry, I'll dry
uvařit pf.	to cook, to boil
uvidět pf.	to see, to catch sight
už	already

V

v	in, at
vadit, nevadí	to matter, it doesn't matter
vajíčko	egg
vana	bath(tub)
vanilkový	vanilla
Vánoce (only pl.)	Christmas
vánoční	Christmas (adj.)
vařený	cooked, boiled
vařit	to cook, to boil
vážně	seriously
včera	yesterday
vdaná	married (woman)
věc	thing
večer	(in the) evening
večeře	dinner, supper
vědecký	scientific
vědět, vím	to know, I know
vědkyně	(female) scientist
vedle	next to
vedoucí	leader
vegetariánka	(female) vegetarian
velikost	size
velký	big, large, great
velmi	very
ven	out(wards)
venku	outside, outdoors
vepřové	pork
veřejnost	public
věřit	to believe
vesmír	universe, cosmos
vesnice	village
věta	sentence, clause
veterinářka	(female) vet(erinarian)
většinou	mostly
věž	tower
vidět	to see
vietnamsky	Vietnamese
vietnamština	Vietnamese (language)

víkend	weekend
víno	wine
Vít	Vitus
vízum	visa
vlak	train
vlastní	(one's) own
vlasy (pl.)	hair
vlevo	on the left
vnučka	granddaughter
vnuk	grandson
voda	water
volat	to call
volejbal	volleyball
volno, mít volno	free time/leisure, to be free
volný	free
vonět	to smell good
vousy (pl.)	beard
vpravo	on the right
vpředu	in the front
vrátit se pf.	to return, to come back
vražda	murder
vstupenka	ticket
vstupné	entrance fee
všechen	all, entire
vůbec	absolutely
vybírat	to choose
výborně	excellently
výborný	excellent, great, delicious
vybrat si* pf., vyberu si	to choose, I'll choose
vydělávat	to earn
vydržet pf.	to stand, to hold out
výhoda	advantage
vyhodit pf.	to throw out, to dismiss
výhra	win
vyhrát* pf., vyhraju	to win, I'll win
východní	East(ern)
vyjet* pf., vyjedu	to drive out (up), I'll drive out (up)
vyjít* pf., vyjdu	to go out, I'll go out, to come out, I'll come out
vykat	to be on formal terms
vykřiknout* pf., vykřiknu	to cry out, I'll cry out, to give a cry, I'll give a cry
výlet	trip
vyletět pf.	to fly out
vyluxovat pf.	to vacuum, to hoover
vymalovat pf.	to paint, to decorate
vypadat	to look
vypít* pf., vypiju	to drink up, I'll drink up
vyplatit se pf.	to be worth(while)
vyplnit pf.	to fill in, to fill out
výpověď	notice

výpovědní lhůta	period (term) of notice	zařídit si *pf.*	to arrange
vyprat* *pf.*, vyperu	to wash, I'll wash	zařvat* *pf.*, zařvu	to shout out, I'll shout out
vyprávět	to tell	zase	again
vyrábět	to produce	zašpinit *pf.*	to make dirty
výraz	expression	závěs	curtain, drapery
vyrazit *pf.*	to break open	závodní kůň	racehorse
výrazný	distinctive	zavolat *pf.*	to phone, to call
výrobek	product	zavřený	closed, shut
vyřešit *pf.*	to solve	zavřít* *pf.*, zavřu	to close, I'll close, to shut, I'll shut
vysoká škola	university, college	zazvonit *pf.*	to ring (the bell)
vysoký	high, tall	zažít* *pf.*, zažiju	to experience, I'll experience
vystoupit *pf.*	to get off, to get out of	zbláznit se *pf.*	to go mad
vytírat	to wipe (out)	zboží	goods
vytřít* *pf.*, vytřu	to wipe (out), I'll wipe (out)	zbýt* *pf.*, zbyde (zbude)	to remain, it'll remain, to be left, it'll be left
výuka	teaching, classes		
význam	meaning	zbytek	rest
vyžehlit *pf.*	to press, to iron	zdarma	free of charge
vzadu	at the back	zdát se	to seem
vzdělání	education	zdraví	health
vzít si* *pf.*, vezmu si	to take, I'll take	zdravotní	health (adj.)
vzpomenout si* *pf.*, vzpomenu si	to remember, I'll remember, to recall, I'll recall	zdvořilý	polite
		zeď	wall
vztah	relation(ship)	zedník	mason, bricklayer
vždy	always	zeleninový	vegetable
vždycky	always	zelený	green
		zelí	cabbage
Z		země	country
z	from, out of	zemřít* *pf.*, zemřu	to die, I'll die
za	behind, (with)in	zeptat se *pf.*	to ask
záclona	net curtain	zeť	son-in-law
začátečník	beginner	zhubnout* *pf.*, zhubnu	to lose weight, I'll lose weight
začínat	to begin, to start	zima	winter
začít* *pf.*, začnu	to begin, I'll begin, to start, I'll start	zítra	tomorrow
		zjistit *pf.*	to find out
zahnout* *pf.*, zahnu	to turn, I'll turn	zkouška	exam
zahrada	garden	zkrácený úvazek	part-time job
zahradník	gardener	zkusit *pf.*	to try
zahrnovat	to include, to embrace	zkušební doba	probationary period
zájem	interest	zlobit se	to be angry
zajímat	to interest	změnit se *pf.*	to change
zajímavý	interesting	zmrzlina	ice (cream)
základní	basic	značka	brand, make
zalít* *pf.*, zaliju	to water, I'll water	značkové oblečení	designer clothes
založený	founded	znamenat	to mean
zámek	castle, chateau	známý	(well-)known
zaměřený	oriented	znát	to know
zaměstnání	job, occupation	zpátky	back
zamilovaný	in love	zpěvačka	(female) singer
zamykat	to lock	zpěvák	singer
zápisový	of registration	zpívat	to sing
zaplatit *pf.*	to pay	ZŠ = základní škola	primary school

ztloustnout* *pf*, ztloustnu	to put on weight, to grow fat
ztratit se *pf.*	to get lost
zůstat* *pf.*, zůstanu	to remain, to stay, I'll remain, I'll stay
zvát*, zvu	to invite, I invite
zvědavý	curious
zvíře	animal
zvyklý	used, accustomed
zvyknout si* *pf.*, zvyknu si	to get used, I'll get used

Ž

žádný	no, none
že	that
žena	woman
ženatý	married (man)
žít*, žiju	to live, I live
živě	live
životopis	CV, resumé
žízeň	thirst
žlutý	yellow

Declensions of pronouns, adjectives and nouns in the singular – standard Czech (colloquial Czech)

GENDER: Ma masculine animate | Mi masculine inanimate | F feminine | N neuter

CASE[1]	kdo, co[2]	ten, ta, to[3]	můj, moje[4]	-ý adjectives[5] (hard adjectives)	-í adjectives[5] (soft adjectives)	Declension Group I[6] (Nominative sg. ending in: cons., -a, -o)	Declension Group II[6] (Nominative sg. ending in: -e/-ě, hook, -c, -j, -tel*)	Declension Group III[6] (Nominative sg. ending in: -a, -st*, -e/-ě (model kuře), -í)	GENDER
1. N	kdo	ten	můj	dobrý (dobrej)	kvalitní	student	muž	kolega	Ma
	co	ten	můj	dobrý (dobrej)	kvalitní	banán	čaj	---	Mi
		ta	moje/má	dobrá	kvalitní	káva	kancelář, restaurace	místnost	F
		to	moje/mé (mý)	dobré (dobrý)	kvalitní	auto	moře	kuře, nádraží	N
2. G	koho	toho	mého (mýho)	dobrého (dobrýho)	kvalitního	studenta	muže	kolegy	Ma
	čeho	toho	mého (mýho)	dobrého (dobrýho)	kvalitního	banánu/lesa	čaje	---	Mi
		té (tý)	mojí/mé (mý)	dobré (dobrý)	kvalitní	kávy	kanceláře, restaurace	místnosti	F
		toho	mého (mýho)	dobrého (dobrýho)	kvalitního	auta	moře	kuřete, nádraží	N
3. D	komu	tomu	mému (mýmu)	dobrému (dobrýmu)	kvalitnímu	studentu/-ovi	muži/-ovi	kolegovi	Ma
	čemu	tomu	mému (mýmu)	dobrému (dobrýmu)	kvalitnímu	banánu	čaji	---	Mi
		té (tý)	mojí/mé (mý)	dobré (dobrý)	kvalitní	kávě	kanceláři, restauraci	místnosti	F
		tomu	mému (mýmu)	dobrému (dobrýmu)	kvalitnímu	autu	moři	kuřeti, nádraží	N
4. A	koho	toho	mého (mýho)	dobrého (dobrýho)	kvalitního	studenta	muže	kolegu	Ma
	co	ten	můj	dobrý (dobrej)	kvalitní	banán	čaj	---	Mi
		tu	moji/mou	dobrou	kvalitní	kávu	kancelář, restauraci	místnost	F
		to	moje/mé (mý)	dobré (dobrý)	kvalitní	auto	moře	kuře, nádraží	N
5. V	---	---	můj	dobrý (dobrej)	kvalitní	studente! Marku!	muži!	kolego!	Ma
		---	moje/má	dobrá	kvalitní	studentko!	kolegyně!	Carmen!	F
6. L	kom	tom	mém (mým)	dobrém (dobrým)	kvalitním	studentu/-ovi	muži/-ovi	kolegovi	Ma
	čem	tom	mém (mým)	dobrém (dobrým)	kvalitním	banánu/-ě	čaji	---	Mi
		té (tý)	mojí/mé (mý)	dobré (dobrý)	kvalitní	kávě	kanceláři, restauraci	místnosti	F
		tom	mém (mým)	dobrém (dobrým)	kvalitním	autu/-ě	moři	kuřeti, nádraží	N
7. I	kým	tím	mým	dobrým	kvalitním	studentem	mužem	kolegou	Ma
	čím	tím	mým	dobrým	kvalitním	banánem	čajem	---	Mi
		tou	mojí/mou	dobrou	kvalitní	kávou	kanceláří, restaurací	místností	F
		tím	mým	dobrým	kvalitním	autem	mořem	kuřetem, nádražím	N

1. **Case.** In Czech terminology the nominative is labelled the first case, the genitive the second case, the dative the third case etc.
2. **Interrogative pronouns.** You should memorise the declension of the pronouns kdo, co (known as case questions in Czech terminology). They will help you to form questions and to decline M, N demonstrative and possessive pronouns and adjectives in the singular.
3. **Demonstrative pronouns.** Such as ten, ta, to are declined like tento, tato, toto and tenhle, tahle, tohle.
4. **Possessive pronouns.** The pronouns tvůj, svůj are declined like můj; the pronouns náš, váš are declined similarly to můj; to the stems tv-, sv-, naš-, vaš- we add its endings without ‚m' (e.g. m-ého > tv-ého, sv-ého, naš-eho, vaš-eho). The pronouns můj, tvůj, svůj also have short literary forms in the F and N (e.g. má, mé, tvá, tvé, svá, své), which are declined like the adjective dobrý. The possessive pronouns jeho, jejich are not declined. The pronoun její is declined like the adjective kvalitní.
5. **Adjectives.** Nominative sg. adjectives can end in -ý (-ý adjectives, hard adjectives) and -í (-í adjectives, soft adjectives). The declension of these two adjective types is different.
6. **Nouns.** Nouns are divided into three declension groups according to their ending in the nominative singular. In declension group II notice the same endings for all six models in the G, D and L sg. (often -e or -i).
NOTE: Some nouns can undergo spelling changes: e.g. -ů > -o (dům > domy), mobile -e- (den > dny) and a softening of -ha > -ze (Praha > v Praze), -ka > -ce (Amerika > v Americe)...

* Several M nouns ending in -tel (e.g. hotel, kostel) belong to declension group I. WATCH OUT for F nouns ending in a consonant! Most of them belong to declension group II (very often ending in a hook, -tel, -del, -ev), others belong to declension group III (very often ending -st). BUT: Some F nouns (e.g. věc, řeč) are declined like místnost and others (e.g. moc, pomoc, nemoc, noc, myš, smrt, sůl, paměť, zeď, odpověď, loď) vary between the models of kancelář and místnost.
Some Ma nouns (often proper nouns) and occasionally also Mi ending in -l, -s, -z, -x (e.g. král, cíl, Klaus, Francouz, Felix) belong to declension group II, they are declined following the model of muž/čaj.

Declensions of pronouns, adjectives and nouns in the plural – standard Czech (colloquial Czech)

GENDER: Ma = masculine animate | Mi = masculine inanimate | F = feminine | N = neuter

CASE	PRONOUNS kdo, co	ten, ta, to [1]	můj, moje [2]	ADJECTIVES -ý adjectives [3] (hard adjectives)	-í adjectives [3] (soft adjectives)	NOUNS Declension Group I [4] (Nom. sg. ending in: cons., cons., -a, -o)	Declension Group II [4] (Nom. sg. ending in: -e/-ě, hook, -c, -j, -tel)	Declension Group III [4] (Nom. sg. ending in: -a, -st, -e/-ě (model kuře), -í)	GENDER
1. N	kdo	ti (ty)	moji/mí	dobří (dobrý)	kvalitní	studenti	muži/-ové	kolegové	Ma
	co	ty	moje/mé (mý)	dobré (dobrý)	kvalitní	banány	čaje	---	Mi
		ty	moje/mé (mý)	dobré (dobrý)	kvalitní	kávy	kanceláře, restaurace	místnosti	F
		ta (ty)	moje/má (mý)	dobrá (dobrý)	kvalitní	auta	moře	kuřata, nádraží	N
2. G	koho	těch	mých (mejch)	dobrých (dobrejch)	kvalitních	studentů	mužů	kolegů	Ma
	čeho	těch	mých (mejch)	dobrých (dobrejch)	kvalitních	banánů	čajů	---	Mi
		těch	mých (mejch)	dobrých (dobrejch)	kvalitních	káv	kanceláří, restaurací	místností	F
		těch	mých (mejch)	dobrých (dobrejch)	kvalitních	aut	moří	kuřat, nádraží	N
3. D	komu	těm	mým (mejm)	dobrým (dobrejm)	kvalitním	studentům	mužům	kolegům	Ma
	čemu	těm	mým (mejm)	dobrým (dobrejm)	kvalitním	banánům	čajům	---	Mi
		těm	mým (mejm)	dobrým (dobrejm)	kvalitním	kávám	kancelářím, restauracím	místnostem	F
		těm	mým (mejm)	dobrým (dobrejm)	kvalitním	autům	mořím	kuřatům, nádražím	N
4. A	koho	ty	moje/mé (mý)	dobré (dobrý)	kvalitní	studenty	muže	kolegy	Ma
	co	ty	moje/mé (mý)	dobré (dobrý)	kvalitní	banány	čaje	---	Mi
		ty	moje/mé (mý)	dobré (dobrý)	kvalitní	kávy	kanceláře, restaurace	místnosti	F
		ta (ty)	moje/má (mý)	dobrá (dobrý)	kvalitní	auta	moře	kuřata, nádraží	N
5. V	---	---	moji/mí	dobří (dobrý)	kvalitní	studenti!	muži!/-ové!	kolegové!	Ma
		---	moje/mé	dobré (dobrý)	kvalitní	studentky!	kolegyně!		F
6. L	kom	těch	mých (mejch)	dobrých (dobrejch)	kvalitních	studentech	mužích	kolezích	Ma
	čem	těch	mých (mejch)	dobrých (dobrejch)	kvalitních	banánech	čajích	---	Mi
		těch	mých (mejch)	dobrých (dobrejch)	kvalitních	kávách	kancelářích, restauracích	místnostech	F
		těch	mých (mejch)	dobrých (dobrejch)	kvalitních	autech	mořích	kuřatech, nádražích	N
7. I	kým	těmi (těma)	mými (mejma)	dobrými (dobrejma)	kvalitními (kvalitníma)	studenty (studentama)	muži, (mužema)	kolegy (kolegama)	Ma
	čím	těmi (těma)	mými (mejma)	dobrými (dobrejma)	kvalitními (kvalitníma)	banány (banánama)	čaji (čajema)	---	Mi
		těmi (těma)	mými (mejma)	dobrými (dobrejma)	kvalitními (kvalitníma)	kávami (kávama)	kancelářemi (kancelářema) restauracemi (restauracema)	místnostmi (místnostma)	F
		těmi (těma)	mými (mejma)	dobrými (dobrejma)	kvalitními (kvalitníma)	auty (autama)	moři (mořema)	kuřaty (kuřatama), nádražími (nádražíma)	N

1. **Demonstrative pronouns.** Such as ten, ta, to are declined tento, tato, toto, tenhle, tahle, tohle and všechen, všechna, všechno.

2. **Possessive pronouns.** The pronouns tvůj, svůj, are declined like můj; the pronouns náš, váš are declined similarly to můj; to the forms tv-, sv-, naš-, vaš- we add the endings without ,m' (e.g. m-ých > tv-ých, sv-ých, but NOTE: naš-ich, vaš-ich). The pronouns můj, tvůj, svůj also have short literary forms in some cases (e.g. mí, mé, má, tví, tvá, tvé, svá), which we decline like the adjective dobrý. The possessive pronouns jeho, jejich are not declined. We declined the pronoun její like the adjective kvalitní.

3. **Adjectives.** The nominative singular of adjectives can end in -ý (-ý adjectives, hard adjectives) and -í (-í adjectives, soft adjectives). The declension of these adjectives is different.

4. **Nouns.** To give an overview we have kept the division into 3 declension groups also in the plural. In declension group II notice the same endings for A and L pl. for six models. NOTE: Some nouns can undergo spelling changes: e.g. -ů > -o (dům > domy), mobile -e- (den > dny) and softening of -k > -ci (kluk > kluci), -r > -ři (doktor > doktoři)...

* Several M nouns ending in -tel (e.g. hotel, kostel) belong to declension group I. WATCH OUT for F nouns ending in a consonant! Most of them belong to declension group II (very often ending in a hook, -tel, -del, -ev), others belong to declension group III (very often ending in -st). BUT: Some F nouns (e.g. věc, řeč) are declined like místnost and others (e.g. moc, pomoc, nemoc, noc, myš, smrt, sůl, paměť, zed, odpověď, loď) vary between the models of kancelář and místnost.
Some Ma forms (often proper names) and exceptionally also Mi ending in -l, -s, -z, -x (e.g. král, cíl, Klaus, Francouz, Felix) belong in declension group II, they are declined like the model muž/čaj.